그곳이
하나님의 자리입니다

그곳이 하나님의 자리입니다
초판 1쇄 | 2025년 9월 1일 펴냄

지은이 | 홍성훈
북디자인 | 루디아153

펴낸 곳 | 도서출판 훈훈
주소 | 경기도 고양시 덕양구 소원로267
이메일 | toolor@hanmail.net
홈페이지 | blog.naver.com/toolor
인스타그램 | @hunhun_hunhun

＊이 책은 저작권법에 의해 보호를 받는 저작물이므로, 서면을 통한 출판권자의
 허락 없이 내용의 전부 혹은 일부를 사용할 수 없습니다.

그곳이 하나님의 자리입니다

홍성훈 지음

코로나 기간,
성도들을 향해 전해진
홍성훈 목사의
목회서신
서른여섯 조각

훈훈

목 차

프롤로그 ···8

추천사 ···14

Chapter 1_

첫 번째 목회서신 ···20
서로를 위해 기도하는 일을 쉬지 맙시다

두 번째 목회서신 ···25
'모든 것으로부터 거리를 두어야 하는 시간'을 통해

세 번째 목회서신 ···31
자그마한 책자를 전합니다

네 번째 목회서신 ···33
당연했던 것들이 당연하지 않은 '모자람의 시간'

다섯 번째 목회서신 ···39
네 진정한 힘이 무엇이냐?

여섯 번째 목회서신 ···46
주께서 부활하셨습니다!

Chapter 2_

일곱 번째 목회서신 ···56

그 평안을 갖고서, 세상으로 나아갑시다

여덟 번째 목회서신   · · · 63
우리의 진정한 본향이 하늘에 있으므로

아홉 번째 목회서신   · · · 72
예수 안에서, 극적으로 변화된 우리의 신분

열 번째 목회서신   · · · 82
예수 안에 있다면 곧 하나님 나라에 있는 것입니다

열한 번째 목회서신   · · · 93
우리가 하나님을 사랑하므로

열두 번째 목회서신   · · · 103
하나가 되게 하옵소서!

*Chapter 3_*

열세 번째 목회서신   · · · 116
성령님의 흔적

열네 번째 목회서신   · · · 124
우리의 진정한 가치를 발견할 수 있는 곳

열다섯 번째 목회서신   · · · 132
지금의 기쁨이 그 그림자임을 알기에

열여섯 번째 목회서신   · · · 141
나는 누구입니까?

열일곱 번째 목회서신   · · · 150
나를 살릴 생명의 말씀

열여덟 번째 목회서신 ···160
교우들께 알립니다

Chapter 4_

열아홉 번째 목회서신 ···166
알곡 하나라도 아끼려는 마음으로

스무 번째 목회서신 ···174
너희가 하라

스물한 번째 목회서신 ···184
모든 잃어버린 자들에게

스물두 번째 목회서신 ···194
'예수를 믿는다'는 것은 하나의 투쟁입니다

스물세 번째 목회서신 ···204
소유(Having)가 아닌 존재(Being)

스물네 번째 목회서신 ···213
"이 말씀을, 꼭 지켜야 할까요?"

Chapter 5_

스물다섯 번째 목회서신 ···226
정신차리고 시간을 아끼며 살아야 할 때

스물여섯 번째 목회서신 ···237
하나님의 마음조차 모르는 악한 자들

스물일곱 번째 목회서신 ···248
기름을 넉넉하게 준비하는 슬기로운 사람

스물여덟 번째 목회서신 ··· 259
오늘 마주친 일과 사람을 과연 어떤 마음으로 대했습니까?

스물아홉 번째 목회서신 ··· 269
신자에게 있어서 가장 중요한 것은

서른 번째 목회서신 ··· 276
하나님의 나라를 사모했던 이들의 삶

Chapter 6_

서른한 번째 목회서신 ··· 288
인간의 역사를 뚫고 들어오셨습니다

서른두 번째 목회서신 ··· 297
믿음은 우리의 판단을 필요로 하지 않습니다

서른세 번째 목회서신 ··· 307
자그마한 발걸음을 떼어놓는 순간

서른네 번째 목회서신 ··· 316
하나님의 나라는 바로 여기에서 시작됩니다

서른다섯 번째 목회서신 ··· 326
예수님, 그 분의 계획표

서른여섯 번째 목회서신 ··· 336
그것을 누릴 준비가 되어 있는가?

<에필로그> ··· 346

프롤로그

2020년초 봄, 남부 지역의 독일인들이 오스트리아 티롤 등지로 휴가를 다녀오면서 무서운 기세로 치명적 중세를 보이는 전염병이 독일 전역에 퍼지기 시작했다. 이 전염병은 곧 유럽 전역으로 번졌고, '코비드-19' 혹은 '코로나'로 불리게 되었다. 오래전 유럽 전역에 엄청난 사상자를 낸 스페인 독감과 비견되는 재앙급의 전염병 앞에, 각국 정부는 집회를 금지하는 방법으로 전염 속도를 제어하는 한편 백신 등의 약품을 개발하는 일에 골몰하게 되었다. 코비드-19로 인한 충격은 3년 여의 투쟁 끝에 그 위력을 현저하게 제어할 수 있게 되었다. 그러나 그 사이 유럽은 이른바 '사회적 거리두기'를 시행하는 것 외에 할 수 있는 것이 거의 없었다.

이 책에 실린 서른여섯 개의 (목회)서신은 2020년 3월 14일부터 2021년 2월 21일까지 약 1년 동안 '카셀 아름다운교회' 교인들에게 발송되었던 편지다. 모든 것이 정지된 듯한 그 시절, 거의 모든 집회 역시 금지되었다. 독일 교회는 정부의 방침에 따르기로 결정했고, 거의 대부분의 한인교회 역시 독일교회의 예배당을 빌려 쓰는 상황에서 이 방침에 따라야만 했다.

먼저, 카셀 아름다운교회에 대한 설명을 좀 해야겠다.

필자가 독일에서 일하던 2002-2022년 어간에는 독일에 거주하던 한국인의 수가 약 35000여 명이었다. 한국의 두 배에 달하는 국토를 가진 독일 땅의 크기에 비하면 엄청나게 적은 숫자였고, 이들마저 대부분 몇 개의 대도시에 집중되어, 학교가 있는 소도시에는 극히 소수의 유학생과 교민이 분산되어 있다. 당시 독일 내의 한인교회는 최대 약 150개 정도였고, 이들 대부분은 생존 자체가 기적이라 불리곤 했다. 필자가 섬긴 '카셀 아름다운교회' 역시 그 '기적의 교회' 가운데 하나였다. 그리고 카셀 아름다운교회는 성도가 모두 유학생들로 구성된, 그야말로 젊은 교회였다.

코로나 바이러스가 강렬하게 밀려오며 카셀 아름다운교회 역시 각종 집회에 대한 대안을 마련해야 했는데, 한인교회는 대부분 인터넷을 통해 이른바 '온라인 예배'를 생각했다. 한국의 일부와는 달리, 유럽 지역의 한인교회는 인터넷을 통한 '온라인 예배'에 대하여 큰 반감은 없었던 것으로 기억한다. 물론, 온라인 예배가 오프라인 예배를 대체하는지에 관해서는 대부분 '아니오'라고 말한다. 그러나 그 시절에는 달리 대안이 없었던 것도 사실이었다. 여기에는 한인 교회의 절대 다수가 독일 교회의 예배당을 빌려 쓰는 상황과도 연관이 있었을 것이다.

얼마의 시간이 흐른 후 우리 교회는 감사하게도 한 지인으로부터 온라인 예배를 진행하기 위한 기기들을 얻었다. 이제 실행만 하면 되는 상황. 하지만 나는 그 이전에 이미 온라인 예배를 수행하지 않기로 결심하고 있었다. 대신, 이번 기회를 통해서 그동안 내가 오랫동안 주장해왔던 한 가지 일을 실행해 보기로 결심한 상태였다. 이 결심은, 우리나라의 교회가 초기부터 교회 중심의 신앙생활에 집중되어 있다는 반성에서 시작되었다. 사실 이는 어쩔 수 없는 일이기도 했지만, 교회 역사에서 보듯 시간이 흐름에 따라 변화를 도모해야 하는 부분이 분명해 보였다.

우리나라에 기독교가 전래되었을 때 우리 사회의 산업은 농사가 주축이었다. 새벽기도가 우리나라 교회의 전통으로 굳어진 데에는 이른 새벽 농사를 지으러 가던 교인들이 기도와 예배로써 하루를 시작한다는 개념과 함께 '가족이 아닌 개인 중심의 신앙 형태'도 적지 않은 영향을 주었던 것 같다. 그러나, 여기서 우리는 많은 신학자들의 최근 주장을 주의 깊게 생각할 필요가 있다. 즉, 신앙의 본질이 성삼위 하나님 간의 상호적 관계에 근거한다는 것이다. 이를 경청할 때, 우리는 그간 우리나라 교회가 전통적으로 가르쳐온 신앙의 성격이 얼마나 개인적이었는지를 반성할 수밖에 없을 것이다. 다시 말해, 신앙의 공공(사회)적 성격을 가장 잘 훈련할 수 있는 기본 단위로서의 가정 공동체의 위치가 간과되고 교회에만 중심이 쏠리지 않았는가 하는 반성이 필요하다는 거다. 물론 우리 교회가 관계를 훈련하지 않는 것은 아니다. 그럼에도, 교회에서의 관계 경험이 언제나 긍정적이지만은 않았음을 부인할 수 없다. 또, 가족 간의 관계 훈련을 통한 중심의 변화는 결과적으로 삼위 하나님 안에서의 관계성에 근거하여 훨씬 넓고 깊은 세계관을 가능케 해준다고 믿는다. 그러므로 나는, 이를 위해서라면, 우리 교회는 신자를 교회 건물로 끌어들이기에만 급급했던 지난날의 부족을 코로나 사태를 통해서 통절하게 반성해야 한다고 생각했다.

그 시절, 교회에서 드리는 예배와 방불할 만큼 잘 짜인 동영상 예배, 평소에 매주 보던 주보보다 더 자상하고, 그래서 읽기만 해도 영성 넘치는 예배가 보장될 듯한 자상한 예배순서지, 온라인을 통한 헌금 등등… 현장(오프라인) 예배를 대신할만한 온갖 방법들이 고안되었다. 그러나, 위기는 기회이며, 성장(숙)은 때로 '부족함 가운데' 이뤄진다. 모자라는 수분을 끌어들이기 위해 식물이 갖은 힘을 다해 뿌리를 뻗어내듯, 신자 안에서 역사하는 영적 생명력은 영적 갈급함을 채우기 위하여 하나님의 말씀 및 그 분과의 관계를 유지하기 위해 능동적으로 움직인다. 이것이, 생명체의 본질적인 속성이다. 코로나로 인해 교회가 직접적으로 움직이기 어려운 시절, 나는 우리 교회의 신자들이 '의도된 불친절'로 인해 형성된 부족한 공간을 이용하여, 좀더 자발적으로 말씀을 들여다보고 하나님과의 직접적인 교제를 찾아가도록 유도하고 싶었다. 그것이 바로, 이 책에 모아놓은 서른여섯 개의 목회서신이다.

나는 기존의 노력들이 나쁘다고 생각하지는 않는다. 최소한, 아직 신앙과 예배에 깊이 침잠하지 못한 신자, 그리고 아직까지 하나님과의 개인적 교제나 예배 같은 경건 훈련을 받지 못한 신자에게는 도움이 된다. 그러나, 목회자들이 제아무리 온라인 예배가 오프라인 예배를 대체할 수 없다 강조해도 신자의 현실은 그렇지 않다는 데 문제가 있다. 오프라인 예배의 우월성을 공감하는 교인조차도 일단 급박한 상황 때문에 온라인 예배를 드리고 나면 어느 정도의 대체 효과를 느낄 수밖에 없고, 이런 횟수가 반복되면, 정작 오프라인 예배가 가능한 상황이 온다 하더라도 과거의 예배 행태로 돌아가기가 힘들어질 것이다. 사실 이것은 인간의 본성적 경험이라고 나는 생각하고, 이런 가능성 때문에라도 '신자들이 하나님과의 직접적인 교제에 익숙하도록' 목회자들이 지도하여야 한다고 주장했던 것이다.

지금까지 일상에서 하나님을 만나던 경험에 비하면 코로나 시국에서의 상황은, 그야말로 사방이 벽으로 둘러싸인 골방에서 조그맣게 뚫린 창틈으로 하늘을 보며 어디서라도 손바닥만한 구름조각이 보이지 않나 하며 마음을 졸이는 불안한 시간이었다. 젊은 세대의 교인들을 그렇게 바라보는 윗세대의 나로서는 목회자로서 그들을 위로하며, 권면하며, 눈길을 돌려 위기와 불안을 기회와 희망으로 바라보도록 하는 일이 곧 나의 일이라 믿었다. 이제 그 어렵던 시기는 거의 지나갔고, 위기는 통제할 수 있게 되었으며, 이전과는 다른 새로운 환경을 맞게 되었다. 그러나, 위기 가운데 홀로 대면케 하여 하나님을 경험토록 하시는 신앙의 원칙은 달라질 것이 전혀 없다고 나는 믿는다. 불안과 불확실의 시간에 홀로 골방에 무릎 꿇고 기도하는 가운데 하나님을 만나는 태도가 나의 것으로 익숙해진다면, 그 어떤 새로운 국면을 맞더라도 그의 신앙은 여전히 거기서도 하늘로부터 내려온 생명의 힘을 발휘하게 될 것이다.

코로나 시절을 지나면서 뜻하지 않은 교회 내부의 사정까지 겹침으로써 카셀 아름다운교회는 더 이상 존재하지 않게 되었다. 그러나, 이 작고 젊은 교회가 실행해 보았던 작은 시도들은 여전히 적용 가능성을 남겨 놓았다고 믿고 이 서신들을 하나의 책으로 묶었다. 바라기는, 이 서신들로 인해 급변하는 시간에 교회가 무엇이며 신앙이 무엇일까, 예배는 무엇일까… 하는, 일상적이고 반복적인 신앙 행위에 대한 근본적인 질문이 우리의 신앙 전반에 주어졌으면 한다. 그리하여 현세와 미래의 긴장을 통해 우리의 신앙에 오히려 활력을 줄 수 있는 시도가 끊임없이 일어나길 바란다.

주여, 우리를 도우소서!

2025년 뜨거운 여름을 지나
시원한 가을 바라보며
홍성흔

추천사 1

홍성훈 목사님의 저서를 읽으면서 그를 직접 만나고 싶은 열망이 생겼다. 교회 이름 그대로 '가장 아름다운 목회서신'을 읽었다. '코로나'라는 특수한 상황 속에서 펼쳐지는 목회를 풀어내는 기술은 단순한 기술이 아니라 친절함 그 자체였기에…

내가 독일 카셀 아름다운교회 성도가 된 마음으로 읽고 또 읽었다. 주어진 상황 속에서 탓하거나 절망하지 않고 오히려 더 좋은 기회로 여기며 한줄 한줄 정성껏 써 내려간 편지, 그 안에는 교회가 가지고 있어야 되는 모든 요소가 녹아져 있었다. 예배, 교육, 신앙의 교제, 사회봉사와 선교가 한 자리에 모이는 교회로서 과거의 전통이 시대와 상황에 발맞춰 저자의 목회서신 안에서도 구현되고 있었다.

<그곳이 하나님의 자리입니다>에 담긴 목회서신들은 교회 중심에서 벗어나 흩어진 자리에서 자발적 신앙을 배우게 만들어준다. 그리고 교회가 무엇인지 다시 생각하게 만든다. 이 도서가 내게 사도 바울의 목회서신으로 읽힌 이유다.

한국교회와 목회자들은 코로나 이후에 '답이 보이지 않는 길'을 가는 중이다. 다양한 성도들과 목회자들이 이 도서를 읽으며 목회의 현상과 신앙생활의 자리에서 힘을 얻기를 바란다. 그렇게, 모든 상황들속에서도 우리 모두가 교회로서 살아가는 신자이길 기도한다.

이재학 (하늘땅교회 담임, 작은교회연구소 소장)
저서 <우리는 날마다 교회가 무엇인지 묻는다>

추천사 2

　　전세계가 생사의 갈림길에서 어둠의 긴 터널을 지나야 했던 2020-21년, 코비드 팬데믹 기간. 당시 대면으로 예배드릴 수 없었던 교회의 성도들에게 매주 한 통씩 써서 보낸 홍성훈 목사님의 목회서신을 모아 펴낸 이 책의 가치를 다양한 관점에서 음미해보고 싶다.

　　첫 번째로, 다큐멘터리적 서신이다. 팬데믹 기간의 어둡고 긴박했던 상황을 목회적 상황에서 순차적으로 상세하게 기록하고 있어서 다시 한 번 당시 우리 모두가 느꼈던 절체절명의 감정들과 기도의 내용들을 재현하는 역사적 문서로서의 가치가 있다.

　　두 번째는, 목양적 서신이다. 마치 바울의 목회서신을 읽는 것처럼, 홍 목사님의 글에는 교인들을 향한 깊은 사랑과 섬세한 마음이 묻어난다. 불안하고 우울한 시기를 보내야 했던 양들의 마음을 주님의 사랑으로 위로하고, 격려하고, 바른 길로 인도하려는 목자의 기도와 심정이 녹아든 편지다.

　　세 번째로, '프리칭적' 서신이다. 코로나 바이러스의 확산으로 대면예배를 드릴 수 없었던 팬데믹 기간 동안 매주 한 통씩 보낸 목회서신의 중심에는 말씀 한 구절 한 구절에 대한 깊은 묵상과 해설이 들어간다. 긴 시간 격리되고 고립된 생활을 하면서 공포와 고독을 견뎌야 했던 성도들에게 목회자의 깊고 맑은 샘에서 길러낸 생명의 말씀은 죽음의 그림자가 길게 드리웠던 당시 그 어떤 것보다 큰 힘과 안위가 되었을 것이다.

네 번째로, 예배적 서신이다. 저자가 서문에서도 밝혔듯이, 이 책을 관통하는 핵심 주제는 참된 예배의 회복이다. 대면 예배를 드리지 못했던 팬데믹 기간 동안, 반면교사로, 신령과 진리로 드리는 예배가 뭔지에 대한 성찰과 교훈을 담았다. 그 중 제일 기억에 남는 문구는, 성도는 "예배의 소비자가 아니라, 예배자로 하나님을 만나야 한다"는 것이다. 예배 모임을 중단하면서, 온라인 예배로 발 빠르게 적응하는 것만이 능사가 아니라, "이번 기회야말로 우리 개개인이 예배를 위해 부름받은 단독자라는 사실을 실제로 훈련할 시간이라고 판단했습니다"는 저자의 고백은 팬데믹이라는 현상에 대한 표면적인 처방에 그치지 않는다. 더 나아가 관성으로 굳어진 습관적 예배의 썩은 뿌리를 잘라내는 예리한 영적인 메스 같은, 군계일학의 예배-신학적 통찰이라 볼 수 있다.

이 도서를 독자들에게 힘주어 추천한다.

송영재 학장(BTS신학교)

추천사 3

저는 이 도서의 편집자이자 목사로서 〈그곳이 하나님의 자리입니다〉를 꼼꼼히 읽는 행운을 누렸습니다. 참 신기한 은혜의 순간들이 있었는데요, 가령 이런 것들입니다. 제가 품고 있던 신학적 목회적 고뇌들이 이 도서에 담긴 서신들을 읽으면서 풀어지는 경험들이었습니다. 그건 아마도 이 도서의 저자 홍성훈 목사님이 형이상학적인 담론을 늘어놓지 않고, 명쾌하게, 어쩌면 직설적으로 서신 하나하나를 풀어냈기 때문이었을 겁니다.

그러나 제가 이 서신을 통해 결정적으로 익히고 배운 건 '목자의 마음'이었습니다. 코로나 바이러스로 인해 전례없는 관계의 단절을 경험해야 했던 당시, 목자의 마음으로 자신의 성도들을 향해 펼쳐낸 저자의 마음이야말로 저에게 가장 커다란 감동과 은혜를 주었습니다. 그래서 서신 하나 하나를 읽을 때마다 저를 돌아보곤 했습니다. '나는, 내가 만나는 청소년들을 어떤 마음으로 바라보고 있는가?'

저는 이 도서가 일반 성도뿐 아니라 목회자 모두에게 유효하고 유의미한 도서가 될 거라 확신합니다. 서신 하나하나에 담긴 소중한 설교 메시지는 신앙생활을 하는 모든 독자들에게 깊은 통찰과 도전을 줄 것입니다. 서신 하나하나에 담긴 저자의 목회 철학은 목회 현장에서 치열하게 살아가는 모든 목회자들에게 목회적 영감과 도전을 줄 것입니다.

이 도서가 깊고 넓게 퍼져가기를 간절히 기도합니다.

소재웅 목사 (청소년 연합교회 담당)
*이 도서를 제작한 '도서출판 훈훈'을 꾸려가고 있습니다.

Chapter 1_

첫 번째 목회서신

서로를 위해 기도하는 일을 쉬지 맙시다

우리 주님의 이름으로 문안드립니다.

1. 어젯밤 저는, 이** 집사를 통해, 우리가 빌려 쓰고 있는 독일 교회(Erloeser Kirche)가 앞으로 두 주간 동안 교회와 유치원 건물, 그리고 Gemeindehaus(친교실)를 사용하지 않기로 결정했다는 사실을 통보 받았습니다. 이 결정은 어제(금요일) 저녁 이뤄졌으며, 그 전날인 목요일 헤센 주 정부의 권고 사항에 따라 진행된 것으로 짐작됩니다.

2. 헤센 주 그리고 독일 연방의 정책은 최근 광범위하고 빠르게 퍼져가는 코로나19 바이러스 사태에 대해 가능한 한 확산을 지연하려는 것으로 요약됩니다. 며칠 전 메르켈 수상은, 독일 국민 60-70 퍼센트 정도가 이 바이러스에 감염될 것으로 예상한다고 말했습니다. 결과적으로 이 바이러스는 다른 감기 혹은 독감 바이러스의 경우처럼 사람과 공존하는 수준으로 보편화될 것이며 그 효력은 약해질 것으로 예측한다는 의미 같습니다. 지금 독일은 초기 단계에서

최대한 사람간 접촉을 줄이고 사회적 접촉 간격을 벌려서 이에 대응할 시간을 벌겠다는 정책을 진행하는 것이지요. 이 상황에서 우리는, 지난 두어 주간 예배 시간에 언급한 것처럼 최대한 접촉을 줄인 채 개인 위생에 철저함으로 대응하는 것 외에 할 일이 없어 보입니다.

3. 이런 상황에서, 우리 교회 역시 독일 정부의 정책에 협조하여 두 주간 동안 예배로 모이는 일을 중단하는 것이 좋다고 판단하였습니다. 이에 저는, 다가오는 15일과 22일 두 번의 주일예배를 쉬기로 하고 여러분에게 이 소식을 전하는 것입니다. 이 일은, 이미 저 개인적으로 언젠가는 이 지역에도 다가올 일로 예측하고 준비해 오던 일이었습니다.

4. 다음으로 저는, 앞으로 두 주간 동안 여러분에게 협조와 실행을 당부할 내용을 말씀드리려고 합니다. 그동안 저는 한국과 여러 지역에서 주일예배를 드리지 못하는 상황에서 일어나는 일들, 그리고 그에 대처하는 여러 교회와 신학자들, 목회자들의 동향을 주의 깊게 살펴보았습니다. 특히 한국에서는 대부분 주일예배를 온라인 예배로 대체하는 방법을 대안으로 실행하고 있다고 보입니다.

5. 그러나 온라인 예배와 주일예배는 서로에 대해 대체적 수단으로 존재하지 않습니다. 저는 주일예배라고 하는 신자들의 공예배가 다른 어떤 수단으로도 대체될 수 없고, 그럼에도 불구하고 주일

예배를 드릴 형편이 안 된다면 그 동안만이라도 가정예배를 드리는 것이 옳다고 생각합니다. 가정은 교회와 마찬가지로 하나님의 백성들이 하나님을 섬기고 예배하는 중요한 기관입니다. 즉, 교회에서는 그 지역의 모든 신자들이 정해진 시간과 장소에 모여서 하나님을 예배하고, 가정은 가정대로 가족들이 모여 함께 예배하는 독립된 기관이란 뜻입니다. 그러므로 어떤 특별한 사정에 의해 교회에서의 예배가 불가능하다면, 가정에서라도 예배를 드리는 것이 당연합니다.

6. 하지만, 솔직하게 말씀드리자면, 그동안 우리의 형편은 신앙과 예배의 중심이 교회에만 크게 집중되었기 때문에, 대부분의 신자들은 가정 단위로 예배하는 일에 잘 준비되어 있지 않다는 것이 문제입니다. 이 때문에 한국의 교회들이 지금 온라인 예배를 통해 예배를 드리고 있다고 판단합니다.

7. 그럼에도 불구하고 저는 차라리 이번 기회에, 만족스럽지는 않다 하더라도, 가정 예배를 경험하실 것을 권하고자 합니다. 물론, 이것이 정말로 여의치 않다 생각하신다면 각 가정이 판단할 때 가장 좋다고 생각하시는 동영상 예배 채널을 선택하여 그를 통해 예배를 드리셔도 좋다고 생각합니다. 이 상황은 함께 예배할 가족이 옆에 있지 않는 학생들에게도 마찬가지 경우가 될 수 있을 겁니다. 흩어져서 드리는 예배에 훈련이 되어야 하는 문제는 그 다음에 진지하게 고민할 주제로 남겨 놓고서 말입니다.

8. 혹시 이 두 주간 가정 혹은 단독으로 예배를 드리시는 데 있어 요청하시는 분이 있다면, 제가 나름 준비한 내용으로 예배를 드리실 수 있도록 도와드리겠습니다.

9. 가정에서, 인터넷으로 예배를 드리시는 가정 혹은 개인은 예배 후 평소처럼 헌금을 모으시기 바라고, 이 기간 중에 모은 헌금은 어려운 이웃을 돕는 곳에 사용하시기 바랍니다. 어느 곳이 좋은지는 각자 판단하시기 바랍니다.

10. 지금까지의 말씀을 정리합니다.
(1) 우리 교회는 앞으로 두 주간 동안 주일예배로 모이지 않습니다.
(2) 그 동안 각자 가정에서 혹은 단독으로 예배를 드립니다.
(3) 가정 혹은 단독 예배를 각자의 상황에 맞게 드리되, 이 일이 아직 익숙하지 않으신 분은 가족 혹은 개인의 성향에 맞추어 온라인 예배 영상을 선택하여 예배를 드리시기 바랍니다.
(4) 위의 두 방법을 원치 않으시는 분에게는 제가 준비한 예배 가이드를 전해 드리겠습니다. 언제든지 제게 말씀해 주시기 바랍니다.

11. 사랑하는 교우 여러분, 지금 전 세계의 신자들은 무섭게 번져가는 코로나19 바이러스 사태로 인해, 언제든 가능할 듯했던 주일예배가 실은 언제나 그렇지 않을 수도 있다는 사실을 경험하고 있습니다. 그러나 위기는 언제나 기회라고 저는 믿습니다. 이 상황

을 통해서 우리는 그동안 습관에 빠졌던 우리의 신앙생활을 새롭게 하는 기회로 삼아야 할 것이라 믿는 것입니다.

12. 저는, 무엇보다 이 어려운 시간이 속히 지나기를 바라며, 한 사람의 생명을 지켜주시고 조금만큼의 고통이라도 덜어주시기를 하나님께 기도하며, 아울러 우리의 신앙생활이 이번 어려움을 통해 활력을 회복할 수 있기를 위해서도 기도합니다. 앞으로 이 상황이 더 지속될 수도 있을 것이라 예측합니다. 이 상황이 언제 끝날지는 몰라도, 우리 모두가 한 가족이고 형제와 지체라는 사실을 잊지 않고 서로를 위해 기도하는 일을 쉬지 맙시다.

우리 모두가 건강하고, 어디서나 삶의 활력을 잃지 않고 하루하루를 힘차게 살아가시기를 소망하며 기도하겠습니다.

주여, 우리 연약한 인생들을 긍휼히 여기시고, 속히 이 세상에 평화와 건강을 허락하소서!

평안을 전하며, 홍성훈 목사 드림.

두 번째 목회서신

'모든 것으로부터
거리를 두어야 하는 시간'을 통해

사랑하는 카셀 아름다운교회 교우 여러분,

어젯밤 저는 독일교회로부터 새로운 소식을 들었습니다. 독일교회는 두 주일로 예정한 모임 금지 조치를 넘어 2020년 4월 19일까지 모임을 갖지 않겠다고 알려온 것입니다.

지난 일주일 동안 독일과 유럽 전체에 코로나 19 바이러스가 얼마나 무서운 속도로 퍼졌는지, 충분히 느끼셨을 겁니다. 며칠 전 메르켈 총리가 연설한 바와 마찬가지로, 독일과 유럽은 지금 최대한 바이러스의 확산을 늦추면서 대응책을 마련하는 것 외에 할 수 있는 일이 없어 보입니다. 즉, 오늘 점심부터 생존을 위해 필요한 몇 가지 활동 외에는 가능한 한 외출을 줄이는, social distancing(사회적 거리두기)에 전념할 수밖에 없는 상황입니다. 이에 따라 많은 불편이 따르겠지만, 우리는 독일 정부의 정책에 협력해야 할 것입니다. 따라서 저는, 일단 4월 19일까지 교회에서 모여 예배드리는 일을 중단하기로 결정했고, 이 사실을 여러분께 알리고자 합니다.

'사회적 거리두기'라는 이 생소한 정책이 여러 사람에게 여러 의미로 받아들여지는 것 같습니다. 저의 경우도 마찬가지입니다. 그런데 이 기간이 길어질수록, 제게는 이것이 모든 것을 새로운 관점에서 보는 계기가 되고 있는 것 같습니다. 당연한 듯 지냈고 누렸던 모든 것들이 새롭게 다가온다는 것이지요. 나의 가족, 나의 일, 나의 인생, 나의 친구, 나의 교회, 나의 교인… 예전에는 나와 관계 맺고 있었던 것, 당연히 있는 듯했던 모든 것들이 전혀 다른 의미로 다가오기도 합니다. 여태까지는 모든 것이 나와 가까워야 의미가 있었던 것들이, 어느날 문득 거리를 두면서 역설적으로 더 가깝게 느껴지고 더 사랑스럽게 느껴집니다. 이 역설적인 느낌이, 멀어져서 두렵고 안타까운 마음을 넘어서 다가오는 것이 지금은 오히려 감사할 지경입니다.

어떤 분의 글을 인용합니다.

"초기 기독교는 300년 이상 번듯한 교회당 없이 지냈습니다. 이른바 흩어진 가정교회 형태로 말입니다. 예배당 없이 지냈던 300여 년 동안 기독교는 모진 핍박의 폭풍한설에도 불구하고 가장 강력한 생명력을 과시했습니다. 신앙 때문에 언제나 비주류의 삶을 자청하기도 했습니다. 그러나 그들은 질경이처럼 짓밟히면 밟힐수록 다시 솟아올랐습니다. '학대를 받을수록 더욱 번성하여 퍼져나갔습니다'(출 1:12). 그 기간 중에 기독교 역사상 가장 많은 순교자를 생산해냈다는 분명한 사실은 무엇을 가리킵니까? 교회는 순교자들의 피 위에 세워졌다는 말을 기억하시지 않나요? 그들은 천추에 별이 되어 빛나는 신앙인들이 되었습니다. 신앙의 전당에 그들의 이름이 각인된 신앙의 선조들 말입니다…"

우리가 평소에 당연한 듯, 그래야 하는 듯이 생각했던 잘 짜인 예배, 화려한 예배… 이러한 예배가 불가능한 지금, 내 처소에서 혼자 혹은 가족끼리 드리는 예배가 어떤 느낌이었습니까? 어색하고, 불편하고, 밋밋한 느낌이 당연히 들 것입니다. 하지만, 그런 느낌을 통해 평소 우리가 당연하게, 때로는 지루하게 드렸던 주일예배가 얼마나 소중한 것인지를 어느 정도 느끼시지는 않았습니까? 이 시간이 한 달을 넘어간다면 이런 소감은 더욱 짙어질지도 모릅니다.

사랑하는 여러분, 내일도 우리는 주일을 맞으며 우리가 처한 형편대로 하나님의 이름을 부를 것입니다. 제 예측입니다만, 지금 당장은 잘 준비된 온라인 예배가 그나마 다행이라 느낄 것입니다. 하지만 이 시간이 길어지면 그 편한 대안은 점차 다른 느낌으로 다가올 것입니다. 어떤 사람은 더 좋은 설교를 찾기 위해 자기 교회의 동영상 예배 채널을 돌릴 것입니다. 제가 이 기간을 온라인 예배보다 가정 예배 혹은 단독 예배로 대처하자고 권면한 이유가 여기에 있습니다. 그 어떠한 유명하고 감동적인 설교자가 인도하는 영상보다, 어눌하나마 진솔하게 하나님 아버지의 이름을 입에 올려 드리는 예배가 더욱 하나님이 기뻐하실 예배가 될 것이라고 저는 믿습니다. 다시 말씀 드리지만 저는 이 '모든 것으로부터 거리를 두어야 하는 시간'을 통해 우리 하나님 아버지를 더욱 가까이하는 기회를 얻기 원하는 것입니다.

또 다른 어떤 분이 이런 글을 쓰셨습니다.

"우리의 마음을 즐겁게 하는 시스템과 달콤한 말에 취해 나를 위한 예배로, 그저 예배의 구경꾼으로, 예배를 드렸다는 만족감에 살고 있었던 우리의 모습을 봅니다. 우리의 마음을 다해 신령과 진정으로 드리지 못하였음을 회개하며, 하나님을 향한 예배의 거룩한 모습을 찾을 때입니다. 주님, 이 땅의 예배가 회복되고 교회가 거룩하게 해주세요."

다시 말씀드리지만, 각자 처소에서 마음을 낮추어 하나님의 이름을 조용히 부르십시오. 거기에 주께서 나타나 우리를 어루만져 주실 것입니다. 이 경험은 결코 사소하지 않습니다. 이것이야말로 기독교가 말하는 신앙의 시작이요 초석(礎石)이기 때문입니다. 지금 이 시간이 즐겁지 않고 어색해도 상관없습니다. 어차피 우리의 이 시도는 앞으로도 한 달간 계속될 것입니다. 단번에 만족하지 못해도 상관없습니다. 하나님을 만나는 기쁨 역시 반복되는 노력을 통해서만 경험되기 때문입니다. 하나님을 경험하는 일은 오직 성령께서만

하실 일입니다. 하지만, 거기에 인간의 적극적인 의지가 동반되어야만 합니다. 이로 인해 하나님께서 영광을 받으십니다.

지난 주일에도 말씀드린 것처럼, 개인 혹은 가정예배로 형편에 맞게 예배를 드리십시오. 이 일이 아직도 어색하다면 각자 성향에 맞는 동영상 예배를 통해 도움을 받으셔도 되겠습니다. 한두 번으로 익숙해질 수는 없는 일입니다. 인내심을 갖고 천천히 예배자로 거듭날 수 있기를 바랍니다.

'제대로 된 예배'로 느껴지지 않을지라도 좋습니다. 가족과 함께 모여서, 혹은 혼자서, 그저 하나님을 만난다는 사실에만 집중하십시오. 찬송을 부른 후 성경을 읽기만 해도 훌륭한 시작입니다. 그리고 주기도문으로, 혹은 시편 한 구절을 읽고 기도로 마치셔도 좋습니다. 무엇보다 하나님은, 어디서든 당신의 이름을 부르는 그 자체를 기뻐하실 것입니다. 주일 아침, 예배 드리기 전에 조심스럽게 이 글을 읽으신 후 마음을 모아 하나님을 부르시기 바랍니다. 우리의 형편을 잘 아시는 하나님께서 그 순간 우리의 마음을 평안으로 인도하실 것입니다.

마지막으로, 저는 내일 가족 예배를 드리면서 다음과 같은 순서로 예배를 드릴 것입니다. 혹시 인터넷 예배나 가정 예배 준비가 익숙하지 않으신 분들은 참조하시기 바랍니다.

1) 조용한 기도
2) 찬송 341장 <너 하나님께 이끌리어>
3) 성경 말씀 낭독과 묵상: 시편 23편
4) 주기도문

하나님을 더욱 사랑하는 자로, 공동체로 모여서 함께 예배드리기를 더욱 사모하는 자로 언젠가 만날 수 있기를 바랍니다. 여러분을 위해 저도 기도를 쉬지 않겠습니다.

비록 우리가 어색하고 준비되어 있지 않더라도, 긍휼과 은혜에 풍성하신 우리 하나님께서 각자에 맞게 우리 모두의 영혼을 만족케 해 주실 것을 믿습니다. 여러분 모두를 사랑하고 축복합니다. 서로를 위해 기도하고 위로하며 이 시간을 잘 견뎌냅시다. 우리를 위해 지금도 분투하는 여러 사람들, 사랑하는 우리의 이웃들을 위해 기도합시다.

평안을 전하며, 홍성훈 목사 드림.

세 번째 목회서신

자그마한 책자를 전합니다

안부와 함께 평안을 전합니다.

다들 잘 지내시는지요? 뜻하지 아니한 코로나 바이러스 사태로 인해 얼굴을 보지 못한 지 벌써 오랜 시간이 지난 듯합니다. 하늘은 정말 이를 데 없이 청명한데, 이 좋은 날씨를 사회적 거리두기로 지내는 것이 참 안타깝습니다.

자그마한 책자를 전합니다. 이 책자는, 내일 종려주일로 시작하는 그 다음 주간의 고난주간을 묵상하면서 읽을 본문입니다. 비록 우리가 함께 모여 기도하고 예배할 수는 없지만 어디서든지 당신의 이름을 부르는 이들을 만나기 기뻐하시는 하나님의 은혜가 각자의 자리에서 당신의 말씀을 읽고 묵상하며 기도하는 그 자리에 넘치시길 기대합니다.

코로나19 바이러스로 일어난 지금의 상황은 적어도 4월말까지 연장될 것 같습니다. 그 때가 언제든, 우리가 모여서 함께 예배할 때 지금 우리가 못다 한 찬송과 기도와 교제가 더욱 풍성하기를 기도하겠습니다. 부디 그 때까지 모두가 건강하길 바랍니다.

우리 주님의 사랑과 평안을 전하며,

4월 4일, 홍성훈 목사 드림.

*추신: 사정이 사정인지라 우편함에 조용히 넣고 인사 없이 가더라도 양해해 주세요!

네 번째 목회서신

당연했던 것들이
당연하지 않은 '모자람의 시간'

사랑하는 카셀 아름다운교회 교우 여러분,

뜻하지 아니한 코로나19 바이러스 사태로 인해 교회 공동체로 모이지 못한지 벌써 세 주가 되었습니다. 그동안 어떻게 지내셨는지요? 오늘 저는 본회퍼 목사님의 이야기로부터 편지를 시작하려고 합니다.

제2차 세계대전 무렵 히틀러의 통치에 저항하다가 사형을 당한 디트리히 본회퍼 목사는 <말씀 아래 더불어 사는 삶>이란 책에서 이렇게 말합니다.

"… 감옥에 갇히고, 병상에 누워 있고, 먼 곳으로 흩어져 외로이 살고 있는 그리스도인에게 찾아오는 믿음의 형제와 자매는 삼위일체 하나님의 자비로운 임재의 물리적 증거입니다. 찾아온 사람이나 맞이하는 사람이나, 서로로 인해 외로움 가운데 찾아오셔서 두 사람의 만남 사이에 거하시는 그리스도를 뵙게 됩니다.

그들은 마치 주님을 뵈온 듯 상대를 높이고 자신을 낮추는 기쁨 속에 서로를 맞아들이게 됩니다. 그들은 주 예수 그리스도께서 친히 축복하시듯 서로의 축복을 받습니다. 두 사람이 만나는 이 작은 모임 가운데도 이러한 행복과 기쁨이 넘친다면, 하나님의 뜻에 따라 다른 믿음의 형제와 자매들과 함께 매일매일을 더불어 살아가는 삶 가운데는 어떤 행복과 기쁨이 마르지 않고 부요하게 흘러넘칠지요!…

하나님의 공동체는 그 분의 나라로부터 은혜로 주어지는 선물이기에, 또한 어느 때이고 우리에게서 취해 가져가실 수 있는 것임을 쉽게 잊곤 합니다… 그러므로 계속해서 다른 그리스도인 형제, 자매들과 더불어 살아가는 생활의 특권을 누려온 사람들은 하나님의 은혜에 마음 깊은 곳으로부터 흘러나오는 찬양으로 화답해야 합니다. 무릎을 꿇고 하나님께 감사하며, 오늘 이 순간에도 그리스도의 몸된 공동체에 속해 살아가도록 허락해주신 것이 전적으로 은혜임을 깨달아야 합니다…"

본회퍼 목사님이 이 부분에서 이야기하려는 공동체의 본질은 이렇습니다. 여기, 외롭고 힘든 사람이 있습니다. 그 사람을 믿음의 형제와 자매가 찾아갑니다. 그 자리에서 서로는 서로를 높이고, 낮추어, 서로를 섬기고, 축복합니다. 이 섬김의 교제가 있는 자리에 우리 주님이 친히 축복하시는 행복과 기쁨이 넘칩니다. 말하자면, 믿음의 공동체는 서로가 서로를 주님과 같이 섬김으로써 기쁨을 나누는 축복의 공동체라는 것이지요.

서로 사랑하자, 낮아지자, 내 형제와 자매를 위로하고 축복하자, 섬기자… 우리가 교회를 다니면서 이런 말을 얼마나 자주 들었습니까? 하지만, 그렇게 자주 듣던 공동체의 본질은 시간이 지나면서 으레 듣는 소리, 맞지만 실감은 나지 않는 소리가 되어버렸습니다. 그 본질은, 우리가 실제로 부딪치는 수많은 경험에 묻혀 버렸습니다. 그리고 그 경험에 너무 익숙해져서 마침내 경험과 이상은 그냥 그 상태로 존재합니다. 어쩌면 수많은 신자들이 이제는 교회 공동체의 본질적인 모습을 말하는 데 어색함을 느끼기까지 하지요. 마침내, 교회의 본질은 익숙한 예배 순서, 형식적인 기도 내용, 영혼 없는 인사와 대화, 교회 조직들… 등으로 대체되고 말았습니다.

이런 당혹스런 현실은 사실 당연하기까지 합니다. 본회퍼의 시절로 돌아가 보지요. 그가 이 글을 쓴 것은 히틀러가 독일을 통치하던 시절이었습니다. 히틀러는 1차 세계대전에서 전쟁 포로로 수용되어 있다가 풀려난 경험이 있습니다. 그는 강한 나라를 꿈꿨으며, 독일 국민 대다수는 1차 세계대전에서 진 이후 가혹하게 전쟁 보상을 요구하고 압박하는 승전국(勝戰國)에 대해 분노했습니다. 결과적으로 히틀러는 이런 국민적 정서를 이용하여 정권을 잡을 수 있었던 것입니다. 독일 국민은 히틀러를 중심으로 하여 나라를 통일하고 군비를 확장하는 한편, 세계를 깨끗이 유지하라는 하나님의 소명을 부여받았다며 스스로를 규정했습니다. 독일 교회 대부분은 이런 히틀러의 정치 철학에 기꺼이 동의했습니다.

본회퍼와 바르트 같은 소수의 신학자와 목사, 그리고 교회가 이런 광풍을 막기엔 너무나도 부족했습니다. 결과적으로 본회퍼는 히틀러를 살해해야겠다고 결심했고, 이 음모가 발각되면서 사형장의 이슬로 사라졌습니다. 어쨌든 본회퍼는 이렇게 미친 폭풍에 휩쓸리는 암담한 교회를 보면서 성경이 말하는 교회의 본질이 무엇인가를 깊이 고민했던 것입니다.

사랑하는 교우 여러분,
지난번 편지에서도 말했듯, 지금 우리는 당연했던 것들이 당연하지 않은 '모자람의 시간'에 살고 있습니다. 이 시간이 가져다주는 가장 큰 유익이 있다면 그것은, 이전까지 익숙했던 모든 관계를 다시 생각할 수 있다는 것입니다. 하나님과 나와의 관계, 가족과 나와의 관계, 교회 식구와 나와의 관계, 이웃과 나와의 관계… 본회퍼가 말했듯 그 관계가, 그야말로 하나님께서 주신 축복으로 새롭게 다가올 수 있는 시간입니다. 우리가 방에 틀어박혀 시간이 가기만 기다린다면 결코 얻을 수 없는 그 축복, 그것을 누릴 수 있도록 최선을 다해야 하지 않겠습니까? 제가 이 시간을 통과하며 어쩌면 조금은 불편하고 막연한 대안으로서 온라인 예배가 아닌 가정(혹은 개인) 예배를 제안한 것은, 이렇게라도 공간을 만들지 않으면 결국은 손쉬운 방법을 선택하는 것이 사람의 보편적인 심리이기 때문이었습니다.

자, 이제 우리는 세 번째 가정(개인) 예배를 드려야 합니다. 여전히 막연하고 불편하시지요? 당연합니다. 말콤 글래드웰은 자기 책에서, 어떤 일에 장인이 되려면 적어도 1만 시간을 들여야 한다고 말했습니다. 가정(개인) 예배의 축복을 누리려면 그만한 시간은 아니더라도 적지 않은 노력과 투자(혹은 투지)가 들어가야 합니다. 한두 번의 시도로서는 어렵다는 뜻입니다.

주일 아침, 예배를 드리기 전, 먼저 시간을 충분히 두고 천천히 이 편지를 읽으시며 마음을 준비하십시오. (다시 말씀드리지만 이 일이 아직도 어색하다면 각자 성향에 맞는 동영상 예배를 통해 도움을 받으셔도 되겠습니다. 그러나 이 방법은 예배의 소비자가 아니라 예배자로 서기 위해 가장 좋은 방법은 아닙니다. 인내심을 갖고 천천히 예배자로 거듭날 수 있기를 바랍니다.)

가족과 함께 모여서, 혹은 혼자서, 그저 하나님을 만난다는 사실에만 집중하십시오. 찬송을 부른 후 성경을 읽기만 해도 훌륭한 시작입니다. 그리고 주기도문으로, 혹은 시편 한 구절을 읽고 기도로 마치셔도 좋습니다. 무엇보다 하나님은, 어디서든 당신의 이름을 부르는 그 자체를 기뻐하실 것입니다. 주일 아침, 예배 드리기 전에 조심스럽게 이 글을 읽으신 후 마음을 모아 하나님을 부르시기 바랍니다. 우리의 형편을 잘 아시는 하나님께서 그 순간 우리의 마음을 평안으로 인도하실 것입니다.

마지막으로, 저는 가족 예배를 드리면서 다음과 같은 순서로 예배를 드릴 것입니다. 혹시 인터넷 예배나 가정 예배 준비가 익숙하지 않으신 분들은 참조하시기 바랍니다.

1) 조용한 기도
2) 찬송 423장 <나의 믿음 약할 때>
　혹은 424장 <나의 생명 되신 주>
3) 성경 말씀 낭독과 묵상: 로마서 8장 6절부터 11절
4) 주기도문

하나님을 더욱 사랑하는 자로, 공동체로 모여서 함께 예배드리기를 더욱 사모하는 자로, 조만간 만날 수 있기를 바랍니다. 여러분을 위해 저도 기도를 쉬지 않겠습니다.

우리가 어색하고 준비되어 있지 않더라도, 긍휼과 은혜에 풍성하신 우리 하나님께서 각자에 맞게 우리 모두의 영혼을 만족케 해주실 것을 믿습니다. 우리는 그 분의 양떼이니까요! 여러분 모두를 사랑하고 축복합니다. 서로를 위해 기도하고 위로하며 이 시간을 잘 견뎌냅시다. 우리를 위해 지금도 분투하는 여러 사람들, 사랑하는 우리의 이웃들을 위해 기도합시다.

평안을 전하며, 홍성훈 목사 드림.

다섯 번째 목회서신

네 진정한 힘이 무엇이냐?

사랑하는 카셀 아름다운교회 교우 여러분,

일주일 동안 잘 지내셨습니까? 오늘 저는 모처럼 아내와 함께 차를 타고 카셀과 근교를 가볍게 돌고 집으로 돌아왔습니다. 이미 여러분의 우편함을 보고 아셨겠지만, 내일부터 일주일 동안 종려주일과 고난주간을 보내면서 묵상하기 위해 사용할 작은 책자를 여러분의 집에 배달하고 돌아온 것입니다. 상황이 상황인지라, 여러분의 얼굴을 보지 못하고 우편함에다 책을 넣고 그냥 돌아온 집이 많습니다. 여러분의 양해를 구합니다.

사람은 적응을 참 잘합니다. 사회적 거리두기가 시작될 때는 모든 것이 멈춘 듯이 생각되고, 불안감도 답답함도 적지 않았습니다. 하지만 시간이 흘러가며 우리 계획은 어그러집니다. 집에 있더라도 책도 읽고 운동도 하고 혹시 다시 시작될 학교 수업을 대비해서 꾸준히 연습도 하리라는 결심을 하기도 했습니다만, 그냥 누워서 시간 보내고, 놀고, 음식 해먹고… 하는 일에 익숙해져 버립니다. 사실, 북유럽의 시민들은 해가 아주 짧은 겨울이 오면 시계를 보며 산다는 말을 하지요. 해가 아니라 시계에 따라 시간표에 따라 살지 않으면 안된다는 뜻입니다. 그만큼 이곳에서의 생활은 스스로를 통제하지 않으면 허송세월을 하기 쉬운 환경입니다.

지난 주간 독일의 상황을 살펴보셨겠지만, 독일의 바이러스 확산 상황은 그닥 낙관적이지 않습니다. 이런 상황이라면 우리가 집에 머물러야 할 시간은 4월 중순보다 더 이후로 미뤄질 가능성이 있습니다. 그러나 그건 우리의 소관이 아니고, 우리로서는 혹시라도 자가 격리를 더욱 길게 할 가능성에 대비해서라도 더욱 규칙적인 생활, 계획을 따라서 일과를 소화해 내는 자세가 필요할 것입니다. 우리가 여기에 왜 살고 있는지를 매일 확인하고, 지금의 시간이 소비할 시간이 아니라 무언가를 해내야 할 시간이라는 사실을 잊지 않고 하루하루를 살기를 바랍니다.

앞에 잠깐 언급했듯이, 내일은 교회의 절기에 따라 종려주일로 지냈어야 할 주일입니다. 종려주일은 아시다시피 예수님의 예루살렘 입성을 기념하는 절기입니다. 그리고 종려주일은, 예수께서 예루살렘 성으로 들어가실 때 그 분을 환영하는 사람들이 종려나무(대추야자나무, the Palm) 가지를 흔들었던 일을 가리켜 지은 이름입니다. 그들은 그 때 예수님을 '유대인의 왕'으로 생각했던 것이 분명합니다.

하지만 우리가 종려주일을 매년 지내면서 잊지 않아야 할 사실이 있습니다. 우리는 예수께서 예루살렘에 들어가시면서 당신을 왕으로서 환영하는 백성들에게 분명하게 보여준, 하나의 퍼포먼스에 주목해야 합니다. 예수님은 아직 누구도 태워보지 않은 나귀 새끼를 타셨습니다. 나귀 새끼는, 왕의 신분에 어울리지 않습니다. 누가 봐도 모자라고 비천한 신분을 떠올립니다. 결론부터 말씀드리자면 예수님은, 높은 자리에서 권력과 두려움으로써 다스리는 왕이 아니라 낮은 자리에서 나귀처럼 부림 당하는 왕으로서의 자신을 백성에게 보여주신 것입니다.

예수님의 낮아진 모습은, 그 며칠 후 겟세마네 동산에서 기도하실 때에도 보입니다. 예수님은 땀을 피처럼 흘리는 고통스런 기도 가운데, 마침내 자신의 뜻이 아닌 하나님의 뜻에 자신의 생명을 온전히 바치기로 결심하십니다. 그리고 그 연장선에 십자가의 고난이 있는 것이지요. 간단히 말씀드립니다. 우리 주 예수 그리스도의 이 땅에서의 인생은 한마디로 낮아짐의 삶이었다는 것입니다.

낮아진다는 말, 혹은 겸손이라는 말을 우리는 자주 사용합니다. 모두가 움켜쥐기를 원하고, 높아지기를 갈망하는 시대에 이렇게 산다는 것이 멋있게 보일 수 있습니다. 하지만 그것이 그리 쉽지는 않습니다. 자신의 뜻을 포기하고 하나님의 뜻을 따라 살기로 결심하는 저 위대한 기도 후에도, 그 선택의 결과는 너무도 참혹하게 이어졌습니다. 예수님은, 살이 찢기고 뼈는 부러지고 피를 마지막 한방울까지 쏟아야 했고, 무죄함에도 세상의 모든 사람들의 죄로 인하여 견디기 어려운 조롱과 모욕을 당해야 하셨습니다.

이것이 하나님의 뜻에 순종한다는 말의 결과입니다. 그야말로 자기 생각을 송두리째 부인해야 가능한 일일 것입니다. 그러니, 누가 감히 낮아진다는 말을 함부로 할 수 있겠습니까? 하지만, 우리는 그럼에도 그리해야 합니다. 우리는 여전히 부족하지만, 그래도 우리가 마땅히 해야 하고 되어야만 할 그 목표를 계속 입으로, 마음으로 확인해야만 우리가 비로소 그 목표에 가까이 갈 수 있기 때문입니다. 그래서 우리 예수님께서 친히 자신을 낮추어 하나님의 뜻에 순종하는 삶의 모본을 보이신 것 아니겠습니까?

실은, 지금의 상황에 놓인 우리가 그것을 교육받고 있습니다. 고통과 슬픔을 당하신 분에게는 참으로 죄송한 말입니다만, 우리는 지금 뜻하지 아니한 코로나19 바이러스로 인해 모진 고생을 하고 있습니다. 그전까지만 해도 우리는 노력만 하면, 내 능력이라면 내 꿈을 이룰 수 있고, 무엇이든 가질 수 있다고 생각했습니다. 혹은 내 꿈을 이루기 위해서라면 무엇이 반드시 필요하다고 생각하며 아등바등 살았습니다. 적어도 내 인생의 계획표에는 눈에 보이지도 않는 바이러스 따위는 절대 없었지요.

그런데, 지금의 우리 상황은 어떻습니까? 이 하찮은 것 때문에 세계에서 가장 강한 미국이 휘청이고, 완벽함의 상징 같았던 독일의 시스템이 무너집니다. 그렇게 유쾌하고 낙천적이었던 이탈리아는 시신을 모실 자리가 없어서 비탄에 빠져 있습니다. 어느 나라 누구에게 "올해는 바이러스 때문에 한 학기는 쉬어야겠다"는 계획표가 있었을까요? 뿐만 아니라, 우리는 이 죽음의 공포가 지난 후에도 그 후유증으로 인해 적어도 몇 해 동안 경제적인 면뿐만 아니라 삶의 곳곳에 짙은 그림자가 남겨질 것을 어렵지 않게 예측할 수 있습니다.

이런 상황들은, 우리에게 참으로 중요하고 의미있음이 무엇인지 다시 생각하게 합니다. 전에도 말씀드린대로, 우리가 잊어왔던 것들, 알면서도 실감하지 못한 채 구석에 밀려 있던 것들을 다시 생각하게 합니다. 그래서, 마침내 우리가 인생 앞에 하나님 앞에 낮아져야 함을 깨닫게 되는 것이지요. 다시 말하지만, 우리는 지금 가던 길을 강제로 멈춰진 채로, "네 진정한 힘이 무엇이냐, 네가 지금까지 네 힘으로 할 수 있던 것이 하나라도 있었더냐" 하는 하나님의 질문에 대답할 시점에 서 있는 것입니다. 이런 점에서, 올해의 종려주일과 고난주간은 근 200년 만에 벌어지는 유감스런 사건이면서도 낮아짐이란 주제를 깊이 생각할 기회로 보입니다.

자, 이제 우리는 네 번째 가정(개인) 예배를 드려야 합니다. 여전히 막연하고 불편하시지요? 당연합니다. 하지만 크리스천은 하나님 앞에 예배하는 자로 세워졌음을 잊어서는 안됩니다. 지금은 온라인으로 예배를 드릴 망정, 성경의 선배들이 절대적으로 고독한 개인으로서 하나님을 홀로 대면하며 예배했음을 기억하셔야 합니다. 그 모습에 도달하기까지, 우리는 예배하는 가운데 홀로 하나님을 만나는 훈련을 거듭해야 합니다.

주일 아침, 예배를 드리기 전, 먼저 시간을 충분히 두고 마음을 가다듬으십시오. 가능하면 단정하게 옷을 입고, 자세를 바르게 하여 예배를 준비하십시오. 이번 주일예배는 이미 여러분에게 전달된 책을 사용하여 예배를 진행하시는 것을 권합니다. 아래의 내용은 내일부터 다음 주일까지 매일 갖는 묵상시간을 위해 도움이 될 설명이 될 것입니다.

1. 먼저, 잠시 조용하게 기도하면서 예배를 시작하십시오.
2. 다음으로, 오늘의 본문인 "마가복음 11장 7절부터 10절"을 조용히 소리내어 읽으시기 바랍니다. 성경은 본인이 읽는 소리가 눈으로 읽는 것과 합해질 때 훨씬 효과가 큽니다.
3. 그 다음, 이어지는 "묵상" 부분을 조용히, 그리고 천천히 읽으세요.
4. 그 다음의 "기도" 부분을 기도하는 마음으로 천천히 소리내어 읽으세요.
5. 주기도문으로 예배를 마칩니다.
6. 예배가 끝나자마자 일어서지 마시고, 그 뒤에 있는 "음악 묵상" 시간을 가져 보시기 바랍니다. 이 음악 묵상의 방법은 책자에 상세하게 설명되어 있습니다.

하나님을 더욱 사랑하는 자로, 공동체로 모여서 함께 예배드리기를 더욱 사모하는 자로, 조만간 만날 수 있기를 바랍니다. 여러분을 위해 저도 기도를 쉬지 않겠습니다.

우리가 어색하고 준비되어 있지 않더라도, 긍휼과 은혜에 풍성하신 우리 하나님께서 각자에 맞게 우리 모두의 영혼을 만족케 해주실 것을 믿습니다. 우리는 그 분의 양떼이니까요! 여러분 모두를 사랑하고 축복합니다. 서로를 위해 기도하고 위로하며 이 시간을 잘 견뎌냅시다. 우리를 위해 지금도 분투하는 여러 사람들, 사랑하는 우리의 이웃들을 위해 기도합시다.

평안을 전하며, 홍성훈 목사 드림.

여섯 번째 목회서신

주께서 부활하셨습니다!

사랑하는 카셀 아름다운교회 교우 여러분,

일주일 동안 잘 지내셨습니까? 개인과 가정예배로 주일예배를 대신한지 벌써 다섯 번째 주일이 되었습니다. 더구나 이번 주일은, 제가 들은 바로는 역사상 200년 만에 교회에서 드리지 못하는 부활주일입니다. 하지만 지금 독일의 상황은 여전히 코로나19 바이러스 감염의 위협 아래 있고, 예정된 대로 4월 19일에 자가격리가 끝날지 낙관하기도 어려운 것 같습니다. 자가 격리가 설사 끝난다 하더라도 바이러스 감염 사태는 적어도 연말까지 지속될 것이라고 대부분 예측하는 형편입니다.

지난번에 언급했듯, 우리는 배부된 묵상집을 통해서 고난주간을 묵상하며 지내고자 했습니다. 느낌이 어떠셨는지요? 어떤 분에게는 새로운 경험이었을 수 있고, 또 어떤 분에게는 어색한 경험이었을 수도 있습니다. 각자의 소감은 모두가 중요합니다. 하지만 제가 여러분에게 전하고 싶었던 것은, 예배와 신앙생활은 각자가 익숙한 형식과 방법에 따라 다를 수 있다는 것이고, 이번 기회에 다른 방식으로 예배하는 것을 경험하면서 나와 다른 방식으로 예배하는 이웃을 이해해 보자는 것이었습니다. 그럼에도, 우리가 추구하는 목표는 하나입니다. 즉, 우리가 신자로서 지역 교회의 건물에 모여서 예배하는 것은 하나 되게 하신 하나님을 한마음으로 섬기고자 하는 것이며, 동시에 서로가 서로에게 사랑의 이름으로 섬김의 삶을 훈련하고자 하는 것이기도 합니다. 그럼에도 불구하고, 이 모든 일의 근간에는 각자의 삶의 주인이신 하나님을 홀로 대면하는 체험이 전제되어야만 합니다. 거듭 말씀드린대로, 이 전제를 소홀히 할 경우 교회에서의 예배가 자칫 형식으로 흐를 위험이 있습니다.

지난 주일의 종려주일이나 고난주간, 그리고 부활주일 같은 이름들은 오래전부터 교회가 만들어 놓은, 소위 교회력(敎會歷)의 일부입니다. 이 교회력은 대부분 우리 예수님의 일생 가운데 일어난 사건들로 구성되어 있습니다. 이 사건들을 기억하고 묵상함으로써, 우리의 신앙생활에 도움이 되기를 바라는 목적으로 교회가 오랜 시간에 걸쳐서 선정하였습니다. 물론, 성경 이야기 가운데 몇 가지 사건들도 마찬가지 목적으로 선정하였습니다.

어쨌든 이 절기들은 그와 관련된 사건이나 이야기를 묵상함으로써 우리의 신앙에 힘을 불어넣기 위한 것이 가장 큰 목적입니다. 방금 언급했던 종려주일, 고난주간, 부활절은 예수님의 일생 가운데 십자가 사건을 중심으로 한 성경의 기록을 기본으로 하고 있습니다. 그러다 보니 가령 부활절이라 하더라도 이 날이 정확하게 예수님께서 부활하신 그 날인가 묻는다면 그렇지는 않다고 답해야 할 것입니다. 이런 상황은 사실 성탄절도 마찬가지입니다. 그러므로, 부활절이 부활절인 것은, 성경이 증언하는 대로 예수님의 부활이라는 사건을 묵상함으로써 예수님의 부활이 사실임을 확인하고, 그 사건을 통해서 우리의 믿음이 새롭게 활력을 얻고자 함이 가장 큰 목적이라고 할 수 있을 것입니다.

이런 의미에서, 나눠드린 책에서 주일날 묵상할 본문으로 제시된 성경 말씀은 부활하신 예수님께서 갈릴리로 가셨다는 사실을 붙잡고 이야기를 전개합니다. 갈릴리는 당시 유대 지방에 있어서 시골이었으며, 가난하고 고통당하는 사람들이 모인 곳을 상징하는 지역이었습니다. 그런데, 이 사실을 묵상했던 한 위대한 신자의 이야기가 바로 이어집니다. 그는, '목소리 없는 사람들의 대변자'로 불리는, 엘살바도르의 오스카 로메로 신부였습니다.

1980년 3월 초, 어느 기자가 이렇게 물었다고 합니다.
"암살의 위협을 받으면서도 왜 엘살바도르를 떠나지 않습니까?"
로메로 주교가 말했습니다.
"나는 부활 없는 죽음을 믿지 않습니다. 그들이 나를 죽인다면 나는 엘살바도르의 민중 가운데 부활할 것입니다."

그로부터 얼마 후, 로메로 주교는 가난한 자를 대변하면서 정부의 독재와 폭력을 끊임없이 비판하는 것을 미워한 엘살바도르 군부에 의해 암살을 당합니다.

로메로가 그런 죽음을 향해서 스스로 걸어간 까닭은, 부활하신 예수님께서 가난하고 억울한 사람, 그래서 누구보다도 부활하신 예수 그리스도가 필요했던 사람들을 찾아가셨다는 성경의 그 이야기가 자신의 삶에도 적용되어야 함을 믿었기 때문입니다. 그래서 그는 그 길을 택했고, 결과적으로 예수님처럼 죽임을 당하는 그런 삶을 따랐던 것입니다. 묵상은 이런 것입니다. 절기의 의미가 이런 것입니다. 예수님의 삶에 관한 성경의 이야기를 묵상하는 가운데, 그 분의 삶의 원리를 내 삶에 적용하는 것, 그것이 묵상의 목적이고 절기의 목적이며, 신자가 해야 할 일입니다.

그렇다고 해서, 우리의 묵상이 언제나 이처럼 심각하고 살 떨리는 결말만을 향하진 않습니다. 가령, 우리는 에베소서의 이야기를 지금 우리가 시행하고 있는 자가 격리, 즉 사회적 거리두기와 연결하여 묵상할 수도 있을 것입니다. 에베소서 2장 14절부터 18절까지 바울 사도는 예수의 십자가를 묵상하면서, 그의 죽음과 부활이 하나님과 사람과의 관계 혹은 교인간의 관계에서 어떤 의미를 갖는다고 설명한 바 있습니다. 바울은 이렇게 말합니다.

14 그는 우리의 화평이신지라 둘로 하나를 만드사 원수 된 것 곧 중간에 막힌 담을 자기 육체로 허시고 15 법조문으

로 된 계명의 율법을 폐하셨으니 이는 이 둘로 자기 안에서 한 새 사람을 지어 화평하게 하시고 16 또 십자가로 이 둘을 한 몸으로 하나님과 화목하게 하려 하심이라 원수 된 것을 십자가로 소멸하시고 17 또 오셔서 먼 데 있는 너희에게 평안을 전하시고 가까운 데 있는 자들에게 평안을 전하셨으니 18 이는 그로 말미암아 우리 둘이 한 성령 안에서 아버지께 나아감을 얻게 하려 하심이라

그에 따르면, 예수님은 우리와 하나님 사이에서 화목하게, 즉 하나님과 사람 사이를 화해하여 가깝게 하기 위해 십자가를 지셨습니다. 이 십자가의 원리는 나아가 여러 가지 이유로 인해 갈라진 우리 인간의 사이를 화목하게 하는 원리로 발전합니다. 그리하여, 마침내 온 인류가 분열의 담을 허물고 한마음으로 하나님께 나아가 한 하나님을 아버지라 부르게 됩니다. 결국 예수님의 죽음과 부활은 나 개인의 구원만을 위한 것이 아닙니다. 동시에 인간 사이에 있는 모든 장벽을 제거하고 형제와 자매로 만들기 위한 것입니다. 다시 말해, 예수님의 십자가는 곧 나와 이웃의 관계를 바로잡는 원리이기도 한 것입니다.

우리는 교회 안에서 십자가를 통해 형제와 자매로서의 관계를 맺는 훈련을 거듭하면서 마침내 세상으로 나아가 십자가를 통해 새로운 인간 관계를 형성합니다. 예수 안에서 우리는 사는 동안에 맺는 모든 관계를 그리스도 예수의 십자가의 원리 위에 새롭게 세웁

니다! 그러므로 그리스도의 부활은 예수님에게만 의미 있는 것이 아닙니다. 나에게도, 너에게도, 우리 모두에게도 의미가 있는 것입니다. 우리가 오늘 예수님의 부활을 축하하며 드리는 부활주일의 예배는 이런 의미에서도 묵상될 수 있다는 것이지요. 그러므로 바울은 이렇게 말할 수 있었습니다. "그런즉 누구든지 그리스도 안에 있으면 새로운 피조물이라. 이전 것은 지나갔으니, 보라, 새것이 되었도다!"(고린도후서 5장 17절) 오늘 하나님 앞에 예배드리는 것은, 모든 것을 그리스도 예수의 십자가 안에서 새롭게 하기 위한 것입니다. 그래야 합니다. 어쨌든 이 부분은 다음 기회에 설명하도록 하겠습니다.

자, 이제 우리는 다섯 번째 가정(개인) 예배를 드려야 합니다. 여전히 막연하고 불편하지만, 크리스쳔은 하나님 앞에 예배하는 자로 세워졌음을 잊어서는 안됩니다. 성경의 많은 선배들이 고독한 개인으로서 하나님을 홀로 대면하며 예배했음을 기억하셔야 합니다. 그 모습에 도달하기까지, 우리는 예배하는 가운데 홀로 하나님을 만나는 훈련을 거듭해야 합니다. 그리고, 오늘 사용하는 본문의 가르침이 반드시 내게, 내 삶에 적용되어야 함도 잊지 마시기 바랍니다.

다시 말씀드립니다. 주일 아침, 예배를 드리기 전, 먼저 시간을 충분히 두고 마음을 가다듬으십시오. 가능하면 단정하게 옷을 입고, 자세를 바르게 하여 예배를 준비하십시오. 이번 주일예배는 이미 여러분에게 전달된 책을 사용하여 예배를 진행하시는 것을 권합니다. 아래의 내용은 내일부터 다음 주일까지 매일 갖는 묵상 시간을 위한 도움을 주는 설명이 될 것입니다.

1. 먼저, 잠시 조용하게 기도하면서 예배를 시작하십시오.
2. 다음으로, 오늘의 본문인 "마가복음 16장 5절부터 8절"까지 조용히 소리내어 읽으시기 바랍니다.
3. 그 다음, 이어지는 "묵상" 부분을 조용히, 그리고 천천히 읽으세요.
4. 그 다음의 "기도" 부분을 기도하는 마음으로 천천히 소리내어 읽으세요.
5. 주기도문으로 예배를 마칩니다.
6. 예배가 끝나자마자 일어서지 마시고, 그 뒤에 있는 "음악 묵상" 시간을 가져 보시기 바랍니다. 이 음악 묵상의 방법은 책자에 상세하게 설명되어 있습니다.

하나님을 더욱 사랑하는 자로, 공동체로 모여서 함께 예배드리기를 더욱 사모하는 자로, 조만간 만날 수 있기를 바랍니다. 여러분을 위해 저도 기도를 쉬지 않겠습니다.

우리가 어색하고 준비되어 있지 않더라도, 긍휼과 은혜에 풍성하신 우리 하나님께서 각자에 맞게 우리 모두의 영혼을 만족케 해 주실 것을 믿습니다. 우리는 그 분의 양떼이니까요! 여러분 모두를 사랑하고 축복합니다. 서로를 위해 기도하고 위로하며 이 시간을 잘 견뎌냅시다. 우리를 위해 지금도 분투하는 여러 사람들, 사랑하는 우리의 이웃들을 위해 기도합시다. 그리고, 사랑하는 사람들을 떠올리며 이렇게 인사합시다.

"주께서 부활하셨습니다!"

평안을 전하며, 홍성훈 목사 드림.

지금 이곳에서,
그때 그곳을 떠올리다 1

처음에는 독일 남부 한 구석에서 일어난 사건인 줄 알았던 코로나19 사태. 그러나, 전세계로부터 감염과 사망 소식을 연신 듣자 그제서야 닥쳐오는 죽음의 그림자를 현실로 인식하기 시작했다. 그 다음으로 닥쳐온 또 하나의 현실… 신속하게 정부의 '사회적 거리두기' 정책에 동의하는 독일 교회의 결정에, 그 건물을 빌려서 사용하는 대부분의 한인교회도 거기에 따를 수밖에 없었다.

이런 위기 가운데 내가 가장 먼저 떠올린 질문이 있었다. "지금이 위기인가? 왜 위기인가? 위기라면, 우리가 이것을 대면하기 위한 첫 번째 태도는 무엇인가?" 예배 모임이나 종교 활동이 제한되어야 하는 이 위기를 통해, 우리가 잃을 것보다 얻을 것을 먼저 생각해야 한다는 것.

이 태도야말로 '위기를 기회로 만들 수 있는 가장 좋은 방법'이라고 생각했다.

*Chapter 2_*

일곱 번째 목회서신

그 평안을 갖고서, 세상으로 나아갑시다

사랑하는 카셀 아름다운교회 교우 여러분,

일주일 동안 잘 지내셨습니까? 개인과 가정예배로 주일예배를 대신한지 이제 여섯째 주일이 되었습니다. 이미 예상한 대로, 이번 주간에 메르켈 총리는 이동 제한 및 자가 격리 기간을 두 주일 연장하였습니다. 이로써 우리의 주일예배는 4월 말이 되어야 모일 수 있게 되었으며, 이마저도 4월 말에 결정될 것 같습니다. 아시다시피 현재 독일은 확진자 수가 142,000명, 사망자 4,400명에 도달하였고, 다행스럽게도 약 86,000명이 회복되었다고 합니다. 우리나라가 완연한 진정세를 보이는 것과는 달리, 독일의 경우 이 상황이 어떻게 될지 여전히 불안정한 상태 같습니다.

어쨌든 이런 상황에서 우리가 할 수 있는 일은 없습니다. 개인 건강에 유의하면서, 애초에 우리가 계획했던 것들에 미치지는 못할지라도 최선을 다해 일상의 삶을 살아내는 것 뿐입니다. 우리가 가장 유념할 일은, 이 와중에 각자의 컨디션을 유지하기 위해 특별히 노력하는 것입니다. 사람은 함께 하면서 더욱 성장합니다. 혼자 있다 보면 자기 나름대론 최선을 다하는 것 같고, 때로는 다른 사람이 간섭하지 않아 더 능률이 오를 것 같지만, 실은 그렇지 않습니다. 우리는 대부분 옆의 사람과 경쟁도 하고 협력도 하면서, 심지어는 비교도 하면서 각자 가장 좋은 상태를 유지합니다. 따라서, 가끔 친구와 통화도 하고, 가족과 연락도 하면서 혼자가 아닌 환경을 유지해야 건강한 정신을 유지할 수 있습니다. 억지로라도 마스크를 쓰고 바깥으로 나가 산책하십시오. 일부러라도 핑계를 만들어 가게로 가서 쇼핑도 하시구요. 그래야, 혼자 있을 때 느닷없이 다가올 수도 있는 정신적인 공황을 피할 수 있습니다.

지난 주간에 우리나라에는 국회의원 선출을 위한 총선거가 있었습니다. 그리고, 그 결과는 아시는 바와 같습니다. 독일의 상황 때문에 선거권을 행사할 수 없었습니다만, 우리는 이번 선거를 통해서 우리나라가 더 나은 장래를 향해 달려갈 수 있기를 기도해야 할 것입니다. 이번 코로나 바이러스 사태로 인해 우리는, 모국의 위상이란 것이 얼마나 우리 개개인의 소소한 일상에까지 큰 영향을 주는지를 깨달았을 것입니다. 전세계적인 위기 가운데서 우리나라가 얼마나 효과적으로, 정직하게, 그리고 용감하게 이 사태를 대응했는지, 그것으로 인해 우리나라에 관한 외국의 인식이 얼마나 좋아졌는지, 또 그로 인해 우리가 얼마나 어깨를 크게 펴고 다닐 수 있게 되었는지, 모두가 경험하셨을 것입니다. 우리나라가 국제적으로 강력한 영향력을 가지면 우리처럼 외국 생활을 하는 사람들에게까지 조국의 이름만으로도 든든한 힘이 되는 것입니다. 이것이, 우리가 나라를 위해 기도할 이유가 아니겠습니까?

저는 이번 주일예배에서 요한복음 20장 19절로부터 23절까지 말씀을 함께 묵상하려고 합니다. 요한 사도는 부활 후에 제자들 앞에 나타나신 우리 주님께서 말씀하신 것을 이렇게 기록했습니다.

> 19 이 날 곧 안식 후 첫날 저녁 때에 제자들이 유대인들을 두려워하여 모인 곳의 문들을 닫았더니 예수께서 오사 가운데 서서 이르시되 너희에게 평강이 있을지어다 20 이 말씀을 하시고 손과 옆구리를 보이시니 제자들이 주를 보고 기뻐하더라 21 예수께서 또 이르시되 너희에게 평강이 있을지어다 아버지께서 나를 보내신 것 같이 나도 너희를 보내노라 22 이 말씀을 하시고 그들을 향하사 숨을 내쉬며 이르시되 성령을 받으라 23 너희가 누구의 죄든지 사하면 사하여질 것이요 누구의 죄든지 그대로 두면 그대로 있으리라 하시니라

이 본문에서 우리는 예수님께서 두 개의 중요한 동사를 사용하셨음을 발견합니다. 특히 21절에서 이 두 개의 동사가 나타나는데, 그것은 '평강이 있을지어다'와 '보내노라'입니다. 부활의 소식을 여인들에게 들은 제자들은 여전히 당혹과 불안에 떨었습니다. 요한복음 본문과 같은 상황을 언급하면서도 더 자세한 설명을 덧붙인 누가복음 24장을 보면 예수님은 예루살렘에 모인 제자들 앞에 나타나시기 전에 이미 엠마오로 가던 두 제자에게 나타나셨고, 여러 가지 말씀으로 가르치셨습니다. 제자들은 이미 그 소식조차도 전해 들었

을 것입니다. 그럼에도 그들은 불안했습니다. 그 불안은, 본문 19절에 나온 것처럼 유대인들에 대한 불안이었던 것 같습니다. 그럴 수밖에 없었겠지요? 제자들은 스승이신 예수님을 사납게 고문하고 모욕하고 십자가에 못박던 유대인들을 잊을 수 없었을 것입니다. 그들은 예수님이 살아나셨다는 소식을 듣고 이렇게 모였으나, 유대인들이 무서워서 이렇게 문을 꼭 닫고 모여 어떻게 할지를 모른 채 앉아 있었습니다. 바로 거기에 부활하신 예수님께서 신비스럽게 나타나셨습니다.

예수님은 그들의 심정을 정확하게 파악하셨습니다. 그래서 이렇게 말씀하셨습니다. "너희에게 평안(샬롬)이 있기를!" 그렇습니다! 지금 그들에게 가장 필요한 것은 평안함, 즉 샬롬이었습니다. 그리고 그 샬롬은, 어떤 신학자의 말처럼, '십자가에서 다 이루신 그 일의 완성이었으며, 하나님으로부터 오는 화해의 평안과 생명이 지금 이곳에 임하기를 축복하신 말씀'이었습니다. 다시 말해, 예수님께서 제자들에게 주신 평안은 당신의 십자가를 통해서 하나님과 화해됨으로써 온, 평화와 생명에서 비롯되는 평안이었습니다. 이는, 하나님과 그들이 십자가를 통해 화해하고 결과적으로 생명을 누리게 될 때 그들에게 임하는 평안은 세상의 그 어떠한 불안이라도 이겨낼 수 있다는 뜻이기도 합니다. 그 평안을 갖고서, 그들은 떠나야 합니다. 세상으로 나아가야 합니다. 그럴 때에, 제자들은 세상의 모든 죄를 사하는 놀라운 권세를 성령을 통해 받게 될 것입니다(23절).

여러분, 지금 우리가 예수를 믿고 갖게 된, 아니 누리게 된 신분이 이것입니다. 예수 그리스도께서 하나님의 아들로서 이 땅에 오셔서 우리의 죄를 위하여 십자가에 달려 죽었다가 다시 살아나셨음을 믿고 고백하는 순간, 그 십자가를 통하여 먼저 하나님과 화해하고, 그 화해를 인하여 평안을 누리며, 나아가 영원한 생명을 얻습니다. 우리는 여기에서 머물지 않습니다. 그의 말씀에 순종하여 세상을 향해 나아가는 발걸음을 떼어 놓을 때 성령께서 우리에게 임하사 세상의 죄를 사하는 놀라운 권세를 행사하게 됩니다. 이렇게, 십자가는 우리로 하여금 세상을 두려워하는 자로부터 하늘의 평안과 영생을 누릴 뿐만 아니라 세상의 죄를 사하는 권세를 행사하는 사람으로 변하게 하는 것입니다.

오늘의 말씀은, 예수의 십자가 사건을 통해 이렇게 놀랍게 변화한 우리를 발견하게 합니다. 물론, 우리는 지금 온갖 종류의 불안에 시달리며 살아갑니다. 이번 코로나 바이러스 사태가 우리에게 주는 교훈이 있습니다. 여태까지 정말 별것 아니라고 생각했던 그 지극히 작은 바이러스에게도 쩔쩔매는, 그런 미약한 존재가 바로 우리인 것을 깨우쳐 준 것입니다. 그럼에도 우리를 향하신 주님의 명령은 여전히 유효합니다. 바이러스든 무엇이든, 우리를 잠깐 불안하게는 하겠지만, 우리가 주님의 십자가를 통해 얻는 신분까지 흔들 수는 없기 때문입니다. 오늘의 말씀을 통해서 우리가 다시 확인할 사실은 바로 이것입니다!

자, 이제 우리는 다섯 번째 가정(개인) 예배를 드려야 합니다. 여전히 막연하고 불편하지만, 크리스천은 하나님 앞에 예배하는 자로 세워졌음을 잊어서는 안됩니다. 성경의 많은 선배들이 고독한 개인으로서 하나님을 홀로 대면하며 예배했음을 기억하셔야 합니다. 그 모습에 도달하기까지, 우리는 예배하는 가운데 홀로 하나님을 만나는 훈련을 거듭해야 합니다. 그리고, 오늘 사용하는 본문의 가르침이 반드시 내게, 내 삶에 적용되어야 함도 잊지 마시기 바랍니다.

다시 말씀드립니다. 주일 아침, 예배를 드리기 전, 먼저 시간을 충분히 두고 마음을 가다듬으십시오. 가능하면 단정하게 옷을 입고, 자세를 바르게 하여 예배를 준비하십시오. 주일예배는 아래의 순서를 따라 하셔도 되겠고, 불편하신 분은 각자 성향에 맞는 인터넷 예배를 따라 하셔도 괜찮겠습니다.

1. 먼저, 잠시 조용하게 기도하면서 예배를 시작하십시오.
2. 다음으로, 오늘의 본문인 "요한복음 20장 19절부터 23절"까지를 조용히 소리내어 읽으시기 바랍니다.
3. 그 다음, 오늘의 서신 가운데 본문을 해설하는 내용을 다시 한번 천천히 읽으며 묵상하시기 바랍니다.
4. 그 다음, 묵상 가운데 깨달은 것을 갖고서 하나님께 조용히 기도하십시오. 지금 나의 불안은 무엇 때문인지, 그 불안을 이기려면 내가 무엇을 믿고 다시 확인해야 할 것인지, 가능하면 나의 다짐을 하나님께 조용히 아뢰시기 바랍니다.

5. 마지막으로, 주기도문으로 예배를 마칩니다.
6. 예배가 끝나자마자 일어서지 마시고, 눈을 감고 조용한 시간을 가지시기 바랍니다. 침묵의 여백은 나의 묵상을 더욱 깊이 있게 합니다. 그 무엇의 방해도 받지 않는 조용한 시간은 나의 생각을 더욱 진중하게 만듭니다.

하나님을 더욱 사랑하는 자로, 공동체로 모여서 함께 예배드리기를 더욱 사모하는 자로, 조만간 만날 수 있기를 바랍니다. 여러분을 위해 저도 기도를 쉬지 않겠습니다.

우리가 어색하고 준비되어 있지 않더라도, 긍휼과 은혜에 풍성하신 우리 하나님께서 각자에 맞게 우리 모두의 영혼을 만족케 해주실 것을 믿습니다. 우리는 그 분의 양떼이니까요! 여러분 모두를 사랑하고 축복합니다. 서로를 위해 기도하고 위로하며 이 시간을 잘 견뎌냅시다. 우리를 위해 지금도 분투하는 여러 사람들, 사랑하는 우리의 이웃들을 위해 기도합시다. 그리고, 사랑하는 사람들을 떠올리며 이렇게 인사합시다.

"주께서 부활하셨습니다. 부활하신 우리 주님께서 당신에게 평안을 전합니다!"

평안을 전하며, 홍성훈 목사 드림.

여덟 번째 목회서신

우리의 진정한 본향이 하늘에 있으므로

사랑하는 카셀 아름다운교회 교우 여러분,

일주일 동안 잘 지내셨습니까? 개인과 가정예배로 주일예배를 대신한지 이제 일곱 번째 주일이 되었습니다. 지난주에 말씀드린대로 이번 주중에 독일 정부는 자가 격리 기간을 연장할지 해제할지를 결정할 것입니다. 현재로선 연장 쪽으로 기우는 모양입니다만, 과연 얼마나 연장될지는 수요일이나 목요일 중에 확정될 것입니다. 개인의 입장에서는 격리 기간의 연장이 너무 힘들겠고, 국가의 입장에서도 더 이상 격리를 했을 때 받을 타격이 만만치 않을 것입니다. 하지만 현재의 상황은 낙관만 할 수 없음이 분명합니다. 이런 상황 가운데서 카셀 시는 월요일부터 대중교통처럼 사람이 밀집할 가능성이 있는 곳에서 마스크 착용을 의무화하기로 결정했습니다. 여전히 감염자 숫자는 천천히 늘어나고 있고, 그래서 격리를 해제하기에는 이르지 않은가 싶습니다. 어쨌든, 혹시 아직 마스크를 준비하지 않으신 분은 외출할 때 주의하시기 바랍니다.

이미 말씀드린 바와 같이, 이런 상황에서 우리가 할 수 있는 일은 없습니다. 개인 건강에 유의하면서, 최선을 다해 일상의 삶을 살아내는 것뿐입니다. 정상적인 활동을 하기에 불편한 건 분명합니다만, 그렇다고 조바심을 내봐야 소용없으니 부디 인내심을 갖고 정부의 시책을 따라야 하겠습니다. 우리가 가장 유념할 일은, 이 와중에 각자의 컨디션을 유지하기 위해 특별히 노력하는 것입니다. 다음으로, 역설적이긴 합니다만, 이럴 때일수록 사람과의 관계를 유지해야 나도 힘을 얻는다는 사실을 잊지 마시기 바랍니다.

우리가 아주 심각한 결심을 하면, 집을 떠나거나 주변과 연락을 끊고서 혼자 어디에선가 틀어박혀서 열심히 책도 읽고 무엇을 열심히 준비하기도 합니다. 처음에는 이 방법이 아주 효과적입니다. 집중할 수 있으니까요. 하지만, 꼭 그렇지만도 않습니다. 저도 유학생활을 해봤습니다만, 가족과 함께 유학을 와서 공부를 하는 것이 가족 없이 혼자 유학을 와서 공부하는 것보다 덜 효율적이라고 생각하는 것이 보통입니다. 공부에만 집중할 수 없기도 하고, 생활비도 더 들고, 공부에만 집중하기 어려워서 자녀들이나 배우자가 생활하고 공부하는 데까지 신경을 쓰기도 해야 하고… 이런저런 어려움이 있긴 합니다만, 몇 년의 시간이 흐른 다음에 돌아보면 가족이 함께 있는 것이 꼭 손해인 것만은 아님을 알게 되는 사람들이 꽤 있습니다. 즉, 가족이 함께 있음으로 인해 심리적으로 안정도 되고, 가족이 옆에서 응원하기 때문에 힘을 얻어서 더 열심히 공부를 할 수도 있고… 이런 유익들이 어찌 득실만을 따질 수 있는 문제이겠습니까?

어쨌든, 이것은 사람이란 존재가 함께 사는 존재이기 때문에 생기는 측면입니다. 그래서, 다시 한번 강조하여 권면하고 싶습니다. 가끔 친구와 통화도 하고, 가족과 연락도 하면서, 혼자가 아닌 환경을 유지해야 건강한 정신을 유지할 수 있습니다. 억지로라도 마스크를 쓰고 바깥으로 나가 산책하십시오. 일부러라도 핑계를 만들어 가게로 가서 쇼핑도 하길 권면드립니다. 그래야, 혼자 있을 때 느닷없이 다가올 수도 있는 정신적인(혹은 정서적인) 혼란스러움을 피할 수 있습니다.

느닷없이 다가온 이번 사태를 지내면서 우리는 지난 어느 때보다 이웃의 따가운 눈총을 느끼며 살고 있습니다. 유럽 사람들 입장에선 아시아 인종을 나라별로 인식하지 않습니다. 그들의 눈에 동양 사람은 그냥 모두 중국인이고, 일본인이고, 필리핀인이고⋯ 그냥 그럴 뿐입니다. 우리가 아무리 다르다 말해도 이번 사태로 예민해진 사람들에게 그 말이 사리있게 들릴 리가 없습니다. 이런 점에서, 바이러스가 창궐하면서부터 우리나라에서 일어나는 대응 과정은 어딜 가나 칭찬의 대상이 되고 있습니다. 지금의 사태는 여태까지 상당히 오랜 기간 세계화를 향해 달리던 우리의 발걸음을 머뭇거리게 할 것 같고, 그외에도 아주 많은 영역에서의 우리의 삶을 변화시킬 것 같습니다. 그러나 아직 모르지요. 이 사태로 인해 세상의 삶이 어떻게 바뀌든, 우리의 유일한 소망이신 하나님만이 우리를 견고케 하실 것입니다.

시편의 기자는 말합니다(시 90:17).

"주 우리 하나님의 은총을 우리에게 내리게 하사 우리의 손이 행한 일을 우리에게 견고하게 하소서 우리의 손이 행한 일을 견고하게 하소서"

우리가 애가 닳도록 힘을 쓰고 애를 써도, 그 일의 열매를 맺게 하시는 분은 하나님뿐이십니다. 그가 홀로 이 세상을 지으셨고 다스리시기 때문입니다. 이 사실이 우리를 얼마나 든든하게 하는지요!

베드로전서 1장 17절에서 베드로 사도는 이렇게 말합니다.

"외모로 보시지 않고 각 사람의 행위대로 심판하시는 이를 너희가 아버지라 부른즉 너희가 나그네로 있을 때를 두려움으로 지내라"

그는 이 편지를 읽는 신자들에게 하나님을 이렇게 소개하고 있습니다. "외모로 보지 않으시고 각 사람의 행위대로 판단하시는 자." 베드로전서는, 베드로 사도가 소아시아 지방에 흩어져 살고 있는 이방인 출신 크리스천들에게 돌려 보도록 하기 위해서 쓴 편지로 알려져 있습니다. 이런 배경을 전제한다면, 베드로의 말은 두 가지 점에서 의미가 있을 것입니다. 첫째, 하나님은 그들을 외모로, 즉 유대인 혈통이냐 아니냐를 갖고 사람을 구원하시지 않는다. 오직 각 사람이 행한대로 심판하실 뿐이다. 다음으로, '너희가 나그네로 있을 때', 즉 이 세상에서 살 때 두려움으로 지내야 지내야 한다!

나그네로 있는 때라는 말은 임시로 (살고) 있는 때를 가리킵니다. 우리는 임시, 다시 말해 곧 지나갈 때라고 생각할 때 그것을 대강 지내려고 하는 습성이 있습니다. 그러나, 신자는 이 세상에서 임시로 살고 있는 때를 '두려운 마음'으로 살아야 합니다. 왜죠? 하나님께서 모든 사람을 각자 행한대로 판단, 즉 심판하시기 때문입니다. 때문에, 임시로 사는 이 세상에서도 우리는 최선을 다할 수밖에 없습니다. 하나님께서 지켜보시고, 행한대로 갚으실 것을 믿는 한, 그럴 수밖에 없습니다.

신자의 이런 상태는, 그가 받은 구원의 성격 때문이기도 합니다. 우리는 그리스도 예수의 보배로운 피로 인해 영원한 생명을 얻게 되었습니다. 이 영원한 생명은 우리를 구원하기 위하여 영원 전부터 작정하신 하나님의 계획으로 인해 주어졌습니다. 이 영원한 생명을 누릴 곳은 바로 천국입니다. 우리가 우리의 소망을 이 땅, 즉 임시로 나그네처럼 살고 있는 이곳에 두지 않고 영원한 곳, 즉 천국에 두고서 살아야 할 이유도 바로 여기에 있는 것이지요.

이 소망과 천국이라는 목적지를 분명하게 가진 신자들이 반드시 유념해야 할 사실이 마지막으로 나옵니다.

"너희가 진리를 순종함으로 너희 영혼을 깨끗하게 하여 거짓이 없이 형제를 사랑하기에 이르렀으니, 마음으로 뜨겁게 서로 사랑하라."

이 땅에 살면서도 이 땅에만 소망을 두지 않고 하나님을 두려워하며 살아가는 신자는 두 가지를 행해야 합니다. 첫째, 진리를 순종함으로써 자신의 영혼을 깨끗하게 하는 것. 둘째, 거짓 없이 형제를 뜨겁게 서로 사랑하는 것. 즉, 부단히 말씀에 순종함으로써 자신의 영혼을 깨끗하게 하며, 형제와 자매를 뜨겁게 진실함으로 사랑하는 일. 이것이야말로 이 세상에 나그네처럼 살고 있는 신자가 마음을 쏟아야 할 목표인 것입니다. 예수를 그리스도와 하나님으로 영접한 까닭에 적지 않은 고난을 당하는 사람들에게, 이렇게 베드로가 권면하고 있습니다. 놀랍지 않습니까?

우리는 평생을 걱정 없이 살지 못합니다. 이것 때문에 힘들고, 저것만 있으면 행복하겠다고 생각하며 불안해하기까지 합니다. 그러나 지금 우리는 겨우 눈에 보이지도 않는 것으로 인해 그 간절한 소원마저 유보하고 있습니다. 물론 우리는 하루하루를 '내일이라도 곧 죽을 듯이' 살 수는 없습니다. 아니, 무엇으로 인해 정말 힘이 들고 간절할 때일수록 오히려 스스로에게 물어봐야 할 사실이 있습니다.

"지금 내가 가장 필요로 하는 이것이 내가 곧 하늘나라로 갈 때에도 여전히 중요할까?"

우리는 베드로의 지적대로 이 세상을 임시로 살고 있습니다. 우리의 진정한 본향이 하늘에 있으므로 그 본향에 갈 때 정말로 필요한 것이 있다면 그것은 말씀을 순종하여 깨끗해진 영혼과, 천국에서도 없어지지 않을 '사랑'을 소유하기 위해 지금 이 땅에서부터 뜨겁게 형제와 자매를 사모하는 일입니다!

자, 이제 우리는 주일을 맞아 일곱 번째 가정(개인) 예배를 드려야 합니다. 크리스천은 하나님 앞에 예배하는 자로 세워졌습니다. 성경의 많은 선배들이 고독한 개인으로서 하나님을 홀로 대면하며 예배했습니다. 그들이 오늘날의 우리처럼 잘 짜여지고 화려하고 감동적인 예배를 드린 것은 아닙니다. 그들은 예배하면서 하나님의 이름을 불렀으며, 그때 나타나신 하나님의 임재를 체험하는 것만으로 충분히 만족했습니다. 우리는 예배하는 가운데 홀로 하나님을 만나는 훈련을 거듭해야 합니다. 그리고, 오늘 사용하는 본문의 가르침이 반드시 내게, 내 삶에 적용되어야 함도 잊지 마시기 바랍니다.

다시 말씀드립니다. 주일 아침, 예배를 드리기 전, 먼저 시간을 충분히 두고 마음을 가다듬으십시오. 가능하면 단정하게 옷을 입고, 자세를 바르게 하여 예배를 준비하십시오. 주일예배는 아래의 순서를 따라 하셔도 되겠고, 불편하신 분은 각자 성향에 맞는 인터넷 예배를 따라서 하셔도 괜찮겠습니다. 예배하는 도중 자원하는 마음으로 정성껏 헌금을 준비하여, 여러분의 손길로 인해 행복해질 어려운 이웃을 떠올리는 대로 그들에게 기쁨으로 선을 행하시기 바랍니다.

1. 먼저, 잠시 조용히 기도하면서 예배를 시작하십시오.
2. 다음으로, 오늘의 본문 "베드로전서 1장 17절부터 23절"을 조용히 소리내어 읽으시기 바랍니다.
3. 그 다음, 오늘의 편지 가운데 본문을 설명하는 부분을 다시 한번 천천히 읽으며 묵상하시기 바랍니다.
4. 그 다음, 묵상 가운데 깨달은 것을 갖고서 하나님께 조용히 기도하십시오. 지금 나의 불안은 무엇 때문인지, 그 불안을 이기려면 내가 무엇을 믿고 다시 확인해야 할 것인지, 가능하면 나의 다짐을 하나님께 조용히 아뢰시기 바랍니다.
5. 마지막으로, 주기도문으로 예배를 마칩니다.
6. 예배가 끝나자마자 일어서지 마시고, 눈을 감고 조용한 시간을 가지시기 바랍니다. 침묵의 여백은 나의 묵상을 더욱 깊이 있게 합니다. 그 무엇의 방해도 받지 않는 조용한 시간은 나의 생각을 더욱 진중하게 만듭니다.

하나님을 더욱 사랑하는 자로, 공동체로 모여서 함께 예배드리기를 더욱 사모하는 자로, 조만간 만날 수 있기를 바랍니다. 여러분을 위해 저도 기도를 쉬지 않겠습니다.

우리가 어색하고 준비되어 있지 않더라도, 긍휼과 은혜에 풍성하신 우리 하나님께서 각자에 맞게 우리 모두의 영혼을 만족케 해 주실 것을 믿습니다. 우리는 그 분의 양떼이니까요!

여러분 모두를 사랑하고 축복합니다. 서로를 위해 기도하고 위로하며 이 시간을 잘 견뎌냅시다. 우리를 위해 지금도 분투하는 여러 사람들, 사랑하는 우리의 이웃들을 위해 기도합시다. 그리고, 이 어려운 시간을 지내고 승리한 사람으로 설 우리 스스로를 향해 칭찬하는 말로 격려해 줍시다. 부활하신 주님의 능력으로 인해, 우리는 반드시 승리할 것입니다. 그 때까지 서로 뜨겁게 사랑하며, 하나님의 말씀으로 각자의 영혼을 순결하게 지킵시다.

평안을 전하며, 홍성훈 목사 드림.

아홉 번째 목회서신

예수 안에서,
극적으로 변화된 우리의 신분

사랑하는 카셀 아름다운교회 교우 여러분,

일주일 동안 잘 지내셨습니까? 개인과 가정예배로 주일예배를 대신한지 이제 여덟 번째 주일이 되었습니다. 지난 4월 30일, 말씀 드린대로 메르켈 총리의 담화가 있었습니다. 결론부터 말씀드리자면, 자가 격리조치는 연장될 것이고, 다만 일부나마 약간의 해제 조치도 병행되게 되었습니다. 그 다음 단계의 조치는 다음 주에 발표될 것 같습니다. 이런 일련의 과정들은, 물론 제 짐작이긴 하지만, 코로나19 바이러스의 잠복기가 두 주라는 사실에 근거하고 있는 것 같습니다. 즉, 지난주에 실시한 소규모 업장에 대한 격리 완화가 두 주 동안의 바이러스 잠복기 이후에 어떤 결과를 가져올지 살폈다가 그 결과를 토대로 격리 조치를 완화할 것인지 계속할지를 결정할 것 같습니다. 이와는 상관없이, 극장이나 운동경기 같은 다중의 사람이 모이는 집회는 8월 말까지 원천적으로 금지됩니다.

이런 일련의 과정을 보면서 한편으로는 약간씩 규제가 완화되는 희망을 보지만, 지금 단계에서 계속 주의를 기울이지 않으면 이

조치가 더욱 길게 갈 것이 분명합니다. 요즘 주변에서 조심하지 않고 다수의 사람이 모이는 경우를 자주 보는데, 이는 굉장히 조심해야 할 일입니다. 어쨌든, 다시 말씀드리지만 지난 4월 30일 총리의 담화로 인해 원칙적으로 5월 1일부터 각 주 정부의 결정에 따라 예배 모임은 가능해졌습니다. 다만, 카셀의 독일교회 모임은 5월 10일이라야 예배가 가능하다고 결정했습니다. 물론 아주 세세한 조건 아래 말입니다. (Erlöser Kirche 담임목사님의 전언으로는 17일부터 예배가 가능하고 두 주에 한 번 모일 수 있다고 합니다. 이 부분에 대해서는 좀더 알아보고 말씀드리겠습니다.)

독일교회와 주 정부, 그리고 경찰에 따르면, 이외에도 각 모임의 책임자가 결정되어 열 체크와 마스크 사용을 감독해야 하고, 찬송가를 부르거나 하는 일은 금지되며, 성찬식도 책임자의 감독 아래 각자의 잔을 사용하여야 한다는 등등의 세부적인 규칙도 전해 받았습니다. 이 중에는 심지어 설교자가 회중으로부터 3미터 이상의 거리를 두어야 하고, 솔로 독창자는 최대 3명까지, 그 경우 회중으로부터 4미터 이상 거리를 둘 것… 등등의 세세한 사항까지 기재되었습니다. 어쨌든 저는 이 연락을 근거로 집사님들과 의논한 끝에, 일단 다음 주중에 있을 연방정부의 담화를 보고서 5월 17일의 예배 모임을 결정하기로 했습니다. 이 의논 중에 추가로 고려된 사항이 있습니다. 지금 정부의 대응전략은, 두 주 단위로 교회 모임의 결과를 보아 가면서 모임을 지속할 것인지 중단을 연장할지를 결정해가는 것입니다. 이런 상황에서 우리가 예배 모임을 께름칙한 마음으로 지속하려고 고집할 이유는 없습니다. 이제 모두가 알듯이, 우리 교회는 이미 법인과 교회를 해산하는 절차를 진행 중이기 때문입니다.

　이 부분에 대한 여러분의 양해를 구하고, 기도해 주시기 바랍니다. 그리고, 언제든 예배로 모일 때 우리 모두의 마음이 모일 수 있도록 기도해 주시고, 그래서 우리가 그동안 습관처럼 예배한 부분들과 교제가 새로운 마음과 각오로 정돈되기를 기도해 주시기 바랍니다.

　다시 말씀드리지만, 이런 상황에서 우리가 할 수 있는 일은 없습니다. 개인 건강에 유의하면서, 최선을 다해 일상의 삶을 살아내는 것뿐입니다. 정상적인 활동을 하기에 불편한 건 분명합니다만, 그렇다고 조바심을 내봐야 소용없으니 부디 인내심을 갖고 정부의 시책을 따라야 하겠습니다. 우리가 가장 유념할 일은, 이 와중에 각자의 컨디션을 유지하기 위해 특별히 노력하는 것입니다. 제 개인의 경험이라 조심스러운 말씀입니다만, 한국 사람은 대부분 개인생활을 자율적으로, 규칙적으로 영위해 가는 데 익숙하지 않습니다. 누군가가 간섭도 하고 아는 척도 해야 자율적이고 규칙적인 개인생활이 가능하다는 것입니다. 저는 이 시간이 우리의 이 약점을 개선할 가장 좋은 때라고 믿고 있습니다. 누가 간섭과 잔소리를 하지 않더라도 규칙적으로, 자율적으로 공부도 하고 일상생활도 해나가는 좋은 습관이 우리 모두에게 정착되기를 바랍니다.

다음으로, 역설적이긴 합니다만, 이럴 때일수록 사람과의 관계를 유지해야 나도 힘을 얻는다는 사실을 잊지 마시기 바랍니다. 자주 하는 말입니다만, 내가 누구든 만나기 싫고 귀찮아질 때, 그 때가 정신적으로 위험한 때입니다. 사람은 어떤 방식으로든 이웃 사람과 연결되어 살고 있습니다. 가끔 친구와 통화도 하고, 가족과 연락도 하면서, 혼자가 아닌 환경을 유지해야 건강한 정신을 유지할 수 있습니다. 억지로라도 마스크를 쓰고 바깥으로 나가 산책하십시오. 일부러라도 핑계를 만들어 가게로 가서 쇼핑하세요. 그래야, 혼자 있을 때 느닷없이 다가올 수도 있는 정신적인(정서적인) 어려움을 피할 수 있습니다. 밖으로 나가기 싫고 누군가 만나기 싫다면 그럴수록 더 사회생활을 적극적으로 해야 합니다. 이러지 않고, 그냥 혼자 자기 방에 스스로 갇혀 살다가 극단적인 선택에까지 이르는 사람을 적지 않게 보았습니다.

오늘 우리가 잠시 묵상할 말씀은 베드로전서 2장 18절부터 25절까지의 말씀입니다.

베드로 사도는 본문에서 이렇게 말하며 시작합니다. "사환들아 범사에 두려워함으로 주인들에게 순종하되 선하고 관용하는 자들에게만 아니라 또한 까다로운 자들에게도 그리하라." 그런데 우리가 성경을 읽을 때 간혹 당면하는 의문이 여기에서도 등장합니다. 베드로 사도가 말하는 '사환'은 노예제도가 널리 시행되고 있던 시대의 '종' 혹은 '하인'을 말합니다. 그 사환에게, 베드로는 '매사에 두려운 마음으로 주인에게 순종하'라고 당부합니다. 나아가 그 주인이 '까다로운' 사람이라도 그에게 순종해야 한다고 말합니다. 여기 등장하는 '까다로운'이란 단어는 그 뜻이 매우 부정적인 이미지입니다. 즉, 몸이든 마음이든 도덕적으로든, 비틀어진 사람이란 뜻입니다. 간단히 말합니다. 노예의 신분인 사람은 그 주인이 선하든 악하든 상관없이 순종하라는 것이지요.

베드로는 신자가 노예로 산다는 조건에 대해서 그것의 정당성은 일절 언급하지 않습니다. 이건, 우리의 상황에서 보면 분명 부당합니다. 오직, 심지어 선한 마음으로 충성하여도 악하게 대접할 수도 있는 주인에게까지 복종할 것을 말할 뿐입니다. 사실 이 부분은 많은 논의가 필요합니다만, 저는 이렇게 결론만 말씀드리고 싶습니다. 바울이 그러했듯, 베드로 역시 분명하게 보여주는 단호한 태도가 있었다는 것입니다. 베드로는 2장의 첫 부분에서 이렇게 말하고 있습니다.

> "4 사람에게는 버린 바가 되었으나 하나님께는 택하심을 입은 보배로운 산 돌이신 예수께 나아가 5 너희도 산 돌 같이 신령한 집으로 세워지고 예수 그리스도로 말미암아 하나님이 기쁘게 받으실 신령한 제사를 드릴 거룩한 제사장이 될지니라."

예수께서는 사람에게 버려졌지만 하나님의 택하심을 받아, 살아 있는 귀한 돌이 되셨습니다. 그에게 나아가는 사람들은 예수 그리스도를 통해서 살아 있는 신령한 집이 되어 거룩한 제사장이 될 것입니다. 즉, 모든 신자는 예수께 나아가 신령한 성전과 거룩한 제사장이 되는 것입니다! 예수 안에서 이렇게 신분이 극적으로 변했는데, 그 어떤 세상의 제도와 전통이 그를 노예로 규정할 수 있겠습니까? 다시 말해, 베드로의 관심은 예수 안에서 신분이 변화된 신자가 과연 어떤 태도로 이 세상을 살아갈 것인가에 고정되어 있었던 것입니다.

이렇게 거룩한 제사장과 신령한 성전이 된 신자는 비록 현실 속에서는 여전히 노예로서 살지라도 그 마음만은, 그 삶의 질만은 달라질 수밖에 없습니다. 그 주인이 어떤 사람이든지 상관없이, 그를 주인으로서 섬기는 자세로 대하여야 하는 것이지요. 그건, 주인이 무섭기 때문이 아닙니다. 모든 것 위의 권위를 가지신 하나님 때문입니다. 이 하나님 때문에, 주인이 자기를 힘들게 하면 먼저 혹시 자신에게 잘못이 있는가 돌아보아야 하며, 그렇지 않고 주인의 대우가 부당할 때에는 우리 주께서 우리를 위해 죄가 없으심에도 불구하고 고난받으신 사실을 기억하면서 그 시간을 견뎌내야 합니다. 이렇게 함으로써, 그는 자신의 처지에서나마 하나님을 섬기게 되는 것입니다.

약간 복잡하지만, 베드로가 말한 이 원리는 매우 중요합니다. 우리는 보통 세상의 것과 하나님의 것을 구별하곤 합니다. 예를 들어, 우리가 먹고 살기 위해 행하는 일들은 교회 안에서 봉사하는 일보다 수준이 낮다고 말하곤 하죠. 이것은 바르지 않은 기준입니다. 우리는 생각을 바꾸어야 합니다. 무엇이든 하나님을 의식하고 하나님 앞에 행하듯이 행하면 그것이 곧 하나님을 위해 행하는 것입니다. 그러므로 우리는 이렇게 말해야 합니다. 세상에서 사는 동안 행하는 우리의 모든 일 자체에 귀하고 천한 것이 있는 것이 아닙니다. 무엇이든 하나님 앞에 행하듯 진실하고 충성되이 행해야 합니다.

제라드 윌슨(Jared C. Wilson)은 자신의 책에서 마틴 루터의 일화를 다음과 같이 소개합니다. 어느 구두수선공이 막 회심해서, '어떻게 헌신하여야 하나님을 기쁘게 해드릴 수 있을까'를 고민하고 있었습니다. 그는 루터를 만난 자리에서 그 고민을 털어놓았다고 합니다. 그 때, 루터가 이렇게 대답했다고 합니다. "신발을 잘 만들어서 제값에 파세요!" 물론 이 일화가 사실인지에 관해서 다른 의견이 있는 사람들도 있긴 하지만, 어쨌든 루터가 여기서 말하는 원리는 아주 분명합니다. 어느 자리에서든 하나님께 하듯 행하는 것이 곧 하나님을 위한 일이라는 것입니다.

늘 하나님께 행하듯 나에게 주어진 일을 감당하는 것, 특히 그것이 내게 아주 부당하다 하더라도 우리를 위해 고난 당하신 예수 그리스도를 연상하면서 그 일을 묵묵히 감당하는 것이, 신자의 삶의 원리입니다. 우리가 심지어 조만간 세상의 막이 곧 내리는 그런 위급한 상황에서 살더라도 말입니다! 우리의 삶의 원리는 우리가 살아가는 환경에 구애받지 않습니다. 우리는 어떤 상황에서나 더 중요한 일에 관심을 집중해야 합니다. 그것은, 지금 내가 하나님 앞에 서 있다는 사실을 기억하면서 사는 것입니다. 다시 말씀 드리지만, 지금 제가 말씀드리는 것은 "무엇은 하고 무엇은 하지 말라"는 뜻이 아닙니다. 무엇이 더 우선되는 원리인가를 말씀드리려는 것입니다.

자, 이제 우리는 주일을 맞아 여덟 번째 가정(개인) 예배를 드려야 합니다. 크리스천은 하나님 앞에 예배하는 자로 세워졌습니다. 이 사실은 우리가 잘 짜여진 예배를 드리든 어색한 예배를 드리든 변함없는 사실입니다. 우리의 생각과는 달리, 잘 짜여진 예배에 참석하여 흥이 나고 감동이 더할지라도 이런 환경은 때로 우리를 홀로 하나님을 만나는 일에 게으르게 합니다. 기억하십시오. 우리를 앞서간 많은 선배들은 어디서든 어떤 환경에서든 하나님의 이름을 불렀고, 예배했습니다. 굳이 비교할 것은 아니지만, 종종 고속도로를 달리다 휴게소에 들어가면 거기 어디 풀밭에 작은 수건을 펴고 절을 하며 기도하는 무슬림들을 심심찮게 발견하곤 합니다. 우리의 믿음과 하나님을 향한 열정은 그들에 비해 어떤가요? 굳이 이렇게 비교하는 무례를 양해해 주시고, 제가 질문하는 요지만 기억하시기 바랍니다.

다시 말씀드립니다. 주일 아침, 예배를 드리기 전, 먼저 시간을 충분히 두고 마음을 가다듬으십시오. 가능하면 단정하게 옷을 입고, 자세를 바르게 하여 예배를 준비하십시오. 주일예배는 아래의 순서를 따라 하셔도 되겠고, 불편하신 분은 각자 성향에 맞는 인터넷 예배를 따라서 하셔도 괜찮겠습니다. 예배하는 도중 자원하는 마음으로 정성껏 헌금을 준비하여, 여러분의 손길로 인해 행복해질 어려운 이웃을 떠올리는 대로 그들에게 기쁨으로 선을 행하시기 바랍니다.

1. 먼저, 잠시 조용하게 기도하면서 예배를 시작하십시오.
2. 다음으로, 오늘의 본문 "베드로전서 2장 18절부터 25절"을 조용히 소리내어 읽으시기 바랍니다.
3. 그 다음, 오늘의 편지 가운데 본문을 설명하는 부분을 다시 한번 천천히 읽으며 묵상하시기 바랍니다.
4. 그 다음, 묵상 가운데 깨달은 것을 갖고서 하나님께 조용히 기도하십시오. 지금 나의 불안은 무엇 때문인지, 그 불안을 이기려면 내가 무엇을 믿고 다시 확인해야 할 것인지, 가능하면 나의 다짐을 하나님께 조용히 아뢰시기 바랍니다.
5. 마지막으로, 주기도문으로 예배를 마칩니다.
6. 예배가 끝나자마자 일어서지 마시고, 눈을 감고 조용한 시간을 가지시기 바랍니다. 침묵의 여백은 나의 묵상을 더욱 깊이 있게 합니다. 그 무엇의 방해도 받지 않는 조용한 시간은 나의 생각을 더욱 진중하게 만듭니다.

하나님을 더욱 사랑하는 자로, 공동체로 모여서 함께 예배드리기를 더욱 사모하는 자로, 조만간 만날 수 있기를 바랍니다. 여러분을 위해 저도 기도를 쉬지 않겠습니다.

여러분 모두를 사랑하고 축복합니다. 서로를 위해 기도하고 위로하며 이 시간을 잘 견뎌냅시다. 우리를 위해 지금도 분투하는 여러 사람들, 사랑하는 우리의 이웃들을 위해 기도합시다. 그리고, 이 어려운 시간을 지내고 승리한 사람으로 설 우리 자신을 향해 칭찬하는 말을 들려줍시다! 부활하신 주님의 능력으로 인해, 우리는 반드시 승리할 것입니다. 그 때까지 학업이든 가정 일이든 무슨 일이든 하나님께 행하듯 충성스럽게 삽시다. 이제 만날 날이 머지 않았습니다!

　　　　　　　　　　　　　　평안을 전하며, 홍성훈 목사 드림.

열 번째 목회서신

예수 안에 있다면
곧 하나님 나라에 있는 것입니다.

사랑하는 카셀 아름다운교회 교우 여러분,

일주일 동안 잘 지내셨습니까? 개인과 가정예배로 주일예배를 대신한 지 이제 아홉 번째 주일이 되었습니다. 벌써 두 달이나 격리되어 예배를 함께 드리지 못한 것입니다.

이번 주간에 저는 이지형 집사를 통해서 우리가 빌려 쓰는 독일교회의 담임목사님으로부터 연락을 받았습니다. 주된 내용은 다음과 같습니다. 첫째, 독일교회 운영위원회는 오는 5월 31일(오순절, 우리 교회력은 성령강림주일)부터 교회당을 사용하기로 결정함. 둘째, 이 예배 모임은 격주, 그러니까 두 주에 한번만 사용한다. 셋째, 이 사용법은 7월 말까지 유효하다. 물론 이 결정은 모든 독일교회가 동일하게 세운 것이 아닙니다. 각 주별로, 각 도시별로, 각 교회별로 약간씩 차등이 있습니다.

독일도 전체적으로 보면 코로나 19 바이러스 감염 사태가 분명히 감소세로 돌아섰습니다. 하지만 이 감소세는 아직도 매우 불안정해 보입니다. 시민들이 방심하면 언제든 다시 폭증할 수도 있는 위험이 있고, 설사 이 기간을 무사히 넘긴다 하더라도 여러 곳의 전문가들은 이 바이러스 감염 사태가 올 겨울에 다시 광범위하게 퍼질 수 있다든지, 어쩌면 1,2년 사이에 종국적으로는 일종의 독감 바이러스처럼 우리와 친근한 공존의 상태로 진화할 것이라는 전망을 내놓기도 합니다. 이런 상황에서 우리는 결국 이 사태의 신속한 종결을 기대할 수 없으며, 개개인의 위생과 건강에 더욱 조심하여 바이러스에 대항할만한 체력을 유지하는 수밖에 없다는 결론에 도달할 수밖에 없습니다. 그러다 보니, 극장이나 운동경기 같이 많은 사람이 모이는 집회는 8월 말까지 원천적으로 금지되는 것입니다.

이런 상황을 유심히 살피다 보면, 우리는 새삼 도시의 의미를 돌아보지 않을 수 없습니다. 과학의 발전으로 공업이 발달하고, 이로 인해 산업이 융성해지면서 인구의 쏠림 현상이 걷잡을 수 없을 만큼 심해졌습니다. 자연스레 돈을 따라 수많은 도시가 형성되었고요. 우리나라만 하더라도 한때 서울은 전국의 인구 가운데 4분의 1이 모일 정도였습니다. 실제로 인구 천만을 가볍게 넘은 대규모 도시가 세계적으로 많습니다. 그런데, 그러다 보니 인구 밀접으로 인한 문제가 보통 심각한 것이 아니게 되었습니다. 과밀한 인구들이 모여서 사느라, 윤택해진 경제를 누리느라, 각종 먹거리를 대량생산을 하느라 벌어지는 각종 폐해들이 지적됩니다만, 그럼에도 살기 어렵다는 비명 가운데서도 밀집된 도시로 도시로 몰려드는 사람들의 물결은 그치지 않습니다.

확산력이 강력한 이런 바이러스는, 도시의 편리함과 개인의 야망을 멈추려는 자연의 경고가 아닐까요? 그 의미가 무엇이든, 우리는 지금 이 바이러스로 인해 사람과 사람 사이의 물리적 간격을 떨어뜨리도록 강요받고 있고, 동시에 격리된 공간에 갇혀서 사는 '나'라는 인간과 이웃의 의미를 조용히 돌아보아야 합니다. 저는, 물론 이 일로 고통받은 사람들의 슬픔에 대해 매우 미안하고 조심스러운 말이지만, 이 시간이 쉴새없이 달리고 몰리던 우리를 잠시 멈추고 자신과 주변을 돌아볼 수 있는 좋은 기회라고 봅니다. 사실 이런 시간을 갖는다는 것은 늘 바쁘기만 했던 우리에게 역설적으로 고마운 기회라는 것입니다.

어쨌든 저는 일단 5월 말까지 예배 모임을 가질 수 없다고 판단하고, 그 이후에 관한 계획을 좀더 정리한 다음에 여러분께 알려 드리려 합니다. 지금의 판단으론, 서둘러 모일 이유는 없다, 다시 말해 예배로 모이면서 굳이 께름칙한 마음을 감수할 이유가 없다는 것입니다. 이 부분에 대한 여러분의 양해를 구하고, 기도를 부탁합니다. 지금은 무엇보다 우리 개개인의 건강과 영혼을 갈무리하고 지킬 때입니다. 개인 건강에 유의하면서, 최선을 다해 일상의 삶을 살아내야 합니다. 우리는 오히려 더 적극적으로 이 시간을 이용해야 합니다. 물리적인 간격이 제한되었다고 마음까지 서로 멀어지지 맙시다. 내 이웃과 형제 자매는 나를 격려하고 세워주는 고마운 존재임을 잊어서는 안됩니다. 생각나는 좋은 친구들, 이웃들에게 전화하고 메시지 하여 서로를 세워줍시다. 우리가 비록 이곳에서 잠시 산다 하더라도, 이런 어려운 시기를 같은 장소에서 함께 지내고 이겨냈다는 공통된 추억을 갖는다는 것은 자주 올 수 없는 기회입니다.

원래 우리가 교회에서 신앙생활을 했더라면 이번 주일은 어버이주일이었을 겁니다. 각자 부모님께 연락하여 감사의 말씀을 전했습니까? 자녀들에게서 감사의 인사를 들으셨습니까? 제가 개인적으로 좋아하는 스탠리 하우어워스라는 분이 '십계명'이란 책에서 이렇게 말했습니다.

> "그러나 배꼽만큼 우리를 존재론적으로 드러내는 것은 없다. 바로 이것이 이 계명에서 가르치는 것이다. 십계명은 인간이 어머니와 아버지 사이에서 태어난 피조물이라는 사실을 주목한다. 인간은 만들어지는 것이 아니라 태어나는 것이다. 우리 모두는 부모에게서 태어났다. 우리가 하나님의 자녀요 부모의 자녀라는 사실을 부인할 수는 없다. 또한 이 계명은 부모 된 어른들에게 그 부모가 그들을 책임졌듯이, 그들이 책임져야 할 자녀들을 양육하되 그 자녀들이 하나님의 자녀가 된 것을 기뻐할 수 있는 방식으로 양육해야 한다는 사실을 일깨워준다."

배꼽은 포유류가 갖고 있는 생물학적 특징입니다. 즉 어미의 태에서 존재하다가 태어나는 순간 끊어진, 탯줄의 흔적인 것입니다. 하우어워스는 배꼽을 통해, 누군가에 의해 태어나서, 양육받아 장성하는 인간으로서의 존재를 설명합니다. 사람은 어느 순간에 독립의 징후를 뚜렷이 보여주죠. 사춘기가 되면 대부분의 아이들이 엄마나 아빠에게 '내가 알아서 할게!'를 연발하는 것입니다. 그러나 자기 자신이 아이를 낳아 기르면서, 그제서야 깨닫는 바가 있습니다. 인간은 누군가와의 관계 가운데서야 비로소 독립적인 개체로서 성장한다는 것입니다. 인간은 결국 '관계'를 통해서 존재합니다. 하나님께서 십계명을 통해 '네 부모를 공경하라'고 말씀하신 것은 결론적으로 자신의 근원을 잊지 말라는 명령이나 다름없습니다. 우리의 근원은 부모에게 있고, 종국적으로는 우리를 창조하신 하나님에게 있습니다.

자, 이번 주일에 우리가 생각할 본문을 찾아볼까요? 오늘 우리는 요한복음 14장 1절부터 14절까지의 말씀을 생각해 보려 합니다.

요한복음 14장은 크게 보아 17장까지, 유월절 식사를 위해 마지막으로 모인 제자들에게 아주 길게 위로와 권면 등을 담아 전하신 말씀입니다. 십자가에 달려 돌아가시기 직전의 상황인지라 비장한 분위기가 압도적이고, 그래서 이 부분을 예수님의 유언으로 간주해도 좋을 정도입니다. 어쨌든 이 부분의 초입과 본문 바로 직전에서 제자들은, 이제 곧 떠나시리라는 주님의 말씀에 당황해하고 불안해하는 기색이 분명히 보입니다. 바로 이런 상황에서 14장이 시작되는 것입니다.

우리가 오늘의 본문에서 주목해서 봐야 할 부분은 예수님의 당부, 즉 근심하지 말라는 말씀입니다. 예수님은 당신의 장래에 관하여 수차례 언급하셨으나, 제자들은 그 말씀을 흘려들었습니다. 오히려 제자들은 예수께서 왕이 되신다든지 그런 상황이 오면 자신들이 어떤 높은 자리에 앉을까를 궁금해했고, 심지어 서로가 더 높은 자리에 오를 것이라 다투기까지 했습니다. 제자들의 생각에 예수님의 고난과 죽음은 안중에 없었던 것 같습니다. 그러니, 부활을 생각할 겨를이 있었겠습니까? 그러나 시간은 어김없이 흘렀고, 마침내 예수님께서 언급하신 그 시간이 다가왔습니다. 제자들에게는 분명히 예고된 시간이었지만 실제로는 전혀 대비가 되어 있지 않은 시간이었던 것입니다.

예수님은 떠남의 시간을 맞아 당황하고 불안해하는 제자들에게 '근심하지 말라'고 말씀하십니다. 예수님의 이 말씀은 제자들에게 가장 필요한 말씀이기도 했습니다. 하지만, 제자들에게 여전히 질문이 남았습니다. "근심하지 말라고요? 어떻게요?" 그래서 주께서 계속 말씀하십니다. "내가 너희들을 위해 하늘의 집을 예비하러 가지 않느냐? 그리하면 너희들도 나와 함께 그곳에서 영원토록 살 수 있단다." 하지만, 현실주의자에 가까운 도마는 이런 수수께끼 같은 말씀을 도무지 이해할 수가 없었습니다. 도마가 묻습니다. "주님, 우리가 당신께서 어디로 가시는 지 알 수가 없습니다. 그러니, 어떻게 거기로 가는 길을 알 수 있겠습니까?"

바로 여기서, 예수께서 이렇게 대답하십니다. "내가 곧 길이요, 진리요, 생명이니, 나로 말미암지 않고서는 아버지께로 올 자가 없느니라"(6) 이 말씀은, 예수께서 가시는 그 곳과, 그곳에 도달하는 길을 묻는 제자들에게 실은 가장 간단하고 분명한 대답일 수밖에 없습니다. 마찬가지입니다. 우리 혹은 우리 인생은 과연 어디로 가고 있으며, 어떻게 거기를 갈 수 있을까요? 여기 예수께서 가르쳐 주신 가장 간단한 대답이 있습니다. "나를 따라오면 돼!" 우리는 어디를 가려고 해도 길을 찾고, 길을 찾기 위해 내비게이션의 도움을 받습니다. 내비게이션도 정확하지 않아서 어떤 장소를 빙빙 돌기도 하고, 심지어는 길도 없는 길을 가도록 합니다.

어쨌든, 예수님은 당신을 따르는 우리를 포함한 모든 제자들에게 말씀하십니다. "나만 따르면 돼!" 그리고 이 말씀은, 다음에 이어지는 말씀을 통해서 그 뜻이 더욱 분명해집니다. 예수께서 이렇게 말씀하십니다.

> "9...내가 이렇게 오래 너희와 함께 있으되 네가 나를 알지 못하느냐 나를 본 자는 아버지를 보았거늘 어찌하여 아버지를 보이라 하느냐 10 내가 아버지 안에 거하고 아버지는 내 안에 계신 것을 네가 믿지 아니하느냐..."

지금, 예수님과 아버지와의 관계가 예수님과 우리 사이의 관계에서 적용되고 있습니다. 내가 예수 안에 있다면 나는 하나님 안에 있는 것입니다! 다시 말해, 내가 예수 안에 있다면 곧 하나님 나라에 있는 것입니다.

이 복된 하나님 나라의 비밀은 더욱 놀라운 광경으로 전개됩니다. 예수께서 말씀하십니다.

> "12...내가 진실로 진실로 너희에게 이르노니 나를 믿는 자는 내가 하는 일을 그도 할 것이요 또한 그보다 큰 일도 하리니 이는 내가 아버지께로 감이라 13 너희가 내 이름으로 무엇을 구하든지 내가 행하리니 이는 아버지로 하여금 아들로 말미암아 영광을 받으시게 하려 함이라 14 내 이름으로 무엇이든지 내게 구하면 내가 행하리라."

그러고 보니, 예수께서는 그가 떠나실 것이라는 소식에 불안해하던 제자들에게 놀라운 생명의 소식으로 위로하셨습니다. 뿐만 아니라 그 소식에서 우러나는 능력까지 선물로 주셨습니다. 이 모든 것의 비결은 오직, 우리가 그 분 안에 거하는 것입니다.

지금까지 우리는 기독교의 본질과 핵심을 보았습니다. 무슨 일에든 두려움과 불안에 사로잡혀 사는 우리, 그 모든 문제들에 대해 답을 찾지 못하는 우리입니다. 그 답 없는 삶을 짊어진 우리에게, 주께서 말씀하십니다. 근심하지 말아라, 내 안에 거하거라. 그러면 너는 나와 함께 하나님의 나라에 있을 것이며, 무엇을 구하든 내가 그것을 이루리라! 이 모든 복된 상황의 비결은 오직 하나, 그 분 안에 우리가 거하는 것뿐입니다. 이처럼, 기독교는 처음부터 마지막까지 철저하게 관계의 종교인 것입니다. 이 복된 믿음의 열매는, 습관처럼 주일마다 교회에 다니고 예배에 참관자로서 참석한다고 해서 얻을 수 있는 것이 아닙니다! 그 분의 말씀을 날마다 묵상하고 그의 이름을 불러 예배하면서 내 마음 가운데에 그를 모심으로써만 얻을 수 있는 것이지요.

자, 이제 우리는 주일을 맞아 아홉 번째 가정(개인) 예배를 드려야 합니다. 여태까지 말씀드린 하나님과 나의 관계맺음을 생각하면서 예배하는 가운데 그를 내 마음의 중심에 모시기를 바랍니다. 지금 내가 드리려는 예배는 누구를 생각하며 중얼거리거나 형식을 완수하는 데 목적이 있지 않습니다. 내 마음 가운데 예수님을 영접하기 위하여, 그래서 그와 내가 '주님과 그 분의 양으로서 관계를 맺기 위해 드리는 과정'이라 생각하셔야 합니다.

다시 말씀드립니다. 주일 아침, 예배를 드리기 전, 먼저 시간을 충분히 두고 마음을 가다듬으십시오. 가능하면 단정하게 옷을 입고, 자세를 바르게 하여 예배를 준비하십시오. 주일예배는 아래의 순서를 따라 하셔도 되겠고, 불편하신 분은 각자 성향에 맞는 인터넷 예배를 따라서 하셔도 괜찮겠습니다. 예배하는 도중에 자원하는 마음으로 정성껏 헌금을 준비하여, 여러분의 손길로 인해 행복해질 어려운 이웃을 떠올리는 대로 그들에게 기쁨으로 선을 행하시기 바랍니다.

1. 먼저, 잠시 조용하게 기도하면서 예배를 시작하십시오.
2. 다음으로, 오늘의 본문 "요한복음 14장 1절부터 14절"까지 조용히 소리내어 읽으시기 바랍니다.
3. 그 다음, 오늘의 편지 가운데 본문을 설명하는 부분을 다시 한번 천천히 읽으며 묵상하시기 바랍니다.
4. 그 다음, 묵상 가운데 깨달은 것을 갖고서 하나님께 조용히 기도하십시오. 하나님 아버지와 예수 그리스도를 내 마음의 중심에 모신다는 것이 어떤 의미인지 잘 모르시겠다면 이렇게 기도해 보십시오. "하나님, 오늘 말씀을 통해서 나와 당신이 아버지와 자녀의 관계를 맺기 원하심을 알았습니다. 이 관계를 통해서 약속하신 놀라운 축복을 누리기 원합니다. 성령께서 내 마음에 임하도록 하셔서, 당신의 아들이신 예수님을 그리스도와 구주로 영접하도록 도와 주옵소서."
5. 마지막으로, 주기도문으로 예배를 마칩니다.
6. 예배가 끝나자마자 일어서지 마시고, 눈을 감고 조용한 시간을 가지시기 바랍니다. 침묵의 여백은 나의 묵상을 더욱 깊이 있게 합니다. 방해받지 않는 조용한 시간은 나의 생각을 더욱 진중하게 만듭니다.

여러분을 위해서 기도를 쉬지 않겠습니다. 여러분 모두를 사랑하고 축복합니다. 서로를 위해 기도하고 위로하며 이 시간을 잘 견뎌냅시다. 우리를 위해 지금도 분투하는 여러 사람들, 사랑하는 우리의 이웃들을 위해 기도합시다. 그리고, 이 어려운 시간을 지내고 승리한 사람으로 설 우리 자신을 칭찬하는 말로 격려해 줍시다. 학업이든 가정 일이든 무슨 일이든, 하나님께 행하듯 충성스럽게 삽시다.

평안을 전하며, 홍성훈 목사 드림.

열한 번째 목회서신

우리가 하나님을 사랑하므로

사랑하는 카셀 아름다운교회 교우 여러분,

일주일 동안 잘 지내셨습니까? 개인과 가정예배로 주일예배를 대신한지 이제 열 번째 주일을 맞게 되었습니다. 지난번 편지에서 말씀드린대로 우리가 빌려 쓰는 독일교회의 개방 일정이 알려졌고, 이에 따라 저는 조만간 우리가 예배드릴 일정에 대해 의견을 모을 예정입니다. 즉, 5월 31일에 예배를 재개할지, 아니면 그 다음다음 주일인 6월 14일에 재개할지를 결정하려는 것입니다.

그래봐야 두 주 차이밖에 나지 않지만, 5월 마지막 주일에 예배를 시작한다 하더라도 격주로, 즉 두 주에 한 번씩 예배를 드려야 하는데, 이는 아직도 독일 정부와 사회가 바이러스 감염을 경계하는 분위기임을 의미하는 것입니다. 이런 분위기다 보니, 우리 사이에도 예배를 다시 시작하는 시기에 관해 다양한 의견이 있을 것이라 봅니다. 그렇다면, 예배를 재개하는 데 있어서 어느 누구의 마음에도 거리낌이 없었으면, 그래서 가능하면 모든 교우가 기꺼이 예배에 참석하는 분위기가 되었으면 하는 마음이 있습니다.

이번 주간에 독일 정부는 식당과 카페를 제한적으로나마 개방했습니다. 그러나 집단 감염에 관한 소식이 심심찮게 들립니다. 아직도 이 바이러스가 어디서 언제 다시 폭발할지 모르는 상황이므로, 안심하지 말고 개인 위생과 방역 수칙을 철저히 지키시기를 간곡히 요청합니다. 따라서, 저는 조만간 단톡방을 통해 5월 마지막 주일에 예배를 시작할지 6월 14일에 시작할지, 여러분의 의견을 묻고 경청할 예정입니다. 이에 대하여 여러분의 솔직한 의견을 알려 주시기 바랍니다. 건강의 문제는 개인적으로 굉장히 예민한 문제이며, 이에 대한 가장 예민하고 조심스러운 의견이 우리의 의견이 되어야 합니다.

매번 말씀드립니다만, 우리는 이 시기에 개인 건강에 유의하면서, 최선을 다해 일상의 삶을 살아내야 합니다. 우리는 오히려 더 적극적으로 이 시간을 이용해야 합니다. 그래서, 자율적으로 자신의 시간을 관리할 줄 아는 사람이 되려고 노력해야 할 것입니다. 뿐만 아니라, 물리적인 간격이 제한되었다고 마음까지 서로 멀어지지 말아야 합니다. 지난 주간에 한국의 한 가정으로부터, 이곳에 있는 한 아들이 한 달 동안 연락이 없다며 주독 영사관에 소식을 알아봐 달라고 부탁해온 일이 있었습니다. 저도 모르는, 몇 년 동안을 아무와도 연락하지 않고서 혼자 살던 한 학생이었는데, 다행히 그의 주소지를 확인하고 본인에게 아무 일도 없음을 확인해서 알려 주었습니다. 이럴 때일수록 자주 가족이나 친구들과 연락을 하여야, 모두가 안심할 수 있고, 뿐만 아니라 본인의 정신 건강에도 도움이 됩니다.

이번 주에 읽은 <좋은 생각>이란 잡지를 보면 결혼하여 아이까지 둔 한 사람이 신림동 고시촌에서 고시 공부를 할 때의 이야기가 나옵니다.

신림동 고시촌의 수험생들은 가슴속에 몇 가지 다짐을 품고 산다. 내게도 다짐 하나가 있었다. 휴대전화 멀리하기. 그러나 부모님에게 아이를 맡겨 두고 고시촌에 올라온 나에게 휴대전화를 멀리하는 일은 다른 어떤 것보다 지키기 어려웠다. 나는 다섯 살 딸아이를 둔, 스물여덟 싱글 아빠였으니까.

그해 스마트폰이라는 새로운 이동 통신기기가 나와 영상 통화를 할 수 있었다. 아이에게는 원하면 언제든지 휴대전화로 아빠 얼굴을 볼 수 있다는 사실이 몹시 신기했던 모양이다… 하루는 아이가 스마트폰 액정에 코를 바짝 가져다 대며 킁킁 거렸다. "아빠 냄새 나는지 맡아볼래!" 싱긋 웃는 아이의 천진난만한 얼굴 앞에서 나는 또 왈칵 눈물을 쏟았다…

요즘 시대에는 명절날 어렵사리 온 가족이 모여도 각자 핸드폰을 들여다보고, 심지어 각자 방에서 카톡으로 대화를 나눈다는 말도 있습니다. 하지만 그것으로 해결할 수 없는 게 분명히 있습니다. 메시지든 영상이든, 직접 만나야 느끼고 맡을 수 있는 사람의 내음이 있다는 것입니다. 사람은 이런 내음을 통해서만 연결됩니다. 머릿속 생각으로만 예수님과 가까워질 수 없고 오직 그 분의 말씀을 묵상하고 기도 가운데 깊은 인격적인 교제가 이뤄져야 관계가 생기는 것과 같은 이치입니다.

오늘은 이 이야기를 가지고 요한복음 14장 15절부터 21절까지의 말씀을 이어가고 싶습니다. 14절까지의 말씀은 이미 지난 주일에 우리가 생각했고, 그 말씀의 연속으로 오늘의 본문이 이어지고 있습니다. 이렇게 시작하고 있지요?

"15 너희가 나를 사랑하면 나의 계명을 지키리라."

너희가 나를 사랑한다면! 이건 문법적으로 조건절입니다. 너희가 나를 사랑한다면 반드시 이것, 즉 나의 계명을 지켜야 한다는 것입니다. 어떻게 보면 참으로 당연한 말씀 같으나 실은 요즘 세대에서는 씨알도 안 먹히는 말처럼 보이기도 합니다. 이런 논리 때문이죠. "사랑은 누구를 구속할 수 없어. 그러므로 누구에게 반드시 이걸 하라고 요구해선 안돼!" 그럴듯하죠?

그런데 우리는 이 부분을 좀더 생각할 필요가 있습니다. 먼저는, 이런 논리를 주장하는 사람들은 대부분 사랑하기 때문에 무언가를 해야 하는 의무를 그야말로 의무, 즉 억지로 해야 하는 일로 생각합니다. 사랑이 있다면 무엇이든 자발적으로, 즉 스스로 알아서 해야 하는 것이고, 그러므로 사랑하는 사람에게 "나를 위해서 이걸 꼭 해줘" 하고 요구해선 안 된다는 것입니다. 그럴듯하죠? 하지만, 이 주장이 타당하려면 전제 조건이 있습니다. 그 사랑이 모든 것을 스스로 알아서 하도록 유지되어야 한다는 것입니다. 문제는, 사람이 그렇게 되어 있질 않다는 것이죠. 누군가를 사랑하면서도 또 다른 사람을 탐하고, 무엇을 사랑한다면서도 또 다른 어떤 것을 추구할 수 있는 존재가 바로 사람이기 때문입니다. 따라서 우리는 이렇게 말해야 합니다. 사랑이 행위의 원인이라면 그 사랑을 유지하기 위해 책임을 져야 한다고 말입니다. 우리는 이 책임의 문제를 윤리라고 말합니다.

어쨌든, 예수께서 말씀하십니다. 너희가 나를 정말 사랑하느냐? 그렇다면 내 계명을 지키거라. 그런데 놀라운 것은 이 요구에 하나를 덧붙이신 말씀입니다. 16절에서 이렇게 말씀하십니다.

> "16 내가 아버지께 구하겠으니, 그가 또 다른 보혜사를 너희에게 주사 영원토록 너희와 함께 있게 하리니"

예수께서 여기 보혜사, 곧 성령님을 언급하십니다. 성령님이 여기서 보혜사라는 단어로 설명되고 있습니다. '보혜사'(παράκλητος)라는 단어는 여러 의미로 해석되곤 합니다. 즉, 변호자, 보호자, 대변자, 위로자, 상담자 등등으로 번역되는 단어입니다. 우리는 이 모든 것들을 함축하는 단어로 '보혜사'를 이해하면 될 것 같습니다. 즉, 성령님은 우리의 대변자이기도 하고, 위로자이기도 하고, 상담자… 이기도 하십니다. 이 다양한 역할은 요한복음의 본문 문맥에 의해 그 역할이 정의될 것입니다. 즉, 성령님께서 예수님 대신 우리에게 오셔서 우리를 도우실 것이라는 점이고, 그 도움은 바로 앞절이 가리키는 바와 같이 우리가 하나님을 향한 사랑을 '계명을 지킴으로써 입증할 수 있도록' 돕는 역할을 하실 것이라는 뜻이지요.

우리가 하나님께 대한 사랑을 그의 계명을 지킴으로써 입증하기 위하여, 성령님의 역할이 언급된다는 사실을 기억할 필요가 있습니다. 다시 말해, 우리가 하나님을 향한 사랑을 계명을 지킴으로써 입증하는 일이 우리 스스로의 힘으로는 불가능하다는 뜻입니다. 이런 문맥에서, 우리가 성령님의 도움을 간구할 필요가 아주 분명합니다. 우리의 제한된 능력으로써는 하나님을 향한 사랑조차도 입증할 수가 없습니다. 따라서 우리는 성령님의 도우심을 간구해야 하고, 그래야만 계명을 지킬 수 있다는 것이지요. 물론, 여기에서 우리의 의지도 동시에 중요한 역할을 합니다. 나는 할 수 없다, 기도해도 소용없다는 변명과 무기력에 빠지려 하지 않고, 부지런히 기도하고 노력하며 실패하는 나의 삶을 한탄하며 다시 일어나 하나님의 말씀을 순종하며 사는 삶을 향해 분투해야 한다는 것입니다.

성령님의 역할이 결정적이라는 의미는, 예수께서 이 일, 즉 보혜사이신 성령님이 우리에게 임하기를 위하여 친히 기도할 것이라고 하시는 말씀에서도 드러납니다. 다시 말해, 우리가 하나님을 사랑하므로 그의 계명을 끝까지 지키려는 확고한 의지는 성령님의 중보 기도와 끊임없는 설득 및 권면을 통해 완성된다는 것입니다. 결론적으로 예수께서 마지막에 이렇게 다시 확인하십니다.

> "21 나의 계명을 지키는 자라야 나를 사랑하는 자니, 나를 사랑하는 자는 내 아버지께 사랑을 받을 것이요 나도 그를 사랑하여 그에게 나를 나타내리라."

자, 정리해 보죠. 사랑은 마음으로 무언가를 생각만 하는 것이 아닙니다. 사랑은 움직이는 것입니다. 그 움직임을 통해서 사랑은 입증됩니다. 앞에서 말씀드린 것처럼, 사랑은 사랑하는 자의 냄새를 맡고 기억하는 것입니다. 사람은 사랑하는 사람을 그냥 말로만 기억하고 설명하지 않습니다. 성경을 보면 하나님은 이런저런 분이더라… 하고 말하는 것은 그냥 하나님을 이론으로만 아는 것입니다. 내 인생 언제 어떤 순간에 찾아와 이러저러한 일을 하신 분으로 설명할 수 있어야 합니다.

제가 결혼할 무렵, 어떤 분의 글을 읽었습니다. 그 분은 아내의 존재를 이렇게 설명했습니다. (정확한 기억은 아닙니다만) "나에게 있어서 아내는, 혼자 밥상 앞에 앉았을 때 허전한 그것, 빨래를 세탁기에 넣을 때 어딘가 어색한 그것…" 그 시절 저는, 이런 표현이 너무 싫었어요. 아내가 남편에게 그 정도밖에 아닌 건가? 결혼이 자기 사는 데 편하자고 하는 걸까? 하고 말입니다. 하지만 지금은 그런 표현이야말로 나만의 진정한 사랑의 노래라고 생각하게 되었습니다. 사랑은, 사랑하는 사람을 내 삶의 일부로서 기억하는 것이라 믿게 되었기 때문이죠. 우리에게 있어서 하나님은 어떤 분입니까? 내 삶의 어떤 추억과 함께 기억되는 분일까요? 우리가 날마다 그 분의 말씀을 읽으며, 그 말씀으로 나를 돌아보며, 그 말씀을 갖고 무릎을 꿇고 그 분과 교제하는 것은, 하나님과 나의 관계가 다른 그 어떠한 거창한 말로써 설명되지 않고 내 삶의 씨줄과 날줄에 그 분이 얽히기를 바라기 때문입니다.

자, 이제 다시 우리는 주일을 맞아 열 번째 가정(개인) 예배를 드려야 합니다. 여태까지 말씀드린 것처럼, 하나님을 사랑하는 것이 하나님과 나와의 관계맺음으로 구체화된다는 사실을 잊지 맙시다. 예배하는 가운데 그를 내 마음의 중심에 모십시다. 지금 내가 드리려는 예배는, 누구의 이름을 중얼거리거나 예배의 몇 가지 형식을 완수하는 데 목적이 있지 않습니다. 내 마음 가운데 예수님을 영접하기 위하여, 그래서 그와 내가 주님과 그 분의 양으로서 관계를 맺기 위해 드리는 과정이라 생각하셔야 합니다.

다시 말씀드립니다. 주일 아침, 예배를 드리기 전, 먼저 시간을 충분히 두고 마음을 가다듬으십시오. 가능하면 단정하게 옷을 입고, 자세를 바르게 하여 예배를 준비하십시오. 주일예배는 아래의 순서를 따라 하셔도 되겠고, 불편하신 분은 각자 성향에 맞는 인터넷 예배를 따라서 하셔도 괜찮겠습니다. 예배하기 전에 자원하는 마음으로 정성껏 헌금을 준비하여, 여러분의 손길로 인해 행복해질 어려운 이웃을 떠올리는 대로 그들에게 기쁨으로 선한 손길을 펴시기 바랍니다.

1. 먼저, 잠시 조용하게 기도하면서 예배를 시작하십시오.
2. 다음으로, 오늘의 본문 "요한복음 14장 15절부터 21절"까지 조용히 소리내어 읽으시기 바랍니다.
3. 그 다음, 오늘의 편지 가운데 본문을 설명하는 부분을 다시 한번 천천히 읽으며 묵상하시기 바랍니다.
4. 그 다음, 묵상 가운데 깨달은 것을 갖고서 하나님께 조용히 기도하십시오. "하나님, 오늘 말씀을 통해서 당신을 향한 나의 사랑이 머리에서 그치지 않게 하시고, 나의 삶 구석구석에서 구체적인 경험으로 펼쳐지게 하소서. 사랑하고 싶으나 사랑할 수 없는 부족함을 주께서 아시오니, 예수께서 약속하신 보혜사 성령님을 제게 보내어 이 사랑을 완성하도록 도와 주소서."
5. 마지막으로, 주기도문으로 예배를 마칩니다.
6. 예배가 끝나자마자 일어서지 마시고, 눈을 감고 조용한 시간을 가지시기 바랍니다. 침묵의 여백은 나의 묵상을 더욱 깊이 있게 합니다. 방해받지 않는 조용한 시간은 나의 생각을 더욱 진중하게 만듭니다.

여러분을 위해서 기도를 쉬지 않겠습니다. 여러분 모두를 사랑하고 축복합니다. 서로를 위해 기도하고 위로하며 이 시간을 잘 견뎌냅시다. 우리를 위해 지금도 분투하는 여러 사람들, 사랑하는 우리의 이웃들을 위해 기도합시다. 그리고, 이 어려운 시간을 지내고 승리한 사람으로 설 우리 자신을 칭찬하는 말로 북돋아 줍시다. 학업이든 가정 일이든 무슨 일이든, 하나님께 행하듯 충성스럽게 삽시다. 해가 뜨기 전이 가장 어둡듯, 바이러스의 위기가 걷히기 직전이 우리에게 견디기 가장 어려운 시간일 겁니다. 더욱 긴장하여, 바이러스가 머물 곳이 없어질 때까지 인내합시다. 주께서 함께 하십니다!

평안을 전하며, 홍성훈 목사 드림.

열두 번째 목회서신

하나가 되게 하옵소서!

사랑하는 카셀 아름다운교회 교우 여러분,

일주일 동안 잘 지내셨습니까? 다시 한 주가 지나고 인사를 드립니다. 그동안 여러분 모두가 나름대로 주어진 자리에서 최대한 건강에 유의하면서 성실하게 하루하루를 살아내신 줄 알고 감사와 축하의 인사를 전합니다.

먼저 말씀 드릴 것이 있습니다. 그저께 저는 단톡방을 통해서 우리 교회의 주일예배를 언제부터 시작할 것인지에 관한 질문을 돌렸습니다. 그리고 여러분의 응답을 참고하여 다음과 같이 결정했다는 사실을 전합니다. 즉, 우리 교회는 7월 첫 주에 다시 주일예배를 시작할 것입니다. 이렇게 결정을 내린 이유는 다음과 같습니다.

첫째, 우리가 한자리에 모여서 예배를 드리는 데 있어서 현재까지도 감염의 위험이 상존하는 상황입니다. 이 상황에 관하여 우리 공동체가 어떤 결정을 내려야 할 때, 우리에게 가장 중요한 원칙은 이것입니다. 공동체 멤버 가운데 가장 예민한 형제/자매의 의견을 기준으로 해야 한다는 것입니다. 이 점에 관하여 저는 이미 여러 차례 강조한 바 있습니다.

둘째, 우리가 이 문제에 관하여 7월 첫 주일에 모이자고 결정을 내린 데에는, 보다 구체적인 이유가 있습니다. 무엇보다, 우리가 빌려 쓰는 독일 교회당은 독일 교인뿐만 아니라 우리 한인 공동체, 그리고 아프리카의 공동체도 있습니다. 인종과 차별을 말하는 것이 절대 아니라고 분명하게 전제하고 이해를 구하며 말씀드립니다만, 저와 제직들은 불행하게도 아프리카 공동체가 '독일 교회가 임대를 하면서 언급한 교회당 사용 규칙을 두어 번 어긴 사실'을 기억하고 있고, 이에 따라 위생 문제에 관하여서도 만에 하나 이 규칙들이 지켜지지 않을 가능성에 주목했습니다. 따라서 이번 결정은, 5월 마지막 주일에 예배를 재개하되 두 주에 한 번씩 예배를 드리자는 독일 교회의 결정이 어떻게 지켜지고 또 어떤 결과를 드러내는지를 신중하게 지켜보자는 의도가 있는 것입니다.

다시 한번 강조합니다만, 제가 바로 앞에서 다른 나라 공동체를 언급한 것은 절대 인종차별적인 관점이 아니라는 사실을 이해해 주시기 바라고, 이 점에 관해서는 어느 누구에게도 경솔하게 전파하지 않아야 할 것을 몇 번이고 강조하며 부탁하는 바입니다.

혹시 여러분 가운데 식당이나 가게를 가보신 분들은 알겠지만, 지금 독일 정부는 매우 신중하게 사회적 거리두기 규칙을 조금씩 완화해 가고 있습니다. 하지만 이번 코로나 19 바이러스는 워낙 감염력이 커서 치사율이 비교적 낮다고 하는데도 불구하고 100여 년 전의 스페인 독감 못지 않은 위험성을 드러내고 있습니다. 장시간의 격리조치가 우리에게 높은 피로감을 주긴 하지만, 매우 조심하지 않으면 나뿐만 아니라 가족, 이웃들에게 돌이키기 어려운 어려움을 끼칠 수 있음을 명심하고 개인 위생과 마스크 착용, 무엇보다 필요 이상으로 활동의 범위를 넓히는 일에 조심성을 가져야 할 줄로 압니다.

오늘은 다른 이야기 없이 막바로 내일 우리가 개인/ 가정 예배를 드릴 때 함께 묵상할 말씀으로 들어가겠습니다. 요한복음 17장 1절부터 11절까지의 말씀입니다.

요한복음 17장은 크게 보아 예수께서 유월절 전날 저녁 제자들과 마지막 식사를 나눈 후에 기도하시는 중에 꺼내신 말씀을 모은 것입니다. 17장 전체는 당신께서 이 땅을 떠난 후에 남을 제자들을 하나님께 의탁하는 내용입니다. 이 내용이 얼마나 간절한지, 사람들은 이 부분을 (제자들을 위해 하나님께 중보하는) 제사장의 기도라고 일컬을 정도입니다. 오늘의 본문은 그 기도의 서두입니다.

서두에 나타나는 우리 주님의 기도는 아주 단순합니다. 아버지 하나님께서 당신을 높여서 하나님 자신의 권세를 주셨는데, 그 결과로 하나님 아버지께서 자신의 백성을 당신에게 주셨다는 것입니다. 말하자면, 예수님과 제자의 관계는 결정적으로 하나님께서 당신의 계획과 권세로 맺어주신 것입니다. 즉, 하나님 아버지는 그 아들 예수님에게 영생에 이르는 유일한 권세를 허락하셨고, 하나님 아버지는 동시에 당신의 백성을 아들 예수님에게 주셔서 그 아들로 하여금 당신의 백성을 영생으로 인도하게 하셨다는 것입니다. 하나님의 백성은 예수님이 하나님의 아들이시며, 영생으로 가는 유일한 길임을 알아봅니다. 무엇보다, 백성들은 예수께서 십자가의 고난과 죽음과 부활을 통해서 아버지가 부여한 임무를 완수한 사실을 보고서, 예수님이 하나님의 아들로서 이런 권세를 부여받았음을 알게 되었습니다.

예수님은 자기에게 주어진 백성들에게 하나님 아버지의 말씀을 전하셨고, 백성들은 자기들이 듣는 그 말씀이 하나님 자신의 말씀임을 믿습니다. 이 믿음이야말로 그들이 하나님의 백성임을 증명하는 아주 큰 증거입니다. 그러므로, 예수께서 이 세상을 떠나면서 당신의 백성을 위하여 기도할 권리가 있습니다. 그들이 곧 하나님 아버지 자신의 백성이기도 하기 때문이고, 하나님께서 아들에게 주신 백성이기도 하기 때문입니다.

그러면, 우리 주님께서 당신의 백성을 위해서 아버지께 간구하는 내용은 무엇일까요? 본문 11절 후반부를 봅시다. 예수께서 이렇게 기도하십니다. "거룩하신 아버지여 내게 주신 아버지의 이름으로 그들을 보전하사 우리와 같이 그들도 하나가 되게 하옵소서." 사실 우리는 이 부분을 가장 유의해서 보아야 합니다. 즉, 예수님의 소원이자 유언이자 기도제목이 여기 있습니다. 내가 지금 당신께 가오나 남은 자들을 위해 기도합니다. 이들로 하여금 하나가 되게 하옵소서! 하나 되는 것이 이 세상에 우리를 남겨 놓고 가장 간절하게 바라시는 소원이자 기도제목이었다는 사실, 이 사실을 여러분은 어떻게 생각하십니까?

사실 저는 이 말씀과 관련하여 아주 어려운 말과 자세한 설명을 덧붙이고 싶지 않습니다. 사람이 자기가 사랑하는 사람들에게 마지막으로 말할 기회가 주어졌다면 평소에 가장 중요하다고 생각했던 부분을 언급할 것입니다. 바로 이런 비슷한 상황에서 예수님께서 당신의 백성들을 위해 하나님께 기도하십니다. 그 기도에서 당신의 백성들이 하나 되기를 위해 기도하신다는 것입니다! 아주 단순히 말하자면 '성도의 하나 됨'은 적어도 우리 주님의 관점에서는 유언으로 남길 정도로 중요한 문제였습니다. 이 이후의 기도를 유심히 살펴보면 우리 주님은, 세상 사람들이 당신의 백성들이 하나 되는 것을 통해서 그들이 하늘에 속한 자들인 것을 알게 될 것이라 말씀하십니다.

이렇게 말하자면 '하나 됨'이 고상하고 고결한 그 무엇인양 느껴질 것입니다. 하지만 현실은 그렇지 않습니다. 각자 살아온 배경이 다르고 따라서 생각의 결도 가치관도 각색입니다. 취미와 기호도 다릅니다. 그런데, 악마는 디테일에 있다는 말이 있지요? 우리는 민족과 우주의 미래를 놓고 싸우지 않습니다. 내가 싫어하는 것을 내 친구가 좋아한다는 사실 때문에 잠이 오질 않고, 내가 좋아하는 그것을 내 형제가 미워하기 때문에 죽고 싶을 정도로 밉습니다. 손가락 밑의 작은 가시 때문에 귀중한 내 생명이 빨리 끝나길 바라는 것이 바로 우리 인간인 것이지요. 이런 사람들이 교회에 한 공동체에 앉아 있습니다! 그래서, 때로는 저 사람만 우리 교회 안 나오면 내 신앙생활이 마냥 즐거울 텐데… 하는 안타까움을 갖고 있기도 하지요. 어쩌면 지금 내 공동체 누구의 기도 가운데 가장 괴롭고 큰 제목이 어느 누가 나를 괴롭히는 것을 해결해 달라고 하는 것일 수도 있겠어요.

하나를 만들어가는 공동체는, 때문에 형제와 자매를 사랑한다는 고백과 기쁨의 환호성보다는, 사랑하여야 할 그/그녀를 사랑할 수 없어 탄식하는 한탄과 통곡으로 채워졌을 가능성이 있습니다. 하지만 우리는 알아야 합니다. 이 탄식할만한 상황을 우리 주께서 이미 경험하셨고, 이 어려운 상황을 이미 예측하셨으며, 이 상황을 위해 이미 기도하고 계셨다는 사실 말입니다. 또한 우리는 이 사실을 믿어야 합니다. 주께서 마지막 시간까지 이런 우리를 위해 기도하셨으므로 이 문제는 반드시 해결될 것이라는 사실 말입니다.

우리가 지금 힘들게 대면하고 있는 코로나 19 바이러스를 보십시오. 우리가 그렇게 타인과 접촉하지 않으려 해도 바이러스는 언제 어디서든 우리를 향해 다가옵니다. 우리가 아무리 애를 써도 타인과의 접촉 없이는 살아갈 수 없는 존재라는 사실을 오늘의 사태가 너무나도 분명하게 가르쳐 주고 있지 않습니까? 우리는 함께 살아가야 합니다. 하나님은 '나'가 아닌 '우리'를 부르셨습니다. 이것이 우리의 정체성이라면, 우리는 반드시 이 문제를 대면해야 합니다. 이 사실을 인정하는 신자는 아울러 또 하나의 사실도 기억해야 합니다. 우리가 하나 되는 것은 오직 그 분 때문에 가능합니다. 예수께서는 온갖 울타리로 인해 나뉜 우리를 하나로 불러 세우기 위하여 십자가에 달려 죽으셨습니다. 십자가는 우리를 유대인과 이방인, 남자와 여자, 장애인과 비장애인, 가진 자와 없는 자, 배운 자와 못배운 자 등등으로 나누는 모든 울타리를 무너뜨린 상징입니다. 그 십자가 때문에 우리가 하나 되어 있습니다.

마지막으로, 기도하는 법과 관련한 글 하나를 소개하려고 합니다. 우리에게도 잘 알려진 종교개혁자 마틴 루터의 글입니다.

> 사랑하는 페터,
> 기도하는 방법을 알려준다고 했는데, 이제야 글을 보내네. 이 편지는 내가 평소에 기도하는 방법을 쓴 것이니, 우리 주님께서 자네를 비롯한 모든 사람이 기도를 더 잘할 수 있길 바랄 뿐일세! 아멘.
> 가장 먼저 해줄 이야기는, 잡생각이 들고 심란해서 기도할 마음도 들지 않을 때 기도하는 법이네. 우리의 육신과 마귀는 온갖 방법을 동원해 기도를 방해한다네. 이럴 때가

오면, 난 그 즉시 간단한 시편이라도 집어 들고 골방으로 들어가든지, 교인들이 모여 있는 교회당으로 뛰어가 시간이 허락하는 한 거기서 시간을 보낸다네. 그때, 십계명, 사도신조로 시작해서 주기도문을 구절구절 묵상한다네. 더 시간이 주어지면, 바울 서신과 시편을 읽는데, 이때 중요한 건, 어린아이처럼 또박또박 소리내어 읽어야 한다는 점일세.

무엇보다 좋은 습관은 아침에 깨어나 기도로 하루를 시작하고, 밤엔 잠자리에 들면서 기도로 하루를 마무리하는 것이네. 이때 매우 조심해야 할 것이 있는데, 이런 잘못된 생각일세 '아, 이거 마치는데, 한 시간도 안 걸릴 텐데, 이거 끝나고 기도할까!' 이런 생각이 결국은 다른 일에 정신을 쏟게 해서 기도를 멀리하게 만들고, 그날 기도를 아예 못하게 만든다네.

기도만큼 중요하거나 더 중요한 일이라고 생각되는 일이 갑자기 생길 수도 있겠지만, 사실 기도만큼 급하고 중요한 일이 또 어디 있겠는가? 성 히에로니무스가 이런 말을 말한 적이 있는데, 한 번 들어보게나. "신자가 하는 일은 뭐든지 기도다." 또 이런 말도 있지. "성실하게 일하는 사람은 기도를 두 배로 하는 것이다."

〈마르틴 루터, Wie man beten soll: Fur Meister Peter den Barbier, in: WA 38, 358ff. (번역 최주훈 목사)〉

자, 이제 주일예배를 드리려는 분을 위해 간단하게 안내를 드리고자 합니다. (늘 드리는 말씀입니다만, 이 방법이 익숙하지 않으신 분은 여러분 각자의 취향에 가장 어울리는 동영상을 찾아 예배를 드리십시오. 신자는 무엇보다 예배를 통해 하나님의 큰 은혜를 공급받습니다. 이 말이 예배를 강요하려는 의도가 있다고 오해하시면 안됩니다. 예배의 풍성함은 경험한 사람만이 압니다.)

다시 말씀드립니다만, 예배는 누구의 이름을 중얼거리거나 예배의 몇 가지 형식을 완수하는 데 목적이 있지 않습니다. 내 마음 가운데 예수님을 영접하기 위하여, 그래서 그와 내가 '주님과 그 분의 양으로서 관계를 맺기 위해' 드리는 과정이라 생각하셔야 합니다. 그러므로 주일 아침, 예배를 드리기 전, 먼저 시간을 충분히 두고 마음을 가다듬으십시오. 가능하면 단정하게 옷을 입고, 자세를 바르게 하여 예배를 준비하십시오. 주일예배는 아래의 순서를 따라 하셔도 되겠고, 불편하신 분은 각자 성향에 맞는 인터넷 예배를 따라서 하셔도 괜찮겠습니다. 예배하기 전에 자원하는 마음으로 정성껏 헌금을 준비하여, 여러분의 손길로 인해 행복해질 어려운 이웃을 떠올리는 대로 그들에게 기쁨으로 선한 손길을 펴시기 바랍니다.

1. 먼저, 잠시 조용하게 기도하면서 예배를 시작하십시오.
2. 다음으로, 오늘의 본문 "요한복음 17장 1절부터 11절"까지 조용히 소리내어 읽으시기 바랍니다.
3. 그 다음, 오늘의 편지 가운데 본문과 관련된 부분을 다시 한

번 천천히 읽으며 묵상하시기 바랍니다.

4. 그 다음, 묵상 가운데 깨달은 것을 갖고서 하나님께 조용히 기도하십시오. "우리를 불러 하나 되기를 원하시는 하나님, 오늘 말씀을 통해서 우리를 향한 당신의 간절한 소원을 들었습니다. 십자가를 통해 세상의 모든 울타리를 제거하신 성자 하나님, 우리 마음에 아직도 남아 나와 남을 가르고 있는 모든 울타리를 무너뜨리사 우리가 서로 사랑하게 하시고, 그리하여 내 앞에 있는 모두를 형제와 자매로 기꺼이 받아들이게 하소서. 이 일이 우리의 가장 큰 탄식과 감사의 기도 제목이 되게 하소서. 하나 되게 하시는 성령님이여, 우리를 도우소서! 예수님의 이름으로 기도합니다. 아멘."

5. 마지막으로, 주기도문으로 예배를 마칩니다.

6. 예배가 끝나자마자 일어서지 마시고, 눈을 감고 조용한 시간을 가지시기 바랍니다. 침묵의 여백은 나의 묵상을 더욱 깊이 있게 합니다. 방해 받지 않는 조용한 시간은 나의 생각을 더욱 진중하게 만듭니다.

여러분을 위해서 기도를 쉬지 않겠습니다. 여러분 모두를 사랑하고 축복합니다. 서로를 위해 기도하고 위로하며 이 시간을 잘 견뎌냅시다. 우리를 위해 지금도 분투하는 여러 사람들, 사랑하는 우리의 이웃들을 위해 기도합시다. 그리고, 이 어려운 시간을 지내고 승리한 사람으로 설 우리 자신을 칭찬하는 말로 세워줍시다. 학업이든 가정 일이든 무슨 일이든, 하나님께 행하듯 충성스럽게 삽시다.

해가 뜨기 전이 가장 어둡듯, 바이러스의 위기가 걷히기 직전이 우리에게 견디기 가장 어려운 시간입니다. 더욱 긴장하여, 바이러스가 머물 곳이 없어질 때까지 인내합시다. 주께서 함께 하십니다!

평안을 전하며, 홍성훈 목사 드림.

지금 이곳에서,
그때 그곳을 떠올리다 2

나는 위기를 기회로 만들기 위해 먼저 우리의 신앙과 신앙행위를 검토하기 시작했다.

그리고, 그 결론들 가운데서 하나의 실마리를 건졌다. 그것은, 우리나라 교회의 신앙생활에서 가장 큰 장점이자 단점이 '지나치게 교회(건물)에 집중'되었다는 사실이었다. 그래서 나는, 신앙생활의 축을 '교회(건물) 중심'에서 '하나님과의 직접적인 교제'로 돌리는 것이 필요하다고 생각했다.

그럼, 그것을 실현할 방법은?
'온라인 예배'를 지양하고 '개인예배'를 교인에게 권유하는 것이었다.

*Chapter 3_*

열세 번째 목회서신

성령님의 흔적

사랑하는 카셀 아름다운교회 교우 여러분,

일주일 동안 잘 지내셨습니까? 우리 주님의 영화로우신 이름으로 문안드립니다. 그동안 여러분 모두가 나름대로 주어진 자리에서 최대한 건강에 유의하면서 성실하게 하루하루를 살아내신 줄 알고 하나님께는 감사와, 여러분께는 축하의 인사를 전합니다.

6월부터 학교에서 레슨을 받는 것이 허락되었다고 하는데, 주위의 상황은 어떤지요? 점차적으로 규제가 풀린다고는 해도 일부에서는 감염이 확산되는 상황이 여전하므로, 개인 위생과 사회적 거리두기에 대한 경각심을 잃지 마시기 바랍니다. 그리고, 체력을 기르는 일에도 신경을 쓰시기 바랍니다. 어떤 전문가들은 올 겨울에 다시 바이러스가 창궐할지도 모른다고 계속 경고하고 있기 때문에, 겨울이 다가오기 전에 부지런히 체력을 길러야 할 것입니다. 어디를 가든지 마스크를 잊지 마시기 바랍니다.

많은 사람들이 코로나 19 바이러스 이후의 세계가 이전과는 다를 것이라고 말합니다. 개중에는 제대로 된 예측도 있고 그렇지 않은 예측도 있는 것 같습니다. 그러나, 누가 장래를 정확히 맞출 수 있겠습니까? 누구든지 5분 앞을 내다볼 수 있다면 그 사람이 세상을 지배할 것이라는 말이 있습니다. 그러나 미래를 내다보는 일은 사람이 할 수 없습니다. 오직 하나님만이 하실 수 있는 일이지요. 그럼에도 미래에 관한 관심이 우리에게 많은 것은 그만큼 우리가 미래에 대한 두려움이 많기 때문에, 우리가 그만큼 약하기 때문에 그런 것이 아닐까 싶습니다. 제가 늘상 말씀드리듯, 이 사실만 우리가 주의하면 될 것입니다. "나의 미래는, 지금 내가 하고 있는 일이다." 최선을 다한 사람만이 하나님께 장래를 의탁할 수 있습니다. 지금 내가 할 수 있는 일을 모두 다한 뒤에, 그 노력에 대한 정당한 보상을 하나님께 의뢰하는 것이야말로 가장 원칙적인 신자의 자세입니다.

이번 주일은 교회력으로 '성령강림절'입니다. 오늘은 별다른 언급 없이 이 주제를 갖고 생각을 이어가려 합니다. 내일 개인/가정이 주일예배를 통해서 함께 묵상할 본문은 사도행전 2장 1절부터 21절까지의 말씀입니다.

예수께서 부활하여 하늘로 올라가신지 열흘 후, 그날은 유대인의 달력으로 '오순절'이라고 불리는 절기였습니다. 오순절은 문자 그대로 '50일째 되는 날'을 의미하는 말입니다. 그 시작하는 날을 초실절이라 부릅니다. 즉, 유대인들이 보리를 추수하기 시작하는 날을 기념하여 초실절이라 불렀던 것입니다. 오순절은 초실절로부터 50일째 되는 날을 가리킵니다. 이 날은 밀을 거두어 들이기 시작하는 날이기도 했습니다. 이런 전통적인 절기 계산법은 예수님의 지상 사역과 연결되면서 기독교인들에게 새로운 의미를 갖게 된 것입니다. 즉, 오순절은 예수께서 부활하신지 50일째 되는 날이기도 합니다. 예수께서는 하늘로 올라가기 전에 제자들에게 이 오순절 날에 성령을 보내 주실 것이라 약속하셨습니다.

이것이 기독교인에게 어떤 의미일까요? 결론부터 말씀드리자면, 오순절은 예수님의 십자가 고난과 죽음, 그리고 부활로 점화된 새로운 시대가 오순절 날에 약속대로 강력하게 임하신 성령님으로 말미암아 본격적으로 불붙기 시작할 것을 의미합니다. 다시 말해, 예수님의 사역을 통해 뿌려진 하나님 나라의 복음이 성령님의 역사를 통해서 온 세상에 퍼짐으로써 새로운 시대의 백성을 거두어들이는 일이 시작되었다는 것입니다. 따라서 오순절 이후의 새시대 백성들에게는 두 가지 뚜렷한 현상이 일어나게 됩니다. 첫째는, 성령의 충만함을 받습니다. 성령을 받지 않고서는 거듭날 수 없습니다. 따라서 성령을 경험하지 않은 사람은 하나님 나라에 들어갈 수 없습니다. 다음으로, 거듭난 신자는 복음을 세상에 전합니다. 이 일은 세상을 하나로, 즉 하나님의 나라로 변화시키려는 데 목적이 있습니다.

우리는 이 오순절 사건의 의미를 이 짧은 지면에 다 설명할 수 없습니다. 그러나, 우리가 여기서 간략하게나마 명심해야 할 것이 있습니다. 예루살렘에서 일어난 오순절 성령강림 사건은, 예수님이 왕이 되어 통치하는 하나님 나라가 처음부터 끝까지 철저하게 하나님의 계획 안에서 진행될 것이라는 하나님의 선포를 상징적으로 보여주는 것이라는 사실입니다. 오순절 사건을 보면서 우리는 확신해야 합니다. 성경이 거듭 말하듯, 모든 것이 정해진 때, 즉 하나님께서 정하신 그 때에 맞춰서 일어납니다. 우리는 다만 그가 행하시는 일들을 목격하면서 그 증인이 되는 것입니다. 그러기 위해서 우리가 해야 할 일이 있습니다. 첫째는, 하나님의 백성이 되기 위하여 성령님을 간구하는 것입니다. 이미 말씀드린대로, 이 모든 일의 시작은 성령님을 만나는 것으로 시작됩니다. 즉, 우리 영혼이 하나님의 행하신 일을 자신의 것으로 체험하기 위하여, 나아가 이 크신 하나님의 일을 세상에 증언하기 위하여, 우리는 가장 먼저 성령님을 체험해야 한다는 것입니다. 이 모든 일의 마지막에는 한 하나님의 이름으로 그의 백성이 된, 하나 된 하나님의 나라가 있을 것입니다.

그렇다고 성령님을 체험하는 것을 무슨 신비한 것으로 생각해서는 안됩니다. 물론 그런 부분이 있으나 가장 기본적인 의미를 명심하는 것이 더 중요합니다. 신자가 성령을 경험한다는 것은, 무엇보다 그 분의 인격을 닮아가는 데 강조점이 있습니다. 예수께서 말씀하신 것처럼 성령의 움직임은 그 분이 영이시기 때문에 우리의 눈에 보이지 않습니다. 그러나 우리는 그 분의 움직임을 느낄 수 있습니다. 바람이 보이지 않아도 나뭇가지의 움직임을 통해서 느낄 수 있듯, 성령님의 움직임이 보이지는 않아도 그 분께서 우리 안에서 움직일 때 우리의 인격과 생각이 그 분을 닮아가는 것을 보고서 그 분의 임재를 느낄 수 있다는 것입니다. 이 때 우리는 이 사실을 기억해야 합니다. 성령님은 하나님의 말씀을 따라 움직이십니다. 즉, 우리가 날마다 성경을 읽으면서 하나님의 소원과 계명을 묵상할 때 우리 안에서 성령께서 그 말씀을 따라 움직이시면서 우리가 하나님의 성품을 닮아가도록 하시는 것입니다.

예수께서 십자가에 달리시기 전까지의 제자들을 기억해 보십시오. 예수께서 하늘로 올라가신 후 제자들이 어떻게 그렇게 담대하게 복음을 전할 수 있었고, 어떻게 그렇게 큰 이적을 행할 수 있었겠습니까? 예수님은 제자들이 자신들의 힘으로는 도저히 당신께서 맡기신 일을 수행할 수 없음을 이미 아셨습니다. 그래서 성령님이 필요했던 것입니다. 우리는 성령님의 가르침을 따라 하나님을 이해하고, 그 분의 마음을 이해하며, 그 분께서 우리에게 무엇을 바라시는지 압니다. 그것을 따라 살도록 힘을 주시는 분이 성령님이십니다. 한마디로, 성령을 체험하지 않고서는 어느 누구도 하나님의 나라에 속할 수 없는 것입니다. 어디로 가서 성령을 달라고 소리 지르지 말고, 골방에서 매일 하나님의 말씀을 읽으며 간구하십시오. 어느 순간 나를 돌아볼 때 그동안 끊임없이 신실하게 나를 변화시키셨던 성령님의 흔적을 나의 삶 곳곳에서 발견하게 될 것입니다. 성경이 기록한 이 모든 일이 바로 여기에서 시작되고 여기에서 열매를 맺을 것입니다.

자, 이제 주일예배를 드리려는 분을 위해 간단하게 안내를 드리고자 합니다. (늘 드리는 말씀입니다만, 이 방법이 익숙하지 않으신 분은 여러분 각자의 취향에 가장 어울리는 동영상을 찾아 예배를 드리십시오. 신자는 무엇보다 예배를 통해 하나님의 큰 은혜를 공급받습니다. 이 말이 예배를 강요하려는 의도가 있다고 오해하시면 안됩니다. 예배의 풍성함은 경험한 사람만이 압니다.)

예배는 누구의 이름을 중얼거리거나 예배의 몇 가지 형식을 완수하는 데 목적이 있지 않습니다. 내 마음 가운데 예수님을 영접하기 위하여, 그래서 그와 내가 '주님과 그 분의 양으로서 관계를 맺기 위해 드리는 과정'이라 생각하셔야 합니다. 그러므로 주일 아침, 예배를 드리기 전, 먼저 시간을 충분히 두고 마음을 가다듬으십시오. 가능하면 단정하게 옷을 입고, 자세를 바르게 하여 예배를 준비하십시오. 주일예배는 아래의 순서를 따라 하셔도 되겠고, 불편하신 분은 각자 성향에 맞는 인터넷 예배를 따라서 하셔도 괜찮겠습니다. 예배하기 전에 자원하는 마음으로 정성껏 헌금을 준비하여, 여러분의 손길로 인해 행복해질 어려운 이웃을 떠올리는 대로 그들에게 기쁨으로 선한 손길을 펴시기 바랍니다.

1. 먼저, 잠시 조용하게 기도하면서 예배를 시작하십시오.
2. 다음으로, 오늘의 본문 "사도행전 2장 1절부터 21절까지"까지 조용히 소리내어 읽으시기 바랍니다.
3. 그 다음, 오늘의 편지 가운데 본문과 관련된 부분을 다시 한

번 천천히 읽으며 묵상하시기 바랍니다.

4. 그 다음, 묵상 가운데 깨달은 것을 갖고서 하나님께 조용히 기도하십시오. "모든 것을 오직 당신의 계획과 능력으로 이루시는 전능하신 우리 하나님 아버지, 하나님 나라가 내 안에서 시작되기를 원합니다. 이 세상이 복음으로 하나 되기 원하시는 하나님, 내가 성령님을 영접하여 당신의 성품을 닮은 사람이 되기를 원합니다. 볼 수도 느낄 수도 없는 무능한 저를 불쌍히 여기사 나를 사로잡아 주옵소서. 이 작은 시작이 누룩과 같이 내 주위로 퍼져나가, 마침내 당신의 성품을 닮은 신자들로 하여금 당신의 나라를 이루게 하소서. 우리 모두가 한마음으로 당신의 영화로운 이름을 부르며 하나 되게 하소서. 예수님의 이름으로 기도합니다. 아멘."

5. 마지막으로, 주기도문으로 예배를 마칩니다.

6. 예배가 끝나자마자 일어서지 마시고, 눈을 감고 조용한 시간을 가지시기 바랍니다. 침묵의 여백은 나의 묵상을 더욱 깊이 있게 합니다. 방해받지 않는 조용한 시간은 나의 생각을 더욱 진중하게 만듭니다.

여러분을 위해서 기도를 쉬지 않겠습니다. 여러분 모두를 사랑하고 축복합니다. 서로를 위해 기도하고 위로하며 이 시간을 잘 견뎌냅시다. 우리를 위해 지금도 분투하는 여러 사람들, 사랑하는 우리의 이웃들을 위해 기도합시다. 그리고, 이 어려운 시간을 지내고 승리한 사람으로 설 우리 자신에게 칭찬하는 말로 건네줍시다. 학업이든 가정 일이든 무슨 일이든, 하나님께 행하듯 충성스럽게 삽시다. 해가 뜨기 전이 가장 어둡듯, 바이러스의 위기가 걷히기 직전이 우리에게 견디기 가장 어려운 시간입니다. 더욱 긴장하여, 바이러스가 머물 곳이 없어질 때까지 인내합시다. 주께서 함께 하십니다!

        평안을 전하며, 홍성훈 목사 드림.

열네 번째 목회서신

우리의 진정한 가치를 발견할 수 있는 곳

사랑하는 카셀 아름다운교회 교우 여러분,

일주일 동안 잘 지내셨습니까? 우리 주님의 영화로우신 이름으로 문안드립니다. 그동안 여러분 모두가 나름대로 주어진 자리에서 최대한 건강에 유의하면서 성실하게 하루하루를 살아내신 줄 알고 하나님께는 감사와, 여러분께는 축하의 인사를 전합니다.

6월에 접어들면서 기온은 점차 높아지고, 비도 자주 옵니다. 뿐만 아니라 약간은 두터운 옷을 입을 정도로 갑작스레 기온이 떨어지기도 합니다. 이렇게 변화가 많은 기온은 4월에나 경험할 법한데, 북유럽에서 가장 화창한 6월이 어째서 이런지 잘 모르겠습니다. 그러나, 북유럽의 여름은 이러다가도 어느날 갑작스레 우리 앞에 나타나기도 합니다. 이런 불규칙한 날씨 속에 건강을 유지하려면 매일 기온도 확인하고, 거기에 맞춰서 옷도 챙기면서 살아야 할 것입니다.

이번 주간에 공원을 가니까, 어디선가 고기 굽는 냄새가 나더군요. 6월 지금쯤이면 우리 교회는 곧 다가올 그릴(바비큐 파티)을 준비하기 시작했을 텐데, 참 아쉽습니다. 그래도 저는 가끔 가게에 가서 손 세정제를 들여다보곤 합니다. 어떻게 될지는 모르겠으나, 7월이면 예배를 시작할 수도 있을 텐데 그 때를 대비해서 손 세정제를 사두어야겠다는 생각이 들기 때문입니다… 이 상황에 대해서는 아직도 어떤 결론을 내릴 수 없으므로, 모두가 기도하면서 지금의 상황이 더욱더 나아져서 우리 모두가 부담없이 예배할 수 있도록 간구했으면 좋겠습니다.

그나저나, 코로나 19 바이러스의 감염 상황이 좀 나아졌다고 마음이 다소 누그러드신 분은 계시지 않겠지요? 얼마 전 어떤 의사 선생님으로부터 코로나 바이러스가 아직은 완전히 사그러들지 않을 것 같고, 어쩌면 올 가을이나 겨울쯤 다시 확산될지도 모르니 마스크를 가능하면 여유있게 준비하라는 말을 들었습니다. 우리가 조금만 경계심을 갖고 미디어를 들여다보면 많은 사람들이 그렇게 예측하고 있음을 알게 될 것입니다. 당장 눈에 띄게 줄어들고 있는 감염 상황에 대해 낙관만 하지 않고 경계와 주의를 기울이면서 일상에 임해야 할 것 같습니다. 눈에 보이지 않는 위험은, 긴장을 늦추지 않는 경계심으로 대하는 것이 가장 좋은 방법입니다.

자, 이제 우리는 내일 드릴 주일 가정/개인예배를 위해서 성경 한 곳을 보며 말씀을 나누고자 합니다. 함께 찾아볼 말씀은 시편 8편입니다.

본문은 여러분이 갖고 계신 성경으로 읽으시기 바라고, 이 시편을 좀더 이해하기 편한 버전으로 제시해 보여 드리겠습니다. 아래의 시편 8편은 유진 피터슨이 쓴 <메시지 성경>에서 인용했습니다.

1.
하나님, 찬란히 빛나는 주님,
주님의 이름은 이제 모르는 사람이 없습니다.

2.
주님을 높이며 젖먹이들이 옹알이로 합창하고
막 걷기 시작한 어린아이들이 목청껏 노래하니,
원수의 말소리 묻혀 버리고
무신론자의 지껄임도 잠잠합니다.

3-4.
주님의 거대한 하늘, 캄캄하고 광대한 하늘을 우러러봅니다.
손수 만드신 하늘 보석,
제자리에 박아 넣으신 달과 별들을.
그리고 한없이 작은 내 모습에 깜짝 놀랍니다.
우리가 무엇이기에 이토록 걱정하시고
우리 인생길이 무엇이기에 이토록 살뜰히 살피십니까?

5-8

하지만 우리는 신들보다 조금 못한 자들.
주님은 에덴의 새벽빛으로 빛나는 우리에게
손수 지으신 세상을 맡기시고
창조의 임무를 되새기게 하셨습니다.
양 떼와 소 떼,
들짐승들,
날아다니는 새들과 헤엄치는 물고기,
깊은 바다에서 노래하는 고래들을 다스리게 하셨습니다.

9.
하나님, 찬란히 빛나는 주님,
주님의 이름이 온 세상에 메아리칩니다.

얼마나 아름다운 시입니까? 젖먹이의 옹알이와 막 걷기 시작한 아기들의 노랫소리는 심지어 하나님 없이도, 그의 간섭 없이도 살 수 있다고 믿으며, 그래서 하나님은 존재하지 않는다며 감히 하나님께 대적하는 사람들의 소리를 삼켜 버립니다. 하나님께서 원수들을 파쇄하시는 이 놀라운 이치는 그 자체로 이미 하나님의 영광입니다. 하나님의 영광은 '나는 대단하다고 소리높이 외치며 동의를 강요하는 것'으로 드러나지 않습니다. 이 세상의 존재 자체가 그 분의 영광을 목청껏 찬양하고 있으니까요. 시편의 기자는 그의 충만한 영광을 이 세상 어디에서나 발견합니다. 그 광대한 우주를 보면서, 나는 지극히 작은 존재임을 깨달아도 쪼그라들지 않습니다. 그 분이, 이 우주에 찬연하게 자신의 영광을 드러내시는 하나님이, 바로 나를 걱정하시고, 지극정성으로 살뜰히 살피시기 때문입니다! 뿐만이 아닙니다. 하나님께서 당신이 친히 창조하신 이 광대한 우주를 내게 주어 다스리게 하셨습니다. 얼마나 놀라운 일입니까?

오래전, 소련의 우주비행사가 인류 최초로 성층권에 올라가 외쳤습니다. "하나님은 어디에도 없다!" 사람은 높은 자리에 설 때 스스로의 정체를 드러냅니다. 그 자리에 서서 나는 최고라고 외치는 것은 인간의 죄악 된 본성 탓입니다. 아주 오래전, 그리스의 어느 해변을 거닐던 철학자는 높이 몰아쳐 오는 파도를 보면서 물이 만물의 근원이라고 말했고, 사납게 이글거리는 불을 보면서 만물의 근원이 불이라고 생각했습니다. 사람은 자기보다 강한 것이 있으면 그것을 신이라 부르지만, 자신이 가장 강한 존재임을 깨닫는 순간 세상에는 신이 존재하지 않는다고 주장합니다. 이것이 인간입니다.

오늘 우리가 묵상하고 있는 시편은 어린아이 같이 단순한 진리를 우리에게 알려줍니다. 우리는 이 우주 안에서 아주 약한 존재입니다. 그러나 하나님은 우리를 사랑으로 높이시고 우리로 하여금 이 광대한 우주를 다스리도록 하셨습니다. 이것은, 우리가 강하고 능력 있는 존재이기 때문이 아닙니다. 하나님께서 우리를 사랑하시고 높이셨기 때문입니다. 이렇게, 우리의 가치는 하나님 안에서 제대로 발견할 수 있습니다. 우리의 가치는 우리 자신에게 있는 그 무엇 때문이 아니라는 뜻입니다. 우리는 인간이며, 인간은 언제나 자신보다 강한 것, 자신이 하고픈 것을 못하게 하는 존재를 만날 때마다 자신을 무능력하고 무가치한 것이라고 생각합니다. 이 좌절로부터 벗어나는 법을 오늘의 시편이 우리에게 알려줍니다. 우리가 하나님 안에 있을 때, 우리의 진정하고 확고한 가치가 드러날 수 있다고 말입니다.

자, 이제 주일예배를 드리려는 분을 위해 간단하게 안내를 드리고자 합니다.

(이 방법이 익숙하지 않으신 분은 여러분 각자의 취향에 가장 어울리는 동영상을 찾아 예배를 드리십시오. 신자는 예배와 기도를 통해서 하나님의 은혜를 공급받습니다. 예배의 풍성함은 경험한 사람만이 압니다.)

예배는 누구의 이름을 중얼거리거나 예배의 몇 가지 형식을 완수하는 데 목적이 있지 않습니다. 내 마음 가운데 예수님을 영접하기 위하여, 그래서 그와 내가 '주님과 그 분의 양으로서 관계를 맺기 위해 드리는 과정'이라 생각하셔야 합니다. 그러므로 주일 아침, 예배를 드리기 전, 먼저 시간을 충분히 두고 마음을 가다듬으십시오. 가능하면 단정하게 옷을 입고, 자세를 바르게 하여 예배를 준비하십시오. 주일예배는 아래의 순서를 따라 하셔도 되겠고, 불편하신 분은 각자 성향에 맞는 인터넷 예배를 따라서 하셔도 괜찮겠습니다. 예배하기 전에 자원하는 마음으로 정성껏 헌금을 준비하여, 여러분의 손길로 인해 행복해질 어려운 이웃을 떠올리는 대로 그들에게 기쁨으로 선한 손길을 펴시기 바랍니다.

1. 먼저, 잠시 조용하게 기도하면서 예배를 시작하십시오.
2. 다음으로, 오늘의 본문 "시편 8편 1절부터 9절까지" 조용히 소리내어 읽으시기 바랍니다. 각자의 성경을 읽으신 후 이 편지에 인용한 '메시지 성경'으로 다시 읽어 보십시오.
3. 그 다음, 오늘의 편지 가운데 본문과 관련된 부분을 다시 한 번 천천히 읽으며 묵상하시기 바랍니다.
4. 그 다음, 묵상 가운데 깨달은 것을 갖고서 하나님께 조용히 기도하십시오. "오 사랑의 하나님, 이 광대하고 놀라운 우주를 지으신 하나님, 우리가 무엇이기에 이처럼 우리를 사랑하시고 살뜰하게 돌보아 주십니까? 당신의 그 사랑 때문에 우리가 마침내 이 세상을 다스릴 수 있게 해주셨습니다. 놀라우신 주님, 우리의 가치는 바로 당신 안에서만 올바르게 드러남을 고백합니다. 이 놀라운 사실 때문에 우리가 가장 어려운 시간을 지날 때에도 낙심하지 않을 것을 믿습니다. 우리를 사랑하시는 위대하신 하나님 아버지를 언제나 잊지 않고 살게 하옵소서. 예수님의 이름으로 기도합니다. 아멘."
5. 마지막으로, 주기도문으로 예배를 마칩니다.
6. 예배가 끝나자마자 일어서지 마시고, 눈을 감고 조용한 시간을 가지시기 바랍니다. 침묵의 여백은 나의 묵상을 더욱 깊이 있게 합니다. 방해 받지 않는 조용한 시간은 나의 생각을 더욱 진중하게 만듭니다.

여러분을 위해서 기도를 쉬지 않겠습니다. 여러분 모두를 사랑하고 축복합니다. 서로를 위해 기도하고 위로하며 이 시간을 잘 견뎌냅시다. 우리를 위해 지금도 분투하는 여러 사람들, 사랑하는 우리의 이웃들을 위해 기도합시다. 그리고, 이 어려운 시간을 지내고 승리한 사람으로 설 우리 자신에게 아낌없이 격려해 줍시다. 학업이든 가정 일이든 무슨 일이든, 하나님께 행하듯 충성스럽게 삽시다. 눈에 보이지 않는 바이러스 앞에서도 쩔쩔매는 연약한 우리를 세상에서 가장 높은 곳으로 끌어올리신 하나님의 사랑을 잊지 맙시다. 우리의 힘과 소망은 언제나 그 분 안에 있습니다!

평안을 전하며, 홍성훈 목사 드림.

열다섯 번째 목회서신

지금의 기쁨이 그 그림자임을 알기에

사랑하는 카셀 아름다운교회 교우 여러분, 일주일 동안 잘 지내셨습니까? 사랑이 많으신 우리 주님의 이름으로 문안드립니다.

이번 주부터 카셀의 방역 정책이 약간 완화되면서 그동안 닫혔던 수영장 등의 공공장소가 열리게 되었습니다. 그러나 거리두기는 여전히 실시되고 있습니다. 사실 지금의 상황은 긍정과 부정의 관점이 공존한다고 봐야겠습니다. 격리 정책을 무기한으로 할 수 없는 형편이고 지금의 격리 완화 정책은 어쩔 수 없는 상황 같습니다. 그럼에도 많은 사람들이 올 가을이나 겨울에 두 번째 대규모 바이러스 확산이 있을 것이라 예측하고 있습니다.

여기서 우리가 조심해야 할 것은, 규제 완화가 바이러스의 사멸(死滅)을 의미하지는 않는다는 점입니다. 독일의 규제 완화 정책이, 바이러스의 감염이 이제 끝났음을 의미하지 않습니다. 독일의 의료 시스템이 이 정도 확산 상황이라면 환자들을 능히 대응할 만하다는 뜻일 뿐입니다. 그러므로, 우리는 바이러스에 대한 백신이 개발될 때까지 감염에 대한 경각심을 늦춰서는 안됩니다. 이에 대해서는 여러분도 나름대로의 경로를 통해 충분한 정보를 얻고 계실 줄 알고 여기서 멈추겠습니다.

이제, 우리는 7월 첫 주일로 예정하고 있는 예배 재개를 준비해야 하겠는데, 다음번 서신에서 이에 관한 몇 가지 중요한 주의사항에 대해 말씀드리겠습니다. 그 때까지, 여러분께 교회와 우리 개개인을 위한 기도를 요청하고자 합니다. 그동안 우리 교회는, 솔직하게 말씀드리자면 그냥 이름만 남은 것 같았습니다. 그럼에도 매달 생각지도 않은 여러 교회와 지인들의 후원을 통해 최소한의 지출을 감당했습니다. 뿐만 아니라 우리가 모이지 못하는 상황에도 몇 사람이 졸업하고 귀국하고 다른 지역으로 이사했습니다. 이제 곧 여름방학이 시작될 것입니다. 이러다 보니 우리가 다시 모이면 우리 교회의 모임이 어떤 사정일지를 확인하는 일이 먼저일 것 같습니다. 그러나, 기억하셔야 합니다. 우리는 어디서든지 하나님과 연결되어 있는 예배자라는 사실을 말이죠. 교회는 이 사실의 연장선에 있습니다. 오늘은 이 또한 여기까지만 말씀드리겠습니다.

자, 이제 내일 주일예배와 관련하여 하나님 말씀을 함께 나누고자 합니다. 이번에 우리가 함께 묵상할 본문은 로마서 5장 1절부터 8절까지입니다. 개역개정 성경으로 본문을 먼저 읽어봅시다.

1 그러므로 우리가 믿음으로 의롭다 하심을 받았으니 우

리 주 예수 그리스도로 말미암아 하나님과 화평을 누리자 2 또한 그로 말미암아 우리가 믿음으로 서 있는 이 은혜에 들어감을 얻었으며 하나님의 영광을 바라고 즐거워하느니라 3 다만 이뿐 아니라 우리가 환난 중에도 즐거워하나니 이는 환난은 인내를, 4 인내는 연단을, 연단은 소망을 이루는 줄 앎이로다 5 소망이 우리를 부끄럽게 하지 아니함은 우리에게 주신 성령으로 말미암아 하나님의 사랑이 우리 마음에 부은 바 됨이니 6 우리가 아직 연약할 때에 기약대로 그리스도께서 경건하지 않은 자를 위하여 죽으셨도다 7 의인을 위하여 죽는 자가 쉽지 않고 선인을 위하여 용감히 죽는 자가 혹 있거니와 8 우리가 아직 죄인 되었을 때에 그리스도께서 우리를 위하여 죽으심으로 하나님께서 우리에 대한 자기의 사랑을 확증하셨느니라

본문은 크게 세 덩어리로 나누어져 있습니다. 1-2절에서는 우리의 믿음에 관해서, 3-5절에서는 환난이 믿음에 가져다 주는 유익에 관해서, 6-8절은 우리 신자가 가진 소망이 확고한 이유에 관하여 설명하고 있습니다.

먼저, 1-2절에서 바울 사도가 말하려는 것은 믿음의 한 단면입니다. 로마서 1장에서 바울은 우리가 흔히 '믿음'이라 부르는 것이 우리 자신이 가진 신념 같은 것과 전혀 다른 것이라 말했습니다. 즉, 하나님께서 우리를 사랑하셨습니다. 그런데 사람의 그 어디에도 하

나님의 법을 만족시킬만한 무엇이 없었습니다. 결국은 이 어려운 문제를 하나님 스스로 해결하셨는데, 그것은 인간을 대신하여 하나님의 아들이신 예수 그리스도께서 십자가에 달리심으로써 인간을 용서하는 것이었습니다. 이 놀라운 사실을 전하는 것이 복음이며, 이 복음을 듣고서 예수의 십자가가 곧 나를 위한 것임을 믿고 그리스도 예수를 나의 주로 고백할 때 하나님께서 이것을 근거로 '너를 의인이라고 인정한다'고 선언하십니다. 우리가 흔히 '구원 받았다'고 말하는 것은 사실 이 전체의 과정이 기본이 됩니다. 다시 말해 우리가 예수 믿고 구원 받았다고 말하는 것에는 처음부터 끝까지 오직 하나님의 사랑이 주도하고 있다는 것이지요.

로마서 5장의 첫 부분은 이 '구원'의 또다른 국면을 이야기합니다. 믿음은 결과적으로 하나님과의 화해를 말합니다. 하나님과 사람 사이를 가로막던 죄가 십자가로 인해 용서받고, 이 결과로 하나님이 미워하던 죄가 사라집니다. 이로써 하나님과 인간은 화해, 즉 원래의 좋은 관계로 회복된 것입니다. 이 회복된 관계 때문에 신자는 하나님의 풍성하심을 누리게 되었고, 장차 다가올 하나님의 영광을 소망하는 가운데 기뻐하는 삶을 누리게 됩니다. 이것은 우리가 믿음이라고 말하는 그것이, 다만 장차 들어갈 하나님 나라에만 관계되지 않고 이미 현재에도 영향을 미치고 있음을 말하는 것입니다. 따라서 믿음은 장차 누릴 것을 현재로 미리 당겨서 누리는 풍성함이며, 기쁨입니다.

우리는 장차 이루어질 것을 미리 당겨서 누리는 이것을 소망이라 부르기도 합니다. 그래서 바울 사도는 이어지는 말씀에서 이렇게 말했던 것입니다.

> 3 다만 이뿐 아니라 우리가 환난 중에도 즐거워하나니 이는 환난은 인내를, 4 인내는 연단을, 연단은 소망을 이루는 줄 앎이로다

그런데 여기서 믿음과 소망을 연결하는 아주 중요한 요소를 여기서 발견합니다. 그것은, '환란'입니다. '환란'이란 단어는 요즘 잘 쓰지 않는데, 사전을 따라서 편하게 풀면 "신체적, 정신적, 경제적, 사회적인 불행으로 인해 억눌리는 상태"라고 할 수 있습니다. 이는 우리가 믿음 위에 서서 소망을 통해 바라보는 약속된 장래와 정반대입니다.

그런데 믿음이란 것이 참 희한해서, 아니 사람이란 존재가 참 희한해서, 아무리 복되고 화려한 장래가 보장되어 있어도 현재가 편하면 절대 장래에 관심을 갖지 않습니다. 그래서인지, 성경은 전체를 통해 끊임없이 신자의 삶과 고난을 거의 세트로 묶어놓다시피 한 것을 보게 됩니다. 다시 설명하자면, 믿음은 언제나 고난과 역경을 통해 성장한다는 것입니다. 우리는 본문 3절과 4절 말씀이 보여주는 환란-->인내-->연단-->소망의 순환고리를 마음 깊이 새겨 두어야 합니다. 이런 과정을 거치면서 신자는 마침내 환란을 두려워하

고 힘들어하는 데서 벗어나 오히려 기뻐할 수 있는 것이지요.

사람은 어려울 때 그 어려움을 가져다 준 환경을 자랑스러워하지 않습니다. 그럴 수밖에 없지요. 누군가의 죽음, 사업과 학업의 실패 등등, 이런 일을 겪으면서 자랑스러울 사람이 어디 있겠습니까? 하지만 신자는 다릅니다. 인종과 사람됨이 달라서라기보다, 그가 지닌 믿음의 기능 때문입니다. 아니 믿음으로 인해 자신의 환경이 다른 관점에서 해석되기 때문입니다. 어려운 일은 어려운 것이고, 힘든 것은 힘든 것이 틀림없지만, 그 어려움으로 인해 장차 약속된 온갖 부요함이 더욱 확실하게 보이니, 그가 어찌 어려움을 힘들어 하기만 하겠습니까? 이건, 신자 아니면 절대 경험할 수 없는 신비한 감정이지요.

6-8절의 말씀은 바울이 '우리가 지닌 믿음이 얼마나 확실한지'를 되풀이해서 설명하는 부분입니다. 우리 믿음의 확실성은, 우리 자신이 지닌 신념의 강함이나 주어진 환경의 불변함에 있지 않습니다. 우리 믿음의 확실함은 바로, 예수 그리스도께서 우리를 사랑하사 그 사랑을 확증하기 위하여 십자가에 달리신 그 사건에 근거합니다! 여기에 우리 믿음이 걸려 있습니다. 때때로 내가 미워지고, 실망스럽고, 나의 약함에 실망도 하고 절망도 하겠지만, 그런 것들은 결코 우리의 믿음을 약하게 할 수 없습니다. 그 모든 연약함을 아심에도 불구하고 하나님께서 당신의 사랑을 아들의 십자가로 확실하게 보여 주셨으니까요. 여기에 우리 믿음이 승리할 가능성이 달려

있는 것입니다.

자, 정리해 봅니다. 오늘의 본문에서 말하려는 것은 이것입니다. 하나님은 우리를 아들이신 예수 그리스도의 십자가로 초대하셨습니다. 거기서 당신의 사랑이 확고함을 증명하셨습니다. 그러므로 그의 십자가가 나를 위한 것임을 고백하는 신자는 하나님의 풍성함을 지금 누리면서 장차 이뤄질 하나님의 영광을 이곳에서부터 기뻐합니다. 그 기쁨은, 심지어 모든 고난 가운데서도 오히려 인내하면서 소망의 씨앗을 키워갑니다. 지금의 기쁨이 그 그림자임을 알기에, 장차의 그것을 더 사모할 수밖에 없을 것입니다. 이렇게, 하나님의 믿음이 신자의 믿음으로 그 생명력을 이어가는 것입니다.

이제, 주일예배를 드리려는 분을 위해 간단하게 안내를 드리고자 합니다.

(이 방법이 익숙하지 않으신 분은 여러분 각자의 취향에 가장 어울리는 동영상을 찾아 예배를 드리십시오. 신자는 예배와 기도를 통해서 하나님의 은혜를 공급받습니다. 예배의 풍성함은 경험한 사람만이 압니다.)

예배는, 내 마음 가운데 예수님을 영접하기 위하여, 그래서 그와 내가 '주님과 그 분의 양으로서의 관계를 맺기 위해' 나를 드리는 과정입니다. 그러므로 주일 아침, 예배를 드리기 전, 먼저 시간을 충분히 두고 마음을 가다듬으십시오. 가능하면 단정하게 옷을 입고, 자세를 바르게 하여 예배를 준비하십시오. 예배하기 전에 자원하는 마음으로 정성껏 헌금을 준비하여, 여러분의 손길로 인해 행복해질 어려운 이웃을 떠올리는 대로 그들에게 기쁨으로 선한 손길을 펴시기 바랍니다.

1. 먼저, 잠시 조용하게 기도하면서 예배를 시작하십시오.
2. 다음으로, 오늘의 본문 "로마서 5장 1절부터 8절까지" 조용히 소리내어 읽으시기 바랍니다.
3. 그 다음, 오늘의 편지 가운데 본문과 관련된 부분을 다시 한 번 천천히 읽으며 묵상하시기 바랍니다.
4. 그 다음, 묵상 가운데 깨달은 것을 갖고서 하나님께 조용히 기도하십시오. "사랑의 하나님, 제가 당신을 알기 전부터 나를 사랑하사 당신의 자녀로 불러주심을 감사합니다. 믿음이 다만 죽은 후에 하나님 나라에 들어가는 것만이 아니라 지금 살아서도 하나님 나라의 부요함을 미리 경험하는 것이며, 이 때문에 지금의 고통스런 현실을 경험하면서도 인내 가운데 소망을 통해 그의 나라를 더욱 사모하는 신자로 사는 것임을 깨닫습니다. 나에게 늘 실망하고 절망하오니, 예수님의 십자가를 통해 변함없으신 하나님의 사랑이 나를 영광스런 자리에 세우실 것을 믿게 하소서. 예수님의 이름으로 기도합니다. 아멘."
5. 마지막으로, 주기도문으로 예배를 마칩니다.
6. 예배가 끝나자마자 일어서지 마시고, 눈을 감고 조용한 시간을 가지시기 바랍니다. 침묵의 여백은 나의 묵상을 더욱 깊이

있게 합니다. 방해 받지 않는 조용한 시간은 나의 생각을 더욱 진중하게 만듭니다.

여러분 모두를 사랑하고 축복합니다. 지금 이 시간에 떨어져 지내는 서로를 떠올리고, 잠시나마 그들을 위해 기도하고 축복합시다. 이 어려운 시기를 잘 견뎌냅시다. 우리를 위해 지금도 분투하는 여러 사람들, 사랑하는 우리의 이웃들을 위해서도 기도합시다. 그리고, 이 어려운 시간을 지내고 승리한 사람으로 설 우리 자신에게 따뜻한 격려를 선물합시다. 이럴 때일수록 나보다 약한 이들을 마음에 품으며, 그들에게 아주 작은 것이라도 대접하는 친절을 보입시다. 그래서 학업이든 직장이든 가정 일이든 무슨 일에서든, 하나님께 행하듯 충성스럽게 삽시다. 보이지 않는 그 작은 바이러스 앞에서도 쩔쩔매는 연약한 우리를 세상에서 가장 높은 곳으로 끌어올리신 하나님의 사랑을 잊지 맙시다. 우리의 힘과 소망은 언제나 그 분 안에 있습니다! 그가 우리를 이기게 하실 것입니다.

평안을 전하며, 홍성훈 목사 드림.

열여섯 번째 목회서신

나는 누구입니까?

사랑하는 카셀 아름다운교회 교우 여러분, 일주일 동안 잘 지내셨습니까? 사랑이 많으신 우리 주님의 이름으로 문안드립니다.

지난주에 말씀드린대로, 우리는 드디어 7월 첫 주에 예배를 다시 시작할 것입니다. 아직도 현재의 상황은 마치 살얼음을 걷는 것 같습니다. 지금 독일 정부가 시행하고 있는 위생준칙조차도 부족해 보일 정도입니다. 그럼에도, 곧 시작될 여름 휴가철 전에 다만 한두 번이라도 모여야겠다고 결정했습니다. 물론 우리의 예배는 격주, 즉 한 주 걸러 한 번씩 드리게 될 것입니다.

예정대로라면 이번 서신에서는 주일예배 모임 때 준수할 규칙을 정리해 드려야 합니다. 하지만 지금 저는, 우리 교회의 상황에 대해서 말씀드려야 합니다. 지난 주간에 우리 교회가 위촉했던 변호사로부터 새로운 메시지가 왔기 때문입니다. 즉, 지난 2월 16일 정기공동의회에서 결정한 우리 교회의 법인 해산 건과 관련하여 해당 관청인 Integrationsamt에서 그 결정 과정이 미비하다고 판단하고 있기 때문에 다시 한번 총회를 열어야 한다는 것입니다. 변호사에 따르면 이 어려움은, 제가 이 교회의 대표로서 법인을 설립했기 때문이고, 이런 상황에서 법인이 저를 해고하고 동시에 파산신청을 하였기 때문에, 관청으로서는 혹시 제가 스스로 법인을 해산함으로써 경제적인 이득을 취하려 하는 것이 아닌가 하는 의심을 하고 있는 것 같습니다. 어쨌든 이 때문에 우리는 형식적으로 다시 임시 총회를 열어 해산을 결의해야 합니다. 그러나, 해산은 이미 우리가 결정한 바가 있었으므로 그 때의 결정을 확인하는 형식을 변호사가 알려준 방식으로 진행하면 될 것이라 생각하고 있습니다.

이 과정이 7월 첫주 예배 후에 열릴 임시 공동의회(총회) 후 회의록과 함께 변호사에게 전달되면 이 서류가 다시 관청에 접수될 것이고 그에 따라 (만약 받아들여지게 된다면) 올 12월 31일자로 교회 법인의 해산 절차는 마무리 될 것으로 예상합니다. 그러나, 이미 말씀드린대로, 우리 교회의 법인체가 해산되는 것과 예배를 계속하는 것은 별개의 문제입니다. 교회 법인 문제가 정리된 후 저는 어쩌면 다른 지역으로 이주할 마음이 있습니다. 하지만 저는, 예배할 마음이 있는 분이 있는 한 가능한 한 이곳으로 와서 그 분들과 예배할 생각이고, 이것이 여의치 않다면 주중에라도 와서 예배를 함께 할 수도 있을 것입니다. 어떤 방법이 하나님의 생각에 가까운지, 여러분도 저와 같이 기도해 주실 것을 부탁합니다.

돌아보면 1983년 5월경 이곳에서 매주 정기적으로 예배드리는 교회 공동체가 생긴 이래 이런 과정을 겪고 있다는 것이 저에게나 여러분에게 견디기 어려운 아픔이고, 기쁘지 않은 일일 것입니다. 하지만 이 땅 위에 있는 교회는 영원히 있을 것이라는 우리의 상식 같은 믿음은 엄밀히 말해 사실이 아닙니다. 제가 기회되는대로 말씀드렸듯, 지상의 지역 교회는 언제든 사라질 수 있습니다. 우리는 그 사실을 유럽의 교회를 통해 드물지 않게 보고 있습니다. 하나님을 믿는 사람들의 교회는 보이는 교회와 보이지 않는 교회로 분류되는 것이 보통입니다. 보이는 교회란 어느 특정 지역에 세워진 교회로, 거기에는 정말로 거듭나서 하나님의 사람이 된 사람도 있지만 간혹 그러지 않은 사람도 있습니다. 물론 이 부분은 우리 눈에 보이지 않습니다.

이 보이는 교회, 즉 지역 교회는 공동체 구성원이 더 이상 존재하지 않거나, 불행하게도 분쟁이 일어나거나, 심지어는 교회를 지탱할 재정이 부족할 때 언제든지 흩어질 수밖에 없습니다. 그럼에도 우리가 '교회가 영원하다'고 믿게 된 이유가 있습니다. 과거에는 왕이나 제후가 자신의 영토와 백성에게 자신의 믿음을 따라서 믿기를 요구하곤 했습니다. 이때 그들에겐 교회와 국가가 일치되는 것처럼 보였을 것입니다. 이 시절의 경험으로 인해서 보이는 교회와 보이지 않는 교회를 동일시하는 습관이 굳어졌던 것입니다. 이 믿음은, 우리 같이 언제든 흩어질 수밖에 없는 조건을 가진 지역이나 특히 코로나 바이러스 사태 이후 사람 사이의 거리가 더 멀어질 수밖에 없는 환경 같은 조건에서 더욱 흔들릴 수밖에 없을 것입니다.

어쨌든 저는 지금 여러분 모두에게 그동안 자주 반복했던 가장 근본적인 원칙을 다시 대안으로서 강조하고자 합니다. 우리는 하나님을 믿는 사람이고, 예배를 위해 부름을 받은 사람입니다. 우리는 언제 어디서나 하나님 말씀을 따라 기도하는 가운데 성령의 도움을 받아 하나님의 이름을 불러야 합니다. 그것은, 교회 공동체에서도 개인적으로도, 가정적으로도 절대 포기할 수 없는 신자의 본분입니다. 코로나 바이러스 감염 사태가 시작되면서 예배 모임을 중단할 때, 저는 이번 기회야말로 우리 개개인이 예배를 위해 부름받은 단독자라는 사실을 실제로 훈련할 시간이라고 판단했습니다. 그 결과가 바로 지금 우리가 이렇게 각자의 자리에서 하나님께 예배하는 방식입니다. 이 훈련을 제대로 하기 위해서 저는, 여러분에게 지금까지, 그리고 앞으로도 가능하면 온라인 예배가 아닌 지금의 방식으로 예배할 것을 요청할 것입니다.

이 부분은 7월 첫 주에 모였을 때 기회가 되는대로 더 말씀드리기로 하고, 내일을 위해 성경 말씀을 함께 묵상해 보아야겠습니다. 내일 함께 나눌 말씀은 로마서 6장 10절부터 14절까지 말씀입니다.

> 10 그가 죽으심은 죄에 대하여 단번에 죽으심이요 그가 살아 계심은 하나님께 대하여 살아 계심이니 11 이와 같이 너희도 너희 자신을 죄에 대하여는 죽은 자요 그리스도 예수 안에서 하나님께 대하여는 살아 있는 자로 여길지어다 12

그러므로 너희는 죄가 너희 죽을 몸을 지배하지 못하게 하여 몸의 사욕에 순종하지 말고 13 또한 너희 지체를 불의의 무기로 죄에게 내주지 말고 오직 너희 자신을 죽은 자 가운데서 다시 살아난 자 같이 하나님께 드리며 너희 지체를 의의 무기로 하나님께 드리라 14 죄가 너희를 주장하지 못하리니 이는 너희가 법 아래에 있지 아니하고 은혜 아래에 있음이라

이 말씀에서 가장 눈에 띄는 단어는 '지배'입니다. 무엇을 다스린다는 뜻인데, 이 다스림은 어떤 권력이 유효하게 지배하는 영역을 말하는 것입니다. 다시 말해, 누가 어떤 것에 의해 지배되고 있다면 그는 그것의 소유라는 것이지요. 이 개념은 여러분이 학교에서 국가의 정의를 배울 때 이미 충분히 배운 내용입니다.

나는 누구인가? 나는 누구의 것인가? 이렇게 질문하면 대부분은 나는 나이고, 나는 누구의 지배도 받지 않는다고 대답할 것입니다. 맞습니다. 현대인은 누구나 자유인, 즉 개개인의 자주성(自主性)을 믿고 주장합니다. 하지만 성경은 그 믿음에 대해 "정말?"이라고 묻고 있습니다. 가령, 내가 무엇을 믿고 무엇을 결정하고 무엇을 추구합니다. 그것이 나의 삶을 결정짓고 내 삶의 목표라면 그것이 나의 하나님이고 내 주인이 아닌가 하고 말하는 것이지요. 이런 관점에서 본다면, 제가 가끔 말씀드리는 것처럼, '내가 어려울 때 가장 먼저 떠오르는 그것이 바로 나의 하나님이다'라는 말이 맞다고 말

할 수밖에 없을 것입니다.

　로마서 1장에서 바울 사도는 우상숭배와 타락의 과정을 길게 설명하면서 내가 섬기는 '탐욕이라는 신'이 초래하는 온갖 더러운 모습을 열거합니다. 내가 하나님을 떠나 나 스스로를 기준으로 삼을 때, 그것이 실상은 내 욕심을 섬기는 것이므로 그 결과 또한 추악한 모습으로 나타납니다. 이것은, 인간이 하나님 앞에 범죄한 존재이기 때문입니다. 때문에 그가 무엇을 생각하든 무엇을 추구하든 하나님이 미워하는 것밖에 나올 것이 없습니다. 사실은 이 때문에 하나님과 사람이 원수가 된 것입니다. 이 관계는 우리 주님 예수께서 십자가를 지심으로 인해 완전히 바뀝니다. 예수를 구주로 고백하고, 그의 사랑으로 인해서 그가 기뻐하시는 것이 무엇일까 생각하며, 그것을 실행함으로써 하나님과 사람은 창조 당시 본래의 관계를 회복한 것입니다.

　오늘 우리가 읽은 말씀은 단호하게 말씀합니다. "죄가 네 몸을 지배하지 못하게 하라, 네 욕심을 따라가지 말라!"(13절) 구약의 율법은 '이렇게 하면 죄다, 그러면 벌을 받아야 한다'고 말합니다. 때문에 그 아래 사는 사람들은 늘 '아, 이러면 죄인가? 그러면 어떤 벌을 받아야 하지?' 하고 생각했다면, 예수님 이후에 사는 신자들은 '나는 그 분의 것이다. 그런데 지금 나의 주인은 누구일까? 나는 어떤 것을 주인으로 섬기고 있을까?' 하고 생각합니다. 그래야 합니다. 십자가의 은혜를 경험한 신자라면 나의 실제적인 주인이 누구,

혹은 무엇인지에 가장 큰 관심을 가져야 한다는 것입니다. 바울은 이것을 은혜 아래 사는 사람이라고 표현했습니다.

사랑하는 여러분, 나는 누구입니까? 나는 '무엇을' 나를 규정하는 가장 귀중한 기준이라고 믿습니까? 나는 누구를 기쁘게 하기 위해 삽니까? 우리가 이런 질문을 스스로 던지는 것은, 우리가 일상에서 살아가는 가운데 우리가 사는 방향을, 목적을 새롭게 하는 데 아주 중요한 역할을 합니다. 이 질문과 성찰을 통해서 우리 삶의 귀중한 부분을 낭비하지 않게 되는 것입니다. 바울 사도는 로마서 12장에서 이런 자세로 살아가는 것을 가리켜 영적인 예배라고까지 표현했습니다. 저는 이 말씀을 신자라면 누구나 명심하며 품어야 할 교훈이라고 믿습니다. 아무리 사는 것이 바빠도, 온갖 것들이 우리의 마음을 빼앗는다 하더라도, 내 삶의 주인이 누구인지를 진지하게 묻기를 잊지 않을 때 우리의 인생이 더욱 가치있게 될 것입니다. 이것이, 자기의 가치를 가장 귀중하게 보존하는 지혜이기도 합니다.

이제, 마지막으로, 주일예배를 드리려는 분을 위해 간단하게 안내를 드리고자 합니다.

(이 방법이 익숙하지 않으신 분은 여러분 각자의 취향에 가장 어울리는 동영상을 찾아 예배를 드리십시오. 신자는 예배와 기도를 통해서 하나님의 은혜를 공급받습니다. 예배의 풍성함은 경험한 사람만이 압니다.)

예배는, 내 마음 가운데 예수님을 영접하기 위하여, 그래서 그와 내가 '주님과 그 분의 양으로서의 관계를 맺기 위해' 나를 드리는 과정입니다. 그러므로 주일 아침, 예배를 드리기 전, 먼저 시간을 충분히 두고 마음을 가다듬으십시오. 가능하면 단정하게 옷을 입고, 자세를 바르게 하여 예배를 준비하십시오. 예배하기 전에 자원하는 마음으로 정성껏 헌금을 준비하여, 여러분의 손길로 인해 행복해질 어려운 이웃을 떠올리는 대로 그들에게 기쁨으로 선한 손길을 펴시기 바랍니다.

1. 먼저, 잠시 조용하게 기도하면서 예배를 시작하십시오.
2. 다음으로, 오늘의 본문 "로마서 6장 10절부터 14절까지" 조용히 소리내어 읽으시기 바랍니다.
3. 그 다음, 오늘의 편지 가운데 본문과 관련된 부분을 다시 한 번 천천히 읽으며 묵상하시기 바랍니다.
4. 그 다음, 묵상 가운데 깨달은 것을 갖고서 하나님께 조용히 기도하십시오. "사랑의 주님, 우리에게 새로운 생명을 주심을 감사드립니다. 나는 이제 주님의 것입니다. 내가 지금 무엇을 어떻게 하여야 하나님의 마음을 기쁘게 해드릴 수 있을까 하는 질문이 나의 인생에 가장 중요한 질문이 되게 하소서. 예수님의 이름으로 기도합니다. 아멘."
5. 마지막으로, 주기도문으로 예배를 마칩니다.
6. 예배가 끝나자마자 일어서지 마시고, 눈을 감고 조용한 시간을 가지시기 바랍니다. 침묵의 여백은 나의 묵상을 더욱 깊이 있게 합니다. 방해 받지 않는 조용한 시간은 나의 생각을 더욱

진중하게 만듭니다.

여러분 모두를 사랑하고 축복합니다. 지금 이 시간에 떨어져 지내는 서로를 떠올리고, 잠시나마 그들을 위해 기도하고 축복합시다. 이 어려운 시기를 잘 견뎌냅시다. 우리를 위해 지금도 분투하는 여러 사람들, 사랑하는 우리의 이웃들을 위해서도 기도합시다. 그리고, 이 어려운 시간을 지내고 승리한 사람으로 설 우리 자신에게 칭찬하는 말로 격려해 줍시다. 이럴 때일수록 나보다 약한 이들을 마음에 품으며, 그들에게 아주 작은 것이라도 대접하는 친절을 보입시다. 그래서 학업이든 직장이든 가정 일이든 무슨 일에서든, 하나님께 행하듯 충성스럽게 삽시다. 우리가 비록 떠들썩하게 세상에 두드러지게 살지는 못할지라도, 어느 순간에도 내가 하나님의 것임을 잊지 않고, 그래서 내 가장 큰 기쁨이 그 분의 뜻을 따라 사는 것임을 잊지 않고 살아갑시다. 우리의 힘과 소망은 언제나 그 분 안에 있습니다! 그가 우리를 기뻐하시며, 마침내 영광의 면류관을 씌워 주실 것입니다.

평안을 전하며, 홍성훈 목사 드림.

열일곱 번째 목회서신

나를 살릴 생명의 말씀

　사랑하는 카셀 아름다운교회 교우 여러분, 일주일 동안 잘 지내셨습니까? 사랑이 많으신 우리 주님의 이름으로 문안드립니다.

　다음주면 우리는 예배를 다시 시작할 것입니다. 지난 3월 15일 갑작스럽게 예배로 모이지 못한지 벌써 넉 달이 되었네요. 미래를 이야기하는 어떤 이들은 우리가 앞으로 살아갈 세상이 '코로나 19 바이러스 사태 이전과 이후로 나뉠 것'이라고 말합니다. 그만큼이나, 우리가 경험할 이후의 세상이 확연히 다를 것이라는 뜻이겠지요? 몇 주 전에도 말씀드렸습니다만, 미래라는 시간은 오직 하나님께서 다스리시는 영역입니다. 우리는 다만, 지금의 내가 미래의 내 모습이라는 사실을 믿고 지금을 충실하게 살아갈 뿐입니다. 미래를 주장하시는 하나님을 믿는 사람이라면, 오늘 이 시간에 나의 성실함을 더할 기회를 주신 하나님께 감사하는 마음으로 현재에 충실할 수밖에 없습니다. 지금도 이런 믿음으로 하루하루 땀을 흘리시는 모든 분들에게 존경과 축하의 말씀을 드립니다.

자, 이제 한 주일 앞으로 다가온 주일예배를 위하여 주의할 사항을 몇 가지 정리하여 말씀드립니다.

첫째, 교회 건물 안에서 예배 시에는 2m의 거리를 두어야만 합니다. 제가 지금까지 알기로는 우리가 빌려 쓰는 교회는 대예배실만을 사용할 수 있습니다. 따라서 앞뒤로는 하나 혹은 두 줄을 띄어서, 옆으로는 한 줄에 최대 두 사람까지만 앉으시면 될 것입니다. 특별한 표시는 하지 않을 것이나, 이 점만 유의하여 앉으시면 되겠습니다. 예배당의 크기로 보아 우리 교회 교인들이 참석하는 데 순번을 정하지 않아도 될 것입니다.

둘째, 예배 시 마스크를 써야 합니다. 마스크를 쓴 상태에서 사도신경을 고백하는 것과 기도하는 것은 가능하나, 큰 목소리로 부르는 회중찬양은 제한됩니다. 다음 주일에는 일단 찬송 시간을 갖지 않겠습니다. 그리고 두 주 후에 다시 모일 때까지 상황을 파악하여 찬송 시간을 어떻게 할지 결정할 생각입니다. 어색하더라도 이해해 주시기 바랍니다.

셋째, 성도간의 접촉을 최소로 줄이기 위해, 예배당 들어오는 입구에 헌금바구니를 비치하도록 하겠습니다. 예배 전 혹은 후에 개인적으로 헌금을 하도록 하겠습니다.

넷째, 정부의 안전수칙에 근거하여 예배 모임은 한 시간을 넘기지 않을 것입니다. 그리고, 한동안은 예배 후 간단한 안부와 인사의 교제를 나눈 후 그대로 헤어질 것입니다.

여러 가지 항목으로 길게 말하니까 어쩐지 모이는 것이 껄끄럽고 긴장되는 느낌도 있을 것입니다. 하지만 자세히 살펴보면 아시겠지만 사실 위에 거론된 항목들은 위생을 지키기 위한 상식적인 조치들에 불과합니다. 물론 예배 당일 본인의 건강을 잘 체크하여 발열이 있다든지 마음이 왠지 불안하다든지 할 경우 공동체를 위해 참석을 자제하거나 마스크를 잘 착용하고, 가능하면 교우와의 접촉을 자제하는 것이 당연할 것입니다. 이런 일들은 사실 한 교회를 다니는 형제와 자매로서 당연하게 누려왔던 것과는 크게 차이가 나는 일이 틀림없을 것입니다. 하지만 코로나 이후의 시대를 살아가는 사람들로서 공동체를 아끼는 새로운 문화를 연습한다고 생각하신다면, 이 부분 역시 꺼림칙한 그 무엇이 아니라 새롭고 유익한 경험이 될 것입니다.

다음 주일의 예배와 관련하여 한 가지만 더 짧게 부언하겠습니다. 지난 주일의 서신에서 말씀 드린대로, 우리는 예배 후 임시 공동의회로 모이게 될 것입니다. 이 공동의회의 진행 방법은 전통적으로 우리가 진행해온 대로 시행될 것입니다. 즉, 모든 절차는 서류로 진행될 것입니다. 이에 착오 없으시기 바라며, 계속해서 교회를 위해서 기도를 부탁드립니다.

이제 내일 개인으로, 가정으로 주일예배를 드릴 때 참고하실 성경 말씀에 관하여 말씀 드립니다. 이번 주에는 마태복음 10장 40절부터 42절까지의 말씀을 나누려고 합니다. 우선, 본문을 함께 읽어 보죠. 오늘은 '우리말 성경'으로 읽어보겠습니다.

> 40 너희를 영접하는 사람은 나를 영접하는 것이고, 나를 영접하는 사람은 나 보내신 분을 영접하는 것이다 41 누구든지 예언자를 예언자로 여겨 영접하는 사람은 예언자의 상을 받을 것이고 누구든지 의인을 의인으로 여겨 영접하는 사람은 의인의 상을 받을 것이다 42 내가 진실로 너희에게 말한다. 누구든지 내 제자라는 이유로 이 작은 사람들 중 하나에게 냉수 한 그릇이라도 주는 사람은 반드시 그 상을 놓치지 않을 것이다

오늘의 본문이 있는 마태복음 10장의 첫 부분을 보면, 예수께서 열두 명의 제자를 세우시고 그들에게 권능을 주시는 장면으로 시작됩니다. 말하자면 부름받은 열두 명의 제자들을 정식으로 세상에 소개하시는 장면인 것입니다. 예수님은 마태복음 10장 전체를 통해 제자들이 복음을 전해야 할 대상에 관하여, 전도자로서의 자세에 관하여, 그들이 겪을 고초에 관하여, 이에 관한 예수님의 애틋한 감정, 그리고 따뜻한 격려까지 실로 길게 말씀하고 계십니다. 그리고 오늘의 본문인 10장의 마지막에 이르러 예수께서는 제자들에게 권능을 주신 의미를 거듭 설명하십니다. 예수님의 논지는 이것입니다.

"너희를 영접하는 것은 나를 영접하는 것이다. 나를 영접하는 것은 곧 하나님을 영접하는 것이다."

오래전의 명화 <벤허>를 보면, 주인공 유다는 노예선의 노예로 부림을 받다가 전쟁 중에 죽게 된 로마의 사령관을 구출합니다. 그들은 극적으로 로마군에 의해 구출되어 로마로 복귀하고, 사령관은 축제를 연 자리에서 자기의 반지를 빼어 유다에게 주면서 이렇게 말합니다. "이 반지를 본 자는, 이 반지를 낀 사람을 나를 보듯 대접해야할 것이다." 이 이야기처럼, 당시 고대 근동에서는 누군가가 어떤 사람을 위임하여 메신저로 보낼 때 그 메신저를 보낸 자와 동등한 사람으로 여기는 풍습이 있었던 것입니다. 즉, 주인의 보냄을 받은 심부름꾼은 곧 그의 주인과 동등한 권위를 가진 것으로 영접해야 한다는 것입니다.

이런 배경을 고려한다면 오늘의 본문에서 우리 주님께서 하시려는 말씀의 의도는 분명합니다. "너희는 내 말씀을 전하러 세상에 나갈 때 나를 대신하는 자들이다. 그러므로 내 말을 전하는 한, 너희는 곧 나와 동등한 대접을 받는 것이 맞다. 이는 곧 내가 하나님을 대신하여 이 세상에 온 이치와 같은 것이다." 소식을 전하는 사람 곧 메신저는 보낸 이의 말씀을 전하는 조건 아래 보낸 자와 동등한 권위를 지닙니다. 따라서, 보낸 자와 동일한 권위를 지닌 사람으로서 메신저를 영접하는 사람은 곧 보낸 자를 대하는 영광을 누리게 되는 것입니다.

지금 우리는 오랫동안 이어져온 전통과 권위가 해체되는 시대를 살아가고 있습니다. 모든 것이 이렇게 새삼스럽게 물어집니다. "정말?" "왜?" 이런 해체의 시간을 지나면서, 당연한 것은 대부분 사라집니다. 누군가에게 어떤 말이 의무처럼 느껴지는 순간 그것은 거의 예외 없이 '억압'으로 치부됩니다. 이것이 현대 사회의 거대한 경향이 되어 버렸습니다. 그리고, 기존의 질서는 순차적으로 해체되지 않습니다. 역사의 경험은, 기존의 질서가 무너질 때 때로 감당하기 어려운 혼란과 함께 진행됩니다. 따라서 어느 정도의 혼란은 감수할 수밖에 없습니다. 그렇다 하더라도, 질서와 원칙은 가능하면 혼란을 줄이면서 변해야 합니다. 인간의 삶이 안정적으로 영위되는 것이 매우 중요하기 때문입니다.

여기서 이렇게 말씀드리는 것은, 메신저의 권위라는 부분을 언급하기 위해서입니다. 왜냐하면, 우리가 '너희를 나의 이름으로 대접하는 것은 나를 대접하는 것'이라는 예수님의 말씀을 읽는 현대인들의 생각이 굉장히 복잡할 것이 분명하기 때문입니다. 이 '메신저'를 오늘날의 평범한 사람들이 일상에서 만나는 목사라고 가정할 때, 더구나 그 목사들이 자주 나쁜 짓에 연루되었다는 소식을 접할 때, 성경이 메신저와 메시지의 권위를 연결하고 있는 장면을 과연 거부감 없이 받아들일까 하는 것입니다.

따라서, 자신을 메신저라고 소개하는 순간, 그를 바라보는 사람들의 마음속에 '당신이 메신저인 것을 어떻게 믿겠어?' '당신이 말하는 것이 하나님의 말씀이 맞아?' '말은 어떨지 모르겠는데, 그런데 당신이 사는 꼴은 그게 뭐야?' 등등의 질문이 연이어 떠오를 것입니다. 그가 하나님이 보내신 메신저인 것이 분명하고, 그가 하나님의 말씀을 전하는 것이 또한 분명하고, 그래서 그것을 확신한 청중이 메신저를 하나님의 권위로 영접하면 얼마나 좋겠습니까? 그런데 그렇게 현실이 단순하지 않으니 문제인 것이지요.

마태복음 10장에서 예수께서도 이 일이 그리 쉽지 않을 것임을 알고 계신듯이 보입니다. 세상이 존재하는 한, 보냄을 받은 자들은 나타날 것이고, 그를 둘러싼 환경이 실로 녹록치 않을 것입니다. 그러나, 분명한 사실이 있습니다. 메신저는 그 상황에 구애받지 않고 그럼에도 불구하고 말씀을 전해야 하며, 백성들은 하나님의 말씀을 받아야 합니다. 이 세상에 하나님의 나라가 온전히 이뤄지기까지 끊임없이 이 갈등은 계속될 것입니다. 이 갈등과 잡음을 극복하는 것이 어느 한쪽이 아닌 전하는 자와 듣는 자 모두에게 주어진 고민과 과제일 것입니다. 우리는 진공 상태에서 순전하게 주어지는 하나님의 말씀을 고민과 갈등 없이 받아먹을 생각만 해서는 안됩니다. 권위가 도전받고, 하나님의 말씀에서 혼돈이 느껴지고, 말씀 전하는 자의 부패와 타락으로 인해 마음이 상할지라도, 나를 살릴 하나님의 생명의 말씀을 사모하고 참된 것을 가려내려는 분투가 멈춰서는 안됩니다. 이런 노력 끝에 하나님의 말씀이 꿀송이보다 달게 느껴질 것입니다.

시대를 향한 하나님의 말씀은 이 혼돈 속에서도 무뎌지지 않습니다. 오히려 화이트 노이즈를 통하면서 더욱 순수해지고, 마침내 하나님께서 택하신 자들만이 순전한 하나님의 말씀을 알아듣는 이적을 경험할 것입니다! 저는, 세상의 혼탁함 속에서 승리하실 하나님의 능력을 믿습니다. 이런저런 이유로 인해 많은 사람들이 말씀에서 멀어질 터이지만, 그럼에도 택한 자를 부르시는 하나님의 기이한 경륜은 타락한 수많은 메신저의 메시지 속에서도 목자이신 예수 그리스도의 음성을 알아듣는 경건한 자를 걸러내실 것입니다. 양들은 다만, 참 목자이신 하나님의 말씀을 사모하며, 들리는대로 순종할 각오로 그의 음성을 기다리면 됩니다.

이제, 마지막으로, 주일예배를 드리려는 분을 위해 간단하게 안내를 드리고자 합니다.

(이 방법이 익숙하지 않으신 분은 여러분 각자의 취향에 가장 어울리는 동영상을 찾아 예배를 드리십시오. 신자는 예배와 기도를 통해서 하나님의 은혜를 공급받습니다. 예배의 풍성함은 경험한 사람만이 압니다.)

예배는, 내 마음 가운데 예수님을 영접하기 위하여, 그래서 그와 내가 '주님과 그 분의 양으로서의 관계를 맺기 위해' 나를 드리는 과정입니다. 그러므로 주일 아침, 예배를 드리기 전, 먼저 시간을 충분히 두고 마음을 가다듬으십시오. 가능하면 단정하게 옷을 입고, 자세를 바르게 하여 예배를 준비하십시오. 예배하기 전에 자원하는 마음으로 정성껏 헌금을 준비하여, 여러분의 손길로 인해 행복해질 어려운 이웃을 떠올리는 대로 그들에게 기쁨으로 선한 손길을 펴시기 바랍니다.

1. 먼저, 잠시 조용하게 기도하면서 예배를 시작하십시오.
2. 다음으로, 오늘의 본문 "마태복음 10장 40절부터 42절까지"를, 조용히 소리내어 읽으시기 바랍니다.
3. 오늘 편지 가운데 본문과 관련된 부분을 한번 천천히 읽으며 묵상하시기 바랍니다.
4. 그 다음, 묵상 가운데 깨달은 것을 갖고서 하나님께 조용히 기도하십시오. "사랑의 주님, 우리에게 생명의 말씀을 주심에 감사합니다. 저는 당신의 양이오니, 참 목자이신 예수 그리스도의 음성을 알아듣게 하시고, 그의 음성에 순종하려는 마음을 허락해 주소서. 메신저의 모자람에 실망하여 하나님의 말씀에서 돌아서지 않게 하시고, 그리하여 생명의 말씀을 통해 나의 영혼이 사시사철 풍성한 양식으로 살찌우게 하소서. 나는 이제 주님의 것입니다. 예수님의 이름으로 기도합니다. 아멘."
5. 마지막으로, 주기도문으로 예배를 마칩니다.
6. 예배가 끝나자마자 일어서지 마시고, 눈을 감고 조용한 시간을 가지시기 바랍니다. 침묵의 여백은 나의 묵상을 더욱 깊이 있게 합니다. 방해 받지 않는 조용한 시간은 나의 생각을 더욱 진중하게 만듭니다.

여러분 모두를 사랑하고 축복합니다. 지금 이 시간에 떨어져 지내는 서로를 떠올리고, 잠시나마 그들을 위해 기도하고 축복합시다. 이 어려운 시기를 잘 견뎌냅시다. 우리를 위해 지금도 분투하는 여러 사람들, 사랑하는 우리의 이웃들을 위해서도 기도합시다. 그리고, 이 어려운 시간을 지내고 승리한 사람으로 설 우리 자신을 칭찬하는 말로 격려해 줍시다. 이럴 때일수록 나보다 약한 이들을 마음에 품으며, 그들에게 아주 작은 것이라도 대접하는 친절을 보입시다. 그래서 학업이든 직장이든 가정 일이든 무슨 일에서든, 하나님께 행하듯 충성스럽게 삽시다. 우리가 비록 떠들썩하게 두드러진 모습으로 세상에서 살지는 못할지라도, 어느 순간에도 내가 하나님의 것임을 잊지 않고, 그래서 내 가장 큰 기쁨이 그 분의 뜻을 따라 사는 것임을 잊지 않고 살아 갑시다.

우리의 힘과 소망은 언제나 그 분 안에 있습니다! 그가 우리를 기뻐하시며, 마침내 영광의 면류관을 씌워 주실 것입니다.

평안을 전하며, 홍성훈 목사 드림.

열여덟 번째 목회서신

교우들께 알립니다

[주일예배 재개에 따른 공지문]

교우들께 알립니다.

지난 주간에 Erlöeser Kirche의 Barth 목사님과 논의한 결과를 알립니다.

1. 우리 교회는 7월 중 주일예배를 다음과 같이 드리게 되었습니다. 7월 5일, 12일, 26일로 세 번 드리게 되었어요. 예배 시간은 오후 1시이며, 대예배당에서 드립니다. 우리가 모이는 날짜는 모두 독일교회와 공유하는 날입니다. 나머지 날짜는 우리와 마찬가지로 이 교회 건물을 빌려서 사용하고 있는 아프리카 교회가 사용합니다.
2. 위생을 위한 규칙은 지난 주간에 편지를 통해서 알려 드린 바와 같습니다.
3. 예배 시간과 아주 간략한 인사 나누기를 합해서 전체 시간은 1시간 이내로 조정될 것입니다.

4. 첫째 주일인 7월 5일 모임은 예배 후 임시공동의회로 모일 것이며, 진행은 간략한 설명과 함께 서류 절차만 확인할 것입니다.

5. 첫 번째 예배(7.5)는 예배 도중 찬송 순서가 빠집니다. 그러나, 예배 처음 묵도와 마지막 송영을 위해 짧은 한 곡씩의 연주가 있으면 좋겠습니다. 반주팀에서 혹시 수고해 주실 수 있을지 물어봅니다. 자원하시는 분은 제게 연락주세요.

6. 첫 번째 예배의 상황을 관찰하여 그 다음 모임인 7월 12일 예배에서 찬송을 하게 될지를 결정하겠습니다. 그러나 이 찬송 순서 역시 정부의 지침에 따라 허밍으로 따라 할 확률이 아주 클 것입니다. 이 부분은 바이러스 확산 정도에 맞추어 조정되는 정부 지침을 따를 것입니다.

7. 예배에 참석하시는 분은 모두 마스크를 지참하세요. 손 세정제와 소독약품은 교회에서 준비하겠습니다. 마스크는 예배당 건물에 있는 동안에는 절대 벗어서는 안 됩니다. 교회 건물의 문 손잡이나 특히 화장실 손잡이는 가능하면 접촉 면적을 최소한으로 하시기 바랍니다. 사용하신 후 나올 때 미리 준비된 소독제를 뿌리시면 다음 분들에게 큰 도움이 될 것입니다.

8. 나머지 사항은, 우리가 이미 다른 장소에서 익혔던 위생 수칙을 사용하면 될 것입니다. 위생은 아무리 조심해도 지나치지 않는 일입니다. 자신과 이웃의 건강을 지키는 일은, 우리가 늘 강조하듯 이웃을 사랑하는 일과 닿아 있음을 잊지 마세요. 이를 위해 자신의 불편함은 기꺼이 감수할 줄 알아야 할 것입니다.

9. 혹시 이 일과 관련하여 질문할 사항이 있으신 분은 언제든지 홍성훈 목사에게 알려 주시기 바랍니다. 즐거운 마음으로 돕겠습니다.

함께 모여 한마음으로 하나님을 부를 시간을 기다립니다. 기도하며 준비하시기 바랍니다. 평안을 전합니다.

홍성훈 목사 드림.

지금 이곳에서,
그때 그곳을 떠올리다 3

"지나치게 교회 중심의 신앙생활에 경도된 까닭은,
 교회가 신자들에게 지나치게 친절하기 때문이라는 것이 내 판단이다.

요즘 많은 교회가 심지어 예배에 참석하는 신자들에게 성경 찬송을 지참할 필요를 느끼게 하지도 않는다. 이 친절함은 종국적으로 신자를 예배의 소비자로 만든다. 교회는 생각을 바꿔야 한다.

교회는 여러모로 불편해야 한다.
그 불편을 신자 스스로가 해결하기 위해 노력할만한,
신앙의 매력을 대신 제공해야 한다.

불친절함은 성장을 위한 공간이다."

Chapter 4

열아홉 번째 목회서신

알곡 하나라도 아끼려는 마음으로

사랑하는 카셀 아름다운교회 교우 여러분,

사랑이 많으신 우리 주 예수 그리스도의 이름으로 문안드립니다. 평안하셨습니까?

두 주간의 오프라인 주일예배를 드리고, 교회 방역 일정에 따라 다시 가정/개인 예배를 각자의 처소에서 드리게 되었습니다. 내일이 지난 그 다음 주일인 7월의 마지막 주일(26일)은 다시 오프라인으로 모여서 예배를 드리게 되며, 그 이후의 교회 모임은 독일교회의 결정을 전달받는대로 다시 공고하겠습니다.

두 주간의 주일예배, 그리고 여태까지 가정/개인예배를 경험하신 소감은 어떠십니까? 늘 말씀 드리지만 예배는 하나님께 드리는 헌신과 감사의 표현입니다. 따라서 그것의 형식도 중요하지만 예배의 시간에 내가 홀로 하나님을 만나 그분의 행하신 일을 돌아보면서 감사와 헌신을 다짐하는 마음이 더욱 중요합니다. 불행하게도 몇 달째 이어지는 코로나 19 바이러스 감염사태 때문에 이런 상황을 경험하고는 있으나, 긍정적으로 생각하면 이 때문에 예배가 무엇인지, 공동체가 어떤 의미인지를 깊이 반성하게 된 것은 정말로 감사하고 다행이라 아니할 수 없을 것입니다. 이로써 우리는 언제 어디 어느 상황에서든지 단독자로서 예배하기도 하며, 공동체로 교제하면서 섬김을 배우는 구도자로도 훈련받을 것을 믿습니다.

저는 이 시간을 통해 우리 하나하나가 더욱 성숙한 신자로 거듭날 것을 믿고 기대합니다. 이 바램을 기억하시고, 불편하고 어색한 데 대해서만 신경을 곤두세우지 않으시길 바랍니다. 몇 년 전, 우리나라에서 상영된 영화 <활>에서 주인공은 이렇게 말합니다. "바람은 계산하는 것이 아니다. 극복하는 것이다." 맞습니다. 계산하면 우리는 그것에 의해 영향을 받을 수밖에 없습니다. 그러나 극복하려는 의지가 있으면 우리는 그것이 무엇이든 넘어설 수 있습니다.

우리는 이제, 주일 가정/ 개인 예배를 위해 성경 말씀을 함께 생각해 보려고 합니다. 이번에 나눌 말씀은 마태복음 13장 24절부터 30절까지입니다.

> 24 예수께서 그들 앞에 또 비유를 들어 이르시되 천국은 좋은 씨를 제 밭에 뿌린 사람과 같으니 25 사람들이 잘 때에 그 원수가 와서 곡식 가운데 가라지를 덧뿌리고 갔더니 26 싹이 나고 결실할 때에 가라지도 보이거늘 27 집 주인의 종들이 와서 말하되 주여 밭에 좋은 씨를 뿌리지 아니하였나이까 그런데 가라지가 어디서 생겼나이까 28 주인이 이르

되 원수가 이렇게 하였구나 종들이 말하되 그러면 우리가 가서 이것을 뽑기를 원하시나이까 29 주인이 이르되 가만 두라 가라지를 뽑다가 곡식까지 뽑을까 염려하노라 30 둘 다 추수 때까지 함께 자라게 두라 추수 때에 내가 추수꾼 들에게 말하기를 가라지는 먼저 거두어 불사르게 단으로 묶고 곡식은 모아 내 곳간에 넣으라 하리라

본문은, "천국은…"으로 시작된 여러가지 비유 가운데 하나인데, 오늘 본문은 천국을 '좋은 씨를 제 밭에 뿌린 사람'으로 비유했습니다. 주어가 '사람'이니, 그 주인의 '심정'에 맞추어야 천국의 비유가 제대로 읽히겠죠?

어떤 주인, 즉 천국의 주인이신 하나님께서 당신의 밭에 좋은 씨를 뿌렸습니다. 그런데 주인과 원수 관계인 사람이 몰래 와서 그 밭에다 가라지, 즉 잡초를 뿌렸습니다. 이건 분명히 계획적인 행위이죠? 나쁜 의도를 갖고 밭 주인의 농사를 망치려는 것이었습니다. 때문에 이 사람은 밭 주인의 '원수'라고 표현되어 있습니다. 그런데 이 일은 이상한 방향으로 진전됩니다. 누군가가 주인의 밭에 잡초를 덧 뿌린 사실을 알게 된 하인들이 주인에게 묻습니다. "이 잡초들을 어떻게 할까요? 모두 뽑아버릴까요?" 하지만 주인은 대답합니다. "그냥 놔두어라." 왜죠? 주인은 곧이어 이유를 설명합니다. 잡초를 뽑다가 주인이 심은 곡식까지 뽑힐 것을 염려했기 때문입니다.

자, 이렇게 하여 천국의 모습이 설명되었습니다. 이 비유에서 좋은 씨와 잡초가 완전히 자란 다음에 추수가 이뤄질 것입니다. 굳이 설명하자면 추수는 심판을 의미할 것이고, 천국 즉 하나님의 나라는 추수 후에 벌어질 잔치 같은 성격을 띨 것입니다. 그런데 이 비유가 말하려는 중심은, 그 추수가 행해지기 전까지의 상황입니다. 천국은 분명히 추수가 성공적으로 끝난 후 알곡들만 모인 잔치가 될 것입니다. 그러나 그 전까지는, 알곡과 잡초가 혼재된 상태로 존재할 것입니다.

예수께서 이 세상에 오셔서 복음을 전하시고, 그 뒤를 따라 제자들과 사도들, 전도자들이 부지런히 복음을 전할 것입니다. 그들의 땀의 결과로 밭에는 풍성하게 식물들이 자라겠지만, 거기에는 알곡이 될 것들과 결국은 뽑혀서 태워질 잡초가 섞여 있습니다. 우리는 이렇게 어지럽게, 알곡과 가라지가 섞인 밭의 모습을 보며 의심할 것입니다. "아 왜 하나님은 이렇게 당신의 밭을 알곡이 될 곡식들만 자라게 하지 않으시지?" 그러나 이 질문에 대해 하나님은 밭의 주인의 입을 빌어 그 이유를 분명하게 전하십니다. "알곡이 상하는 것을 원하지 않으니까!"

여기서 주도적인 하나님의 모습은 알곡을 아끼시는 마음을 지닌, 자애로운 주인입니다. 알곡이 하나라도 뽑히지 않기 위해 밭의 모양도, 비료의 낭비도, 어지러운 밭을 관리하는 수고도 아끼지 않습니다. 예, 그럼에도 분명한 시간표는 있습니다. 알곡이 다 익을 때까지! 우리는 알곡과 가라지가 섞인 모습에 불편해하지만, 하나님은 느긋합니다. 아니 조심스럽게 기다립니다. 무엇이 알곡을 위해 유익한지를 계산하면서 말입니다!

자, 여러분, 오늘의 본문에서 드러나는 천국, 정확하게 말해서 천국의 주인이신 하나님은 어떤 모습입니까? 하나의 알곡이라도 허비하지 않기 위해 끈기있게 기다립니다. 알곡이 하나도 낭비되지 않을 그 때까지 말입니다. 농부의 심정은 이런 것입니다. 곡식을 하나라도 아끼려는 사려깊은 인내심. 우리는 일마다 때마다 내가 하나님이라면 이 마음에 들지 않는 세상을 당장이라도 갈아엎으실 것이라 기대합니다. 그러면 하나님은 얼마나 멋진 분으로 보일까요? 하지만, 하나님은 우리에게 멋진 분으로 드러나기 원하시지 않습니다. 알곡 하나라도 아끼려는 마음으로 추수할 날이 올 때까지 인내하시는 분입니다.

그 나라가 이루어질 때까지는, 이 세상에 혼돈이 있을 것입니다. 어느 것이 알곡이고 어느 것이 가라지인지, 그리고 어째서 이미 이 세상에 천국이 임했음에도 이런 상태가 계속되는지 모릅니다. 그러나 우리는 기다려야 합니다. 그 때가 올 때까지 기다려야 합니다. 하나님께는 천국에 관한 계획을 분명히 갖고 계십니다. 하나님의 나라가 완전히 이루어질 때까지, 그러므로 신자들이 가져야 할 유일한 것은 이 모든 일에 관한 계획을 갖고 처음부터 끝까지 그 일을 이루실 하나님에 대한 신뢰입니다. 아멘.

일마다 때마다 이번주 본문처럼 모든 계획을 갖고 반드시 그 뜻을 이루실 하나님을 신뢰하며 그를 예배하며 찬미합시다. 우리 신자의 힘은 그를 끝까지 신뢰하는 것입니다. "복음에는 하나님의 의가 나타나서 믿음으로 믿음에 이르게 하나니 기록된 바 오직 의인은 믿음으로 말미암아 살리라 함과 같으니라."(로마서 1:16)

이제, 주일예배를 드리려는 분을 위해 간단하게 안내를 드리고자 합니다.

(이 방법이 익숙하지 않으신 분은 여러분 각자의 취향에 가장 어울리는 동영상을 찾아 예배를 드리십시오. 신자는 예배와 기도를 통해서 하나님의 은혜를 공급받습니다. 예배의 풍성함은 경험한 사람만이 압니다.)

예배는, 내 마음 가운데 예수님을 영접하기 위하여, 그래서 그와 내가 '주님과 그 분의 양으로서의 관계를 맺기 위해' 나를 드리는 과정입니다. 그러므로 주일 아침, 예배를 드리기 전, 먼저 시간을 충분히 두고 마음을 가다듬으십시오. 가능하면 단정하게 옷을 입고, 자세를 바르게 하여 예배를 준비하십시오. 예배하기 전에 자원하는 마음으로 정성껏 헌금을 준비하여, 여러분의 손길로 인해 행복해질 어려운 이웃을 떠올리는 대로 그들에게 기쁨으로 선한 손길을 펴시기 바랍니다.

1. 먼저, 잠시 조용하게 기도하면서 예배를 시작하십시오.

2. 다음으로, 오늘의 본문 "마태복음 13장 24절부터 30절까지" 를, 조용히 소리내어 읽으시기 바랍니다.

3. 오늘 편지 가운데 본문과 관련된 부분을 한번 천천히 읽으며 묵상하시기 바랍니다.

4. 그 다음, 묵상 가운데 깨달은 것을 갖고서 하나님께 조용히 기도하십시오. "사랑의 주님, 우리에게 생명의 말씀을 주심에 감사합니다. 저는 당신의 양이오니, 참 목자이신 예수 그리스도의 음성을 알아듣게 하시고, 그의 음성에 순종하려는 마음을 허락해 주소서. 나는 주님의 것입니다. 이 세상 끝에 당신의 나라가 임할 때까지, 당신을 전심으로 신뢰하며 살게 하소서. 이 힘든 시기에도 당신의 계획이 있음을 믿어, 지금의 시간이 손해보는 시간이 아니라 제 영혼이 숙성되는 좋은 기회임을 잊지 않게 하소서. 예수님의 이름으로 기도합니다. 아멘."

5. 마지막으로, 주기도문으로 예배를 마칩니다.

6. 예배가 끝나자마자 일어서지 마시고, 눈을 감고 조용한 시간을 가지시기 바랍니다. 침묵의 여백은 나의 묵상을 더욱 깊이 있게 합니다. 방해받지 않는 조용한 시간은 나의 생각을 더욱 진중하게 만듭니다.

여러분 모두를 사랑하고 축복합니다. 지금 이 시간에 떨어져 지내는 서로를 떠올리고, 잠시 그들을 위해 기도하고 축복합시다. 우리를 위해 지금도 분투하는 여러 사람들, 사랑하는 우리의 이웃들을 위해서도 기도합시다. 그리고, 이 어려운 시간을 지내고 승리한 사람으로 설 우리 자신을 칭찬하는 말로 미리 격려해 줍시다. 나보다 약한 이들을 마음에 품으며, 그들에게 아주 작은 것이라도 대접하는 친절을 보입시다. 그래서 학업이든 직장이든 가정 일이든 무슨 일에서든, 하나님께 행하듯 충성스럽게 삽시다. 우리가 비록 세상에 유명하게 살지 못할지라도, 내가 하나님의 것임을 늘 잊지 않고, 그래서 내 가장 큰 기쁨이 그 분의 뜻을 따라 사는 것임을 잊지 않고 살아 갑시다.

우리의 힘과 소망은 언제나 그 분 안에 있습니다! 그가 우리를 기뻐하시며, 마침내 영광의 면류관을 씌워 주실 것입니다.

평안을 전하며, 홍성훈 목사 드림.

스무 번째 목회서신

너희가 하라

사랑하는 카셀 아름다운교회 교우 여러분,
사랑이 많으신 우리 주 예수 그리스도의 이름으로 문안드립니다. 평안하셨습니까?

어제 오늘 많이 더웠죠?

오늘 아침 일찍 수진 자매가 이사하는 것을 보고 집으로 돌아왔습니다. 책상 앞에 앉아 있는데 얼마나 피곤한지, 정신없이 자다가 조금 전에 일어났습니다. 날씨가 더운 것도 있었지만, 아마 오늘의 헤어짐 때문에 마음이 힘들었기 때문도 있었던 것 같습니다. 짐을 실은 차가 떠나기 전, 수진 자매와 함께 마지막 기도를 하는데, 기도가 끝난 후 눈물을 흘리는 모습을 봤어요. 주위에 있던 분들도 눈물을 보였는데, 거참 이별이란 것은 아무리 거듭되어도 익숙해지지 않는 것 같습니다. 저야 웃고는 있었지만, 저에게도 이별이 쉽지는 않았던 것 같습니다. 음, 돌아보니 지난 18년 동안 이런 이별이 제게 거의 오백 번 정도 있었던 것 같아요.

생각해 보면, 이곳은 몇몇 분 외에는 대부분 떠나야 정상인 곳입니다. 각자가 장래에 관한 꿈을 품고 왔지만 오직 몇 분 외에는 자신의 길을 개척하기 위해 어디론가 떠나야 하는 곳인 거죠. 임시 거주자로서 살아가는 이곳에서의 삶. 물론, 그 어려움은 내 꿈을 포기하면 언제든 피할 수 있는 것이긴 합니다. 그러나 그럴 수 없기 때문에 우리는 그 계획을 이루기까지 여기 머물면서 살아내야 하는 것입니다. 그 한정된 몇 년이 그런데 그리 녹록치 않지요. 여기서 영원히 살아야겠다는 마음만 있어도 능히 견딜 수 있는 일인데, 잠시 머물 곳이라 생각하기 때문에 더 어렵게 생각될 수도 있습니다. 이래서 산다는 것이 참 묘하다고 하는 것이겠지요.

실제로 제 기억에 두어 사람이 카셀을 떠나면서 이곳을 향해서는 오줌도 싸지 않겠다는 말을 남기고 떠났습니다. 하지만 세월이 흘러 그들을 지금 만나면, 그 때 그 시절이 그립다고 말을 합니다. 저는 그렇게 말이 바뀐 것을 이상하게 생각하지 않습니다. 그 때는 힘들어서 그랬던 것이고, 지금은 그럼에도 아스라이 그리움으로 남는 추억이 된 것이 자연스럽거든요. 그게 인생인데, 어쨌거나 사람에게 그리움으로 남는 시간이 있다는 것은 행복한 일입니다. 삶이 퍽퍽하고 힘들 때, 언젠가 외국 한 구석에서 정말 힘들게 외롭게 살았던 그 시절을 떠올리면서 '그 때도 살았는데 지금도 견딜 수 있을 거야'라고 스스로를 위로하면서 그 시절 자신의 인생 어느 구석에 남아 있던 장소와 사람들, 사건들을 통해서 힘을 얻곤 합니다.

우리 인생 어느 한 순간 어느 한 구석도 소중하지 않은 것은 없습니다. 하나님을 믿는 우리에겐 더 확실합니다. 우리가 경험하는 어느 순간 어느 사건도 의미 없이 일어나는 것은 없기 때문입니다. 모두가 하나님의 정밀한 계획 아래 일어나기 때문이지요. 오늘 힘든 일이 있었습니까? 오늘 어느 순간이 기억하기도 싫었습니까? 그러나 마음을 가라앉히고, 우리의 선하신 하나님 아버지를 떠올려 보십시오. 나를 세상 어느 것보다 더 사랑하시는 그 분이 나에게 아무 의미없이, 고생이나 해보라고 그 일과 그 사건을 허락하셨을까요? 지금은 비록 그 의미를 모를지라도 오늘을 소중하게 내 기억의 한 켠에 보관해 놓으면, 어느 순간 그 의미를 깨달으면서 하나님께 감사할 이유를 발견할 수 있을 것입니다. 그래서 우리는 하나님 아버지를 믿을만한 분이라고 고백하는 것이지요.

내일은 주일이며, 예정한 대로 개인으로 가정으로 예배를 드리는 주일입니다. 이번에 우리가 함께 나눌 말씀은, "마태복음 14장 13절부터 21절까지"의 말씀입니다. 함께 읽어볼까요?

> 13 예수께서 들으시고 배를 타고 떠나사 따로 빈 들에 가시니 무리가 듣고 여러 고을로부터 걸어서 따라간지라 14 예수께서 나오사 큰 무리를 보시고 불쌍히 여기사 그 중에 있는 병자를 고쳐 주시니라 15 저녁이 되매 제자들이 나아와 이르되 이 곳은 빈 들이요 때도 이미 저물었으니 무리를 보내어 마을에 들어가 먹을 것을 사 먹게 하소서 16 예수께서 이르시되 갈 것 없다 너희가 먹을 것을 주라 17 제

자들이 이르되 여기 우리에게 있는 것은 떡 다섯 개와 물고기 두 마리뿐이니이다 18 이르시되 그것을 내게 가져오라 하시고 19 무리를 명하여 잔디 위에 앉히시고 떡 다섯 개와 물고기 두 마리를 가지사 하늘을 우러러 축사하시고 떡을 떼어 제자들에게 주시매 제자들이 무리에게 주니 20 다 배불리 먹고 남은 조각을 열두 바구니에 차게 거두었으며 21 먹은 사람은 여자와 어린이 외에 오천 명이나 되었더라

이번 본문은, 아마 많은 분들이 이미 잘 알고 계신 말씀일 겁니다. 왜냐하면 본문이 하나의 큰 이적을 다루고 있고, 이 이적을 가리켜 '오병이어'의 이적, 즉 물고기 두 마리와 떡 다섯 덩이로 성인 남자만 오천 명이나 되는 무리를 먹인 사건으로 기록되어 있기 때문입니다. 예, 물론 우리는 이 이적이 얼마나 멋지고 인상적인지 동의합니다. 이 사건 자체만 보더라도 우리는 오래 전 시내 광야에서 아침마다 만나로 당신의 백성을 먹이신 하나님의 모습이 재현된 것이라고 연상해도 좋습니다. 더욱이 이 사건은, 예수님 직전에 홀연히 등장하여 하나님의 말씀을 전하면서 당시의 길잃은 백성들에게 영적인 지도자로 부상했던 세례자 요한이 살로메의 농간에 의해 죽은 직후 일어났습니다. 이 사건을 기점으로 하여 예수님은 세례 요한의 뒤를 이은 위대한 영적 지도자로 부상할 수 있는 절호의 기회를 만드셨다고도 볼 수 있습니다.

하지만 오늘 저는 이 본문을 조금 다른 관점에서 나누고 싶습니다. 이 사건은 무엇보다 지도자를 잃은 백성들에 대한 예수님의 연민이 강조되어 있습니다. 예수님은 이들을 불쌍하게 여기시고 저녁이 다 되도록 말씀으로 위로하셨습니다. 병도 고쳐 주셨습니다. 그런데 시간이 너무 흘러, 저녁이 되었습니다. 이 많은 무리는 이제 곧 흩어져야 합니다. 밤샘을 하면서 이 모임을 계속할 수는 없었기 때문입니다. 그런데 더 급한 문제가 있었습니다. 흩어지기 전에 무언가를 먹어야 했다는 것입니다. 여기는 마을과 상당히 떨어진 빈들이었습니다. 그러니, 이제 흩어지자고 한들, 이 먼 곳까지 예수님 한 분만 보고 따라온 이들을 배고픈 상태로 돌려 보낼 수는 없었던 것이지요. 어쩌면 그럴 경우 그중 몇몇은 배를 채우러 마을로 가다가 기진하여 쓰러질 수도 있을 것입니다.

이런 상황을 보고서 제자들은 합리적인 해결책을 내놓았습니다. 이제 이들을 흩어서 각자가 마을로 가서 먹을 것을 해결하도록 하자는 것이었습니다. 그러나 예수님의 해결책은 달랐지요. 예수께서 이렇게 말씀하십니다. "아니다, 가라고 할 것 없다. 너희가 먹을 것을 주라." 먹을 것은 어디에서 구하며, 무슨 돈으로 그걸 사겠습니까? 그럼에도 예수님은 제자들의 형편은 모르는 듯이 이 엄청난 일을 제자들에게 하라고 명하셨습니다. 그리고, 물고기 두 마리와 떡 다섯 개, 즉 그들이 당장 손에 쥘 수 있는 오직 그것을 가져오게 하신 후 제자들로 하여금 그 많은 무리들을 질서있게 무리지어 앉히도록 하셨습니다. 그리고, 예수님은 당신의 손에 쥔 그것을 들어 축복하신 후에 그것을 무리들에게 나누어 주도록 하셨던 것입니다.

최소한 만 명 정도의 무리가 이런 식으로 식사를 하는 장면이 얼마나 놀랍습니까? 그것은 분명 이적이라 불릴만 했습니다. 그러나, 우리는 좀더 생각해야 합니다. 이 일을 벌이신 우리 주님은 대체 무슨 생각으로 이렇게 하셨을까 하는 것입니다. 이 질문을 답하려면, 우리는 예수께서 '너희가 하라'라고 하신 말씀을 곱씹어 봐야 합니다. 너희가 하라… 이 말씀을 몇 번이고 곱씹다 보면, 우리는 어렴풋이 연결할 수 있는 일들이 있습니다. 이 제자들은, 오직 가룟 유다만 제외하면, 모두가 불과 몇 년 후에 예루살렘에서 불길처럼 일어난 초대 교회를 돌볼 사람들입니다.

예, 그렇습니다. 그들은 이제 곧 십자가에서 죽으시고 무덤에서 사흘만에 부활하여 사십 일 동안 자신의 사역을 가르치신 후에 하늘로 올라가실 예수님을 대신할 사람들입니다. 역사는 이들을 사도라 부를 것이고, 예수께서 애초에 계획하신 대로 하나님의 교회의 기초를 놓을 지도자들인 것입니다. 예수님은 이 사건을 통해서, 자신이 모세의 시간에 그림자처럼 예언된 영원한 생명의 양식이심을 보일 뿐만 아니라, 이 일이 당신의 제자들을 통해서 이어져야 했기에 그들을 이번에 훈련시키려고 하셨던 것입니다. 제자들은 이 사건을 통해서 하나님의 일을 하는 원리가 무엇인지, 어떤 방식으로 감당해야 하는지를 배워야 했습니다.

결론적으로, 그들은 하나님의 일을 합리적인 방식이 아니라 하나님의 방식으로 해야 함을 배웠습니다. 뿐만 아니라 몇 년 후면 물밀듯이 밀려올 수많은 하나님의 백성들을 체계적으로 관리하는 법을 배웠습니다. 이 제자들은 나중에, 갑작스레 늘어나는 수많은 신자들을 효과적으로 다스리기 위하여, 자신들은 말씀을 전하는 일에 전념하는 한편 집사들을 따로 세워 그들로 하여금 교인들을 돌보도록 결정합니다. 저는 이 일이 오늘의 경험과 무관하지 않다고 생각합니다.

사랑하는 여러분,
우리 주님의 마음을 오늘 본문을 통해서 조금이나마 엿보셨습니까? 사실 오늘 본문을 보면서 나눌 많은 말이 있으나 몇 가지만 여러분과 함께 나누고 싶은 마음이 있습니다.

지난 18년 동안 우리 교회는 '유학생 교회'라는 분류법 아래 있었습니다. 평생 거주할 분은 거의 없고, 몇 년 동안 잠시 머물다가 떠나야 하는 그런 교회였단 뜻입니다. 그 때문에 우리는 집사를 세우려고 해도 그 집사가 무엇을 해야 하는지를 몰라서 한국의 부모님께 전화로 질문을 해야 했던 시절이 있었고, 음악회를 마치자마자 급히 옷을 갈아입고 음식을 해서 손님들을 접대해야 할 때도 있었습니다. 오죽하면, '우리 교회는 무얼 하자면 그 말을 꺼낸 사람이 책임을 져야 하는 교회다'라는 우스개까지 있었습니다. 어떻게 보면 교회 생활이 참 고달프다고 할 수도 있었지만, 반대로 우리 교회는 모두가 어리광을 부리며 대접만 받을 수 없고 그래서 모두가 책임을 져야 하는 교회기도 했습니다.

책임은, 그런데, 사람을 의젓하게 합니다. 성숙하게 합니다. 어떤 어른과 선배를 만나서 깊은 사랑을 경험하고 떠나는 교회라기 보다는, 책임을 져야 했기에 몸으로 뛰면서 교회가 무엇인지를 고민해야 했던 교회라는 것이지요. 이것이 당장은 힘들고 어색하게 느껴졌겠습니다. 그러나 그 어색함은, 천방지축으로 뛰놀다 떠나온 내 교회와 내 믿음을 다시 생각하게 해주었다고 저는 믿습니다. 어쨌든, 시간은 흘러 이제 여러분이, 여러분이 살아갈 시대의 교회와 믿음을 떠맡게 되었습니다. 조만간 그렇게 될 것입니다. 이런 관점에서 저는 오늘, 본문에서 예수님께서 '너희가 하라'고 말씀하신 뜻을 이제 여러분과 연결하려고 합니다. 이 시간부터는 여러분이 여러분의 시대를 책임져야 합니다. 이 때를 위해 여러분이 배우고 경험한 것은 무엇입니까? 오늘 저는 이 질문으로 이 편지를 마무리 하려고 합니다.

이제, 주일예배를 드리려는 분을 위해 간단하게 안내를 드리고자 합니다.
(이 방법이 익숙하지 않으신 분은 여러분 각자의 취향에 가장 어울리는 동영상을 찾아 예배를 드리십시오. 신자는 예배와 기도를 통해서 하나님의 은혜를 공급받습니다. 예배의 풍성함은 경험한 사람만이 압니다.)

예배는, 내 마음 가운데 예수님을 영접하기 위하여, 그래서 그와 내가 '주님과 그 분의 양으로서의 관계를 맺기 위해' 나를 드리는 과정입니다. 그러므로 주일 아침, 예배를 드리기 전, 먼저 시간을 충분히 두고 마음을 가다듬으십시오. 가능하면 단정하게 옷을 입고, 자세를 바르게 하여 예배를 준비하십시오. 예배하기 전에 자원하는 마음으로 정성껏 헌금을 준비하여, 여러분의 손길로 인해 행복해질 어려운 이웃을 떠올리는 대로 그들에게 기쁨으로 선한 손길을 펴시기 바랍니다.

1. 먼저, 잠시 조용하게 기도하면서 예배를 시작하십시오.
2. 다음으로, 오늘의 본문 "마태복음 14장 13절부터 21절까지"를, 조용히 소리내어 읽으시기 바랍니다.
3. 오늘 편지 가운데 본문과 관련된 부분을 한번 천천히 읽으며 묵상하시기 바랍니다.
4. 그 다음, 묵상 가운데 깨달은 것을 갖고서 하나님께 조용히 기도하십시오.
5. 마지막으로, 주기도문으로 예배를 마칩니다.
6. 예배가 끝나자마자 일어서지 마시고, 눈을 감고 조용한 시간을 가지시기 바랍니다. 침묵의 여백은 나의 묵상을 더욱 깊이 있게 합니다. 방해 받지 않는 조용한 시간은 나의 생각을 더욱 진중하게 만듭니다.

여러분 모두를 사랑하고 축복합니다. 지금 이 시간에 떨어져 지내는 서로를 떠올리고, 잠시 그들을 위해 기도하고 축복합시다. 우리를 위해 지금도 분투하는 여러 사람들, 사랑하는 우리의 이웃들을 위해서도 기도합시다. 그리고, 이 어려운 시간을 지내고 승리한 사람으로 설 우리 자신을 칭찬하는 말로 충분히 격려해 줍시다. 나보다 약한 이들을 마음에 품으며, 그들에게 아주 작은 것이라도 대접하는 친절을 보입시다. 그래서 학업이든 직장이든 가정 일이든 무슨 일에서든, 하나님께 행하듯 충성스럽게 삽시다. 우리가 비록 세상에서 유명하게 살지 못할지라도, 내가 하나님의 것임을 늘 잊지 않고, 그래서 내 가장 큰 기쁨이 그 분의 뜻을 따라 사는 것임을 잊지 않고 살아 갑시다.

우리의 힘과 소망은 언제나 그 분 안에 있습니다! 그가 우리를 기뻐하시며, 마침내 영광의 면류관을 씌워 주실 것입니다. 지금의 어느 한 경험이라도 계획없이 주어지는 것은 없음을 믿으십시오!

평안을 전하며, 홍성훈 목사 드림.

스물한 번째 목회서신

모든 잃어버린 자들에게

사랑하는 카셀 아름다운교회 교우 여러분,
사랑이 많으신 우리 주 예수 그리스도의 이름으로 문안드립니다. 평안하셨습니까?

요즘 너무 더웠죠?
카셀 지역만 하더라도 도로 가에 세워둔 자동차의 백미러 같은 플라스틱 부품들이 녹을 정도였다고 합니다. 경험상 이렇게 며칠 더우면 비가 오곤 했는데, 요즘은 비가 와도 감질이 날 정도로만 오는 바람에 더욱 무덥게 느껴지는 것 같습니다.

이런 상황이지만 올해의 경우는 방학과 휴가는 있는 둥 없는 둥 지나고 있습니다. 집이든 휴양지든, 어디를 가든 코로나 19 바이러스 감염의 우려 때문에 여행하기가 너무 부담스럽기 때문입니다. 그런 사정을 모르는지, 최근 유럽의 휴양지에서의 재감염 경고가 연속되고 있고, 이미 휴가를 떠났던 사람들도 급히 귀가하고 있는 경우가 많다고 합니다.

이런 상황이다 보니, 적어도 8월 말까지 두 주에 한 번 오프라인 예배를 드리다 보면 상황이 좀 나아지겠지 하던 우리의 바램은 아직도 막연합니다. 오히려, 격리 조치를 더 강화할지도 모른다는 소식이 간간이 들립니다.

어쨌든, 늘 드리는 말씀입니다만, 개인적으로 위생을 철저히 하고 사회적 접촉을 최소한으로 줄이며 이 시간이 지나기를 바라는 것 외에 우리가 할 수 있는 것이 없는 것 같습니다. 이 점, 유의하셔서 좀더 인내하시기를 간곡히 부탁드립니다.

내일은 주일이고, 그 다음 주일인 8월 23일에는 오프라인 예배를 드리기로 예정되어 있습니다. 그래서, 예정한 대로 개인으로 가정으로 예배를 드리기 위해 이렇게 소식을 전하고 있습니다. 우리가 이번 주일예배에서 함께 나눌 하나님의 말씀은 마태복음 15장 21절부터 28절까지의 말씀입니다. 먼저, 이 부분을 함께 읽어볼까요?

> 21 예수께서 거기서 나가사 두로와 시돈 지방으로 들어가시니 22 가나안 여자 하나가 그 지경에서 나와서 소리 질러 이르되 주 다윗의 자손이여 나를 불쌍히 여기소서 내 딸이 흉악하게 귀신 들렸나이다 하되 23 예수는 한 말씀도 대답하지 아니하시니 제자들이 와서 청하여 말하되 그 여자가 우리 뒤에서 소리를 지르오니 그를 보내소서 24 예수께서 대답하여 이르시되 나는 이스라엘 집의 잃어버린 양 외에는 다른 데로 보내심을 받지 아니하였노라 하시니 25 여자

가 와서 예수께 절하며 이르되 주여 저를 도우소서 26 대답하여 이르시되 자녀의 떡을 취하여 개들에게 던짐이 마땅하지 아니하니라 27 여자가 이르되 주여 옳소이다마는 개들도 제 주인의 상에서 떨어지는 부스러기를 먹나이다 하니 28 이에 예수께서 대답하여 이르시되 여자여 네 믿음이 크도다 네 소원대로 되리라 하시니 그 때로부터 그의 딸이 나으니라

오늘의 본문이 소개하는 이야기는 사실 간단합니다. 예수께서 제자들과 함께 두로와 시돈 지방을 지나실 때, 한 여인이 예수님을 향해서 크게 소리를 질렀습니다. 그녀는 이렇게 소리칩니다. "주 다윗의 자손이여, 나를 불쌍히 여기소서! 제 딸이 흉악한 귀신에 들렸습니다."

하지만 예수께서는 이렇게 분명하게 들릴 것이 확실한 여인의 외침에 대해 가타부타 대꾸를 하지 않으셨습니다. 제자들이 이 상황을 보고 예수께 이렇게 말합니다. "저 여인이 우리 뒤에서 계속 저렇게 소리를 질러댑니다. 그녀를 쫓아 보내시죠!"

이 때, 예수께서 말씀하십니다. "나는 이스라엘 집의 잃어버린 양들 외에는 보냄을 받지 않았다."(우리말 성경)

이 말씀을 부정형에서 긍정형으로 고치면 이렇습니다. "나는 이

스라엘 집의 잃어버린 양들에게 보냄 받았다."

여기서 '이스라엘 집의 잃어버린 양들'의 상징적인 인물이 지금 예수께 도움을 요청하는 여인인 것은 너무나도 분명합니다. 다시 말해, 지금 예수님을 향해 소리를 질러가며 도움을 요청하는 여인은 예수님에게 있어서 관계없고, 귀찮고, 그래서 쫓아버려야할 대상이 아닙니다. 오히려 그녀의 부르짖음에 당신이 응답해야 할 의무가 있음을 제자들에게 말씀하신 것입니다.

이렇게 걸음을 멈추고 대화를 나누는 예수님 일행에게서 어떤 여지를 느꼈는지, 여인은 예수님께 가까이 다가왔습니다. 그리고 급하게 다시 도움을 요청합니다. 하지만 예수님의 대답은 놀랍게도 거절이 분명했습니다. 예수께서 말씀하십니다. "자녀들의 먹을 것을 가져다가 개들에게 던져주는 것은 옳지 않다."

이 말씀은 예수께서 여인을 돕지 않겠다는 뜻으로 말씀하신 것이 분명할 뿐만 아니라, 심지어 도움을 요청하는 여인을 개에 비유하는 모욕적인 말씀이었습니다. 바로 앞에서는 당신이 버림받는 백성들을 위해 이 세상에 오셨다고 말씀하셨습니다. 그런 분이 어떻게 그런 말씀을 하실 수 있었을까요? 이 질문에 대해서는 나중에 잠깐 언급하기로 하고, 이에 대해 여인이 대답한 부분에 집중해 봅시다. 여인이 이렇게 대답합니다. "그렇습니다, 주여. 하지만 개들도 주인의 상에서 떨어지는 부스러기는 먹습니다."

이 대답에서 여인은 자신을 기꺼이 개라고 인정합니다. 나아가, '그 개'도 주인의 상에서 떨어지는 음식 부스러기를 먹는다고 말하고 있습니다. 내가 개든 사람이든, 주인의 상에서 떨어지는 부스러기를 먹어야 살겠는데 그게 무슨 문제냐는 것이겠지요. 우리는 이 놀라운 대답이 자신의 딸을 살리려는 간절함에서 나온다는 사실을 이미 잘 알고 있습니다. 그러나 놀라운 일이 하나 더 남았습니다. 여인의 대답을 듣고 예수께서 이렇게 말씀하셨기 때문입니다.

"여인이여, 네 믿음이 크구나! 네 소원대로 될 것이다." 나중에 안 일이겠지만, 예수님의 이 말씀이 떨어지는 순간 여인의 딸은 곧 치유가 되었습니다.

자, 이제 생각해 보죠. 오늘의 이야기는 무슨 메시지를 담고 있을까요? 한 여인의 딸이 죽을 병에서 치료받았다는 이야기일까요? 예수님으로부터 믿음이 좋다고 칭찬받은 한 여인에 관한 이야기일까요? 가능한 요약입니다. 그러나 우리는 마태가 풀어내고 있는 이 이야기를 좀더 넓은 시야로 이해할 필요가 있습니다. 마태복음 15장의 본문은, 장소라는 관점에서 두로와 시돈에서 일어난 사건을 말합니다. 뿐만 아니라, 본문의 주인공이라 할 수 있는 여인은 '가나안 사람' 즉 당시의 유대인들이 부정하다고 해서 사람 취급도 하지 않는 사람들이었습니다. 유대인이 '개'라고 흔히 부르던 인종들이었다는 뜻입니다.

더욱 중요한 것은, 바로 그 앞의 15장 전반부에 소위 정결과 부정결에 관한 논의가 길게 소개되고 있습니다. 짧게 설명하면, 유대인 사이에서 혹은 구약에서 '부정하다'라는 말은 거룩하신 하나님께 예배드릴 준비가 되어 있지 않다는 뜻입니다. 하나님께서 상종할 가치를 느끼지 않는 부류라는 뜻이기도 했습니다. 그런데, 본문에서 예수님은 자신을 '이스라엘 집의 잃어버린 양들'을 위해 이 땅에 왔다고 소개하십니다. 다시 말해, 예수님은 부정한 것들, 하나님께서 상종할 가치를 못 느끼시는 종자들, 할례 받지 못한 인간들을 '잃어버린 자들'이라 말씀하실 뿐만 아니라 바로 그들을 위해서 이 땅에 오셨다고 선언하신 것입니다.

자세한 설명을 할 시간이 없어서 급히 생각을 건너뛰어 말씀드리자면, 예수께서 여인을 개 취급하신 것은 여인을 낮추시고 모욕하려는 의도로 하신 일이 아님이 분명합니다. 유대인이 볼 때는 사람 같지도 않은 사람, 이방인, 부정한 사람인 이 여인의 입을 통해서 유대인을 부끄럽게 하시려는 의도가 숨겨져 있는 것이 아닐까 생각하게 됩니다. 다시 말해, 이 개와 동급인 여인의 입에서 나오는 그 대답을 통해서, 유대인들에게 무슨 중요한 가르침을 던지시려는 의도가 있었다는 뜻입니다.

여인은 이렇게 말한 것입니다. "당신께서 내 주인이신데 내가 개든 사람이든 무슨 상관이 있겠습니까? 나는 그저 당신의 자비를 구할 뿐입니다. 내 도움은 오직 당신에게서 나오니까요."

대체 어떤 유대인이 이런 고백을 하나님의 아들께 아뢴 적이 있었습니까? 이 놀라운 고백이 그 누구도 아닌 그 하찮은 이방 여인에게서 나왔습니다. 이방인은 할례 받지 않은 사람이고, 거룩하게 구별되지 않은 사람이며, 하나님께 가까이 갈 수 없었던 부정한 존재였습니다. 유대인들은 심지어 먹을 것을 갖고서도 깨끗하니 부정하니 다투고 있지만, 실상은 자신이 하나님 앞에 얼마나 가증하고 구원에서 먼 사람인지 인식하지 못했습니다. 그럼에도 그들은 자신이 거룩하게 구별된 하나님의 백성이라 믿었습니다. 결국, 예수님은 이 이야기를 통해 정말 구원에서, 하나님에서 가까운 사람이 누군지를 묻고 계신 겁니다.

이 이야기는 더욱 나아갑니다. 베드로는, 하나님께서 진정으로 경건한 사람이라고 칭찬하신 이방인 고넬료와의 만남을 통해서 이방인을 향하신 하나님의 마음과 선교의 계획을 깨달았습니다. 그런데 그 계획과 마음이 오늘의 이야기 가운데서 예수님을 통해서도 드러납니다. 누가 깨끗한가? 누가 구원에서 가까운가? 하나님의 말씀이 무엇 때문에 혈통과 민족에 속박당해야 할까? 이런 심각한 질문들이 하나님의 관점에서 안타깝게 던져집니다. 하나님에게 있어서 복음은, 모든 잃어버린 자들에게 전해져야 합니다! 그러므로, 교회는 이런 심정으로 세상을 향해야 하는 것입니다. 우리가 교회에 안주하면서 누가 더 믿음이 좋을까, 누가 더 열심히 봉사하는가… 하는 이야기나 하면서 지내기에는, 하나님의 마음은 너무나도 급합니다. 우리 믿음은 그런 한담이나 하며 지내라고 주어진 것이 아닙니다.

오늘의 본문은 이 정도에서 마치면서, 다시 한 번 하나님의 관점에서 우리의 교회 생활과 믿음의 본질을 돌아보았으면 하는 마음을 전합니다.

자, 이제, 주일예배를 드리려는 분을 위해 간단하게 안내를 드리고자 합니다.

(이 방법이 익숙하지 않으신 분은 여러분 각자의 취향에 가장 어울리는 동영상을 찾아 예배를 드리십시오. 신자는 예배와 기도를 통해서 하나님의 은혜를 공급받습니다. 예배의 풍성함은 경험한 사람만이 압니다.)

예배는, 내 마음 가운데 예수님을 영접하기 위하여, 그래서 그와 내가 '주님과 그 분의 양으로서의 관계를 맺기 위해' 나를 드리는 과정입니다. 그러므로 주일 아침, 예배를 드리기 전, 먼저 시간을 충분히 두고 마음을 가다듬으십시오. 가능하면 단정하게 옷을 입고, 자세를 바르게 하여 예배를 준비하십시오. 예배하기 전에 자원하는 마음으로 정성껏 헌금을 준비하여, 여러분의 손길로 인해 행복해질 어려운 이웃을 떠올리는 대로 그들에게 기쁨으로 선한 손길을 펴시기 바랍니다.

1. 먼저, 잠시 조용하게 기도하면서 예배를 시작하십시오.
2. 다음으로, 오늘의 본문 "마태복음 15장 21절부터 28절까지"를, 조용히 소리내어 읽으시기 바랍니다.

3. 오늘 편지 가운데 본문과 관련된 부분을 한번 천천히 읽으며 묵상하시기 바랍니다.
4. 그 다음, 묵상 가운데 깨달은 것을 갖고서 하나님께 조용히 기도하십시오.
5. 마지막으로, 주기도문으로 예배를 마칩니다.
6. 예배가 끝나자마자 일어서지 마시고, 눈을 감고 조용한 시간을 가지시기 바랍니다. 침묵의 여백은 나의 묵상을 더욱 깊이 있게 합니다. 방해 받지 않는 조용한 시간은 나의 생각을 더욱 진중하게 만듭니다.

여러분 모두를 사랑하고 축복합니다. 지금 이 시간에 떨어져 지내는 서로를 떠올리고, 잠시 그들을 위해 기도하고 축복합시다. 우리를 위해 지금도 분투하는 여러 사람들, 사랑하는 우리의 이웃들을 위해서도 기도합시다. 그리고, 이 어려운 시간을 지내고 승리한 사람으로 설 우리 자신을 칭찬하는 말로 넉넉히 격려해 줍시다. 나보다 약한 이들을 마음에 품으며, 그들에게 아주 작은 것이라도 대접하는 친절을 보입시다. 그래서 학업이든 직장이든 가정 일이든 무슨 일에서든, 하나님께 행하듯 충성스럽게 삽시다. 우리가 비록 세상에 유명하게 살지 못할지라도, 내가 하나님의 것임을 늘 잊지 않고, 그래서 내 가장 큰 기쁨이 그 분의 뜻을 따라 사는 것임을 잊지 않고 살아갑시다.

우리의 힘과 소망은 언제나 그 분 안에 있습니다!

그가 우리를 기뻐하시며, 마침내 영광의 면류관을 씌워 주실 것입니다!

평안을 전하며, 홍성훈 목사 드림.

스물두 번째 목회서신

'예수를 믿는다'는 것은
하나의 투쟁입니다.

사랑하는 카셀 아름다운교회 교우 여러분,
 사랑이 많으신 우리 주 예수 그리스도의 이름으로 문안드립니다. 평안하셨습니까?

 일상을 하루하루 살 때는 때로 시간이 천천히 가는 것 같지만, 어느날 문득 돌아보면 세월이 참 빨리 간다는 느낌이 들곤 합니다. 요즘이 그런 것 같습니다. 지난주만 해도 그 무덥던 날씨가 약간 수그러들더니 이제는 약간 얇은 옷을 걸쳐도 그리 덥지 않습니다. 그런 시간이 온 건가요? 하지만, 유럽의 계절은 와야만 비로소 왔다고 말할 수 있습니다. 이러다가 시샘하듯 다시 다가오는 더운 기온을 맛볼 수도 있습니다. 아직은 여름과 가을의 경계에 있는 지금, 날씨에 유연하게 대응하면서 컨디션을 조절하며 살아야 하겠습니다. 무엇보다, 요즘에는 면역력을 유지하는 데 유의해야 합니다. 다시 늘어나고 있는 코로나 19 바이러스 감염을 예방하기 위해서라도, 체력을 높이는 음식을 꾸준히 섭취하고, 감정을 평온하게 유지하는 음악이나 글을 꾸준히 읽는 것도 좋겠습니다. 제가 말할 자격은 없지만, 꾸준한 운동은 말할 것도 없구요.

내일은 주일입니다. 예정대로 우리는 내일 주일 예배를 가정에서, 혹은 개인으로 드리게 됩니다. 그래서 내일의 말씀을 묵상하게 될 터인데, 먼저 짧막한 글을 나누고 싶습니다. 아래의 글은 일본의 우찌무라 간조(1861년 3월 26일 ~ 1930년 3월 28일)라는 분이 죽음을 앞두고서 한 말이라고 합니다.

"제가 지금까지 살면서 입은 하나님의 은혜는 셀 수 없을 정도입니다. 하지만 그 중에서도 가장 기쁘고 감사한 것이 있다면, 저의 기도를 전부 들어주시지 않은 것입니다. 만약 제가 한 기도 그대로를 하나님이 들어주셨다면 저는 제멋대로에다 교만하기 짝이 없고, 건방지기까지 한 인간이 되었을 것입니다. 그러나 하나님께서는 저의 영혼을 파괴하고 죄 짓게 하는 기도는 들어주지 않으셨습니다. 오, 주님! 이것으로 인해 정말로 감사드립니다. 당신은 저의 온전한 기도만 들어주심으로 저를 통해 하나님의 뜻을 이루셨습니다."

하나님을 믿고, 그래서 기도했는데, 자기 기도가 응답되지 않습니다. 그러나 우찌무라 씨는 죽음의 문턱에서 자신의 기도가 응답되지 않음에 감사한다고 고백합니다. 어떻습니까? 정상적인 우리의 사고로서는 이런 회고가 모순으로 가득차 있는 것 같지 않습니까?

그러나, 위의 말과 같은 간증은 실상, '믿음'이라는 문을 성큼 들어선 사람이라야 공감할 수 있는 것입니다. 그럼에도 불구하고, 신앙인이라면 먼저 이 믿음의 관문에 들어서야 하고, 그 다음에야 하나님이 펼쳐놓으신 놀라운 믿음의 질서를 바라볼 수 있습니다. 신앙인은 결국, 논리와 비논리, 경험의 세계와 신비의 세계에 대한 균형을 잡아가는 사람입니다. 내가 경험한 세계에 대해서는 확신과 겸손을, 내가 경험하지 못한 세계에 대해서는 존중과 질문을 던지며 살아야 한다는 뜻입니다.

자, 이제 내일 우리가 예배하며 묵상할 본문을 생각해 보겠습니다. 이 설명이 내일의 묵상에 조금이라도 도움이 되길 바랍니다. 이번 본문은 마태복음 16장 21절부터 28절입니다. 우선, 함께 읽어보죠.

> 21 이 때로부터 예수 그리스도께서 자기가 예루살렘에 올라가 장로들과 대제사장들과 서기관들에게 많은 고난을 받고 죽임을 당하고 제삼일에 살아나야 할 것을 제자들에게 비로소 나타내시니 22 베드로가 예수를 붙들고 항변하여 이르되 주여 그리 마옵소서 이 일이 결코 주께 미치지 아니하리이다 23 예수께서 돌이키시며 베드로에게 이르시되 사탄아 내 뒤로 물러 가라 너는 나를 넘어지게 하는 자로다 네가 하나님의 일을 생각하지 아니하고 도리어 사람의 일을 생각하는도다 하시고 24 이에 예수께서 제자들에게 이르시되 누구든지 나를 따라오려거든 자기를 부인하

고 자기 십자가를 지고 나를 따를 것이니라 25 누구든지 제 목숨을 구원하고자 하면 잃을 것이요 누구든지 나를 위하여 제 목숨을 잃으면 찾으리라 26 사람이 만일 온 천하를 얻고도 제 목숨을 잃으면 무엇이 유익하리요 사람이 무엇을 주고 제 목숨과 바꾸겠느냐 27 인자가 아버지의 영광으로 그 천사들과 함께 오리니 그 때에 각 사람이 행한 대로 갚으리라 28 진실로 너희에게 이르노니 여기 서 있는 사람 중에 죽기 전에 인자가 그 왕권을 가지고 오는 것을 볼 자들도 있느니라 (개역개정역)

몇 주 전부터 우리는 소위 '오병이어의 이적'(마 15:32-39)과 그 이후의 이야기들을 따라가면서 묵상하고 있습니다. 물론, 이 부분의 가장 큰 주제는 소위 부정한 것과 깨끗한 것에 대한 논쟁입니다. 그리고 그 주제는 우리가 흔히 말하는 구원과도 맞닿아 있죠. 어쨌든, 오병이어의 이적에 놀라는 군중을 멀리하고 일부러 비유대인 지경에까지 와서 마침내 우리 주님께서 언급하신 것은 놀랍게도 '수난'(受難), 즉 예수께서 자신의 십자가에서의 죽음에 관한 것이었습니다.

크게 보아 우리 주님의 의도는 분명합니다. 예수님은 대중이 당신을 왕으로 세우려는 계획을 매우 분명하게 거절하셨습니다. 대중의 힘을 빌어 세상을 바꾸려기보다, 한 사람 한 사람의 마음에서 당신을 구주로 영접함으로써 일어나는 그런 방식으로 이 세상을 당신의 나라로 회복하기를 원하셨던 것입니다. 이 방식은, 당신 자신이 능동적으로 희생의 제물이 되어 십자가에 달림으로써 이 세상의 모든 영혼을 구출하는 모습이 될 것입니다. 다시 말해, 예수님은 당신의 생명으로 당신 나라 백성의 생명을 사는 방식을 택하신 것입니다.

그런데 문제가 있습니다. 이런 방식은, 사람이 생각할 때 참으로 어리석은 것입니다. 죽음, 더욱이 자원하는 죽음은 사람의 관점에서 볼 때 실패입니다. 스스로 옳다 믿는다면 다른 것들과 싸워서 마침내 이겨야 합니다. 그래야 사람들이 인정하지요. 이런 세상의 관점에서 본다면 자진하여 십자가에 달리면서 '나는 너희를 구하기 위해 내 생명을 바쳤다'고 선언하는 것이 과연 믿어지겠습니까? 이건, 세상이 보기에, 비겁한 변명이지요. 힘없는 자가 마지막으로 해보는 정신승리일 뿐입니다. 그럼에도 예수님은 이 길을 기어이 택하실 것입니다.

예수님의 강력한 의지는, 자진하여 십자가의 고난을 택하시려는 예수님을 꾸짖다시피 가로막는 베드로에게 폭발합니다. 예수님은 베드로가 자신의 계획에 명백하게 반대하는 모습을 보고 이렇게 말씀하셨습니다. "사탄아, 내 뒤로 물러서라! 너는 나를 넘어지게 하는 자구나!" 예수님은 단언합니다. "너는 지금 하나님의 일을 생각하지 아니하고 도리어 사람의 일을 생각하는구나?"(23절) 나중에도 드러나지만, 예수님의 십자가는 단순히 세상 사람들을 향한 사랑의 표시에 머무르지 않습니다. 그의 십자가는, 죽음과 삶이, 사람의 생각과 하나님의 생각이, 삶에 대한 애착과 하나님의 뜻에 대한 순종의 의지가 치열하게 싸우는, 그런 전투의 장소였던 것입니다.

이 때문에, 베드로를 심히 꾸짖으신 예수님은 곧바로 이렇게 선언하십니다. "누구든지 나를 따라오려거든 자기를 부인하고 자기 십자가를 지고 나를 따를 것이니라."(24절) 이 말씀의 뜻은 분명합니다. 소위 '믿는다', 즉 '예수를 믿는다'는 것은 하나의 투쟁입니다. 나, 즉 인간의 뜻을 하나님의 뜻에 복종시켜가는 과정이라는 것입니다. 이것은 우리 인간의 사고와 습관, 가치관 등이 얼마나 완고한지를 가리키는 말씀이기도 합니다. 우리는 여러 기회에 예수를 믿는 사람이 됩니다. 하지만 그 신자의 길, 혹은 교회를 다니는 행위의 밑바닥에는, 여태까지 우리가 익숙하게 살고 믿어온 가치관을 '성경'으로 대변되는 하나님의 가치관에 복속시키는 과정이 담겨 있다는 뜻이지요.

예수님은 우리에게 믿음의 선제조건을 제시하십니다. '나를 따르려면!' '나를 따르는 사람이라면 자기를 부인해야 한다'는 말씀은 자기 방식을 고집하는 사람은 내 제자라고 할 수 없다는 말씀입니다. 우리는 전도와 기도 끝에 믿기로 결심한 사람에게 믿어줘서 고맙다고 말하기도 합니다. 한 생명이 얼마나 귀한지 알기에, 우리는 '믿어주면 고맙지…'하고 말합니다. 당연하지요! 하지만 믿음은 누군가를 위해서 믿어주는 것이 아닙니다. 내가 이 세상에서 하나님의 나라로 들어가는 과정이기에, 믿게 된 사람이 오히려 말씀을 전해 준 사람에게 고맙다고 해야 할만한 크나큰 행운이기도 합니다. 그래서, 전도한 사람에게 새로 믿게 된 사람이 '이 좋은 걸 알고 믿게 해 줘서 고맙다'고 인사를 해야 당연합니다.

어쨌든, 예수께서는 이 선택이 가진 의미를 이어서 설명하고 계십니다. "사람이 만일 온 천하를 얻고도 제 목숨을 잃으면 무엇이 유익하리요 사람이 무엇을 주고 제 목숨과 바꾸겠느냐?"(26절) 믿기로 결정하는 데에는 선택이 있고, 이 선택에는 가치판단, 즉 무엇이 중요한지를 판가름하는 행위가 전제됩니다. '나는 예수 믿기로 했어', '나는 교회 다닐 거야' 하는 말은, 그것이 무엇보다 중요하기 때문이라는 고민스런 판단이 앞서야 한다는 것입니다. 그리고 그 선택은, '더 귀한 무엇을 위해 덜 중요한 무엇을 포기한다'는 의미이기도 합니다. 예수님은 사람에게 있어서 가장 귀하다고 여기는 '생명'을 여기서 언급하십니다. 즉, 인간에게 있어서 가장 귀중한 생명을 얻는 일이라면 무엇을 아끼겠는가 하는 말씀입니다.

예수께서 분명하게 말씀하십니다. "제 목숨을 스스로의 힘으로 구하고자 하여서 구할 수 있는 것이 아니다. 제 목숨을 나와 바꿈으로써 구할 수 있다." 자기 힘으로 생명을 구할 수 있는 사람이 어디 있습니까? 역사상 처음으로 중국을 통일한 진나라의 왕, 진시황은 자신의 강력한 힘을 갖고서 세계 곳곳으로 사람을 보냈습니다. 영원히 죽지 않을 불로장생의 약을 찾기 위해서죠. 그러나 그 역시 죽고 말았습니다. 그런데 왜 그렇죠? 예, 생명을 얻고자 하는 사람은 그 생명의 근원이 어디에 있는지를 알아야 하는데, 썩어질 것으로 영원한 생명을 얻고자 하니 이 시도가 성공할 까닭이 없는 것입니다. 결론을 말씀드립니다. 생명을 다스리는 분이 여기 있습니다. 하나님이십니다! 그 분 외에는 우리에게 영원한 생명을 줄 수 있는 존재가 없습니다. 결국 영생은 믿음을 통해서 오는 것이고, 믿음은 생명의 근원이 누군지를 알고 그 분께 자신을 맡기는 것입니다. 그러므로 영생은, 믿음의 결과로서 따라오는 것일 뿐입니다.

자, 오늘 말씀을 놓고 여기까지 묵상을 하고 마치려 합니다. 다시 결론을 정리합니다. 믿음은, 나의 가치관을 내려놓고 하나님의 방식에 따르는 선택입니다. 믿음은 영원한 생명을 놓고 그 생명의 주관자이신 하나님을 인정하는 행위입니다. 믿음은 이와 같이, 그냥 내세가 있다는 것, 그 내세에서 살기 위해 예수님을 구주로 인정하는 행위에 그치지 않습니다. 참되신 하나님을 알고 그 분의 다스림에 순종하기 위해 나의 가치관을 포기하고 따르는 행위를 이르는 말입니다. 이 사실을 깊이 명심하고, 우리 인생의 곳곳에서 나의 주인이 누구신지를 고백하는 결단이 이어지기를 바랍니다. 이 믿음에 대한 보상은 하나님의 나라입니다!

자, 이제, 주일예배를 드리려는 분을 위해 간단하게 안내를 드리고자 합니다.
(이 방법이 익숙하지 않으신 분은 여러분 각자의 취향에 가장 어울리는 동영상을 찾아 예배를 드리십시오. 신자는 예배와 기도를 통해서 하나님의 은혜를 공급받습니다. 예배의 풍성함은 경험한 사람만이 압니다.)

예배는, 내 마음 가운데 예수님을 영접하기 위하여, 그래서 그와 내가 '주님과 그 분의 양으로서의 관계를 맺기 위해' 나를 드리는 과정입니다. 그러므로 주일 아침, 예배를 드리기 전, 먼저 시간을 충분히 두고 마음을 가다듬으십시오. 가능하면 단정하게 옷을 입고, 자세를 바르게 하여 예배를 준비하십시오. 예배하기 전에 자원하는 마음으로 정성껏 헌금을 준비하여, 여러분의 손길로 인해 행복해질 어려운 이웃을 떠올리는 대로 그들에게 기쁨으로 선한 손길을 펴시기 바랍니다.

1. 먼저, 잠시 조용하게 기도하면서 예배를 시작하십시오. 기도는 우리의 정신을 하나님께 집중하는 행위입니다.
2. 다음으로, 오늘의 본문 "마태복음 16장 21절부터 28절까지"를, 조용히 소리내어 읽으시기 바랍니다.
3. 오늘 편지 가운데 본문과 관련된 부분을 천천히 읽으며 묵상하시기 바랍니다.
4. 그 다음, 묵상 가운데 깨달은 것을 갖고서 하나님께 조용히 기도하십시오.
5. 마지막으로, 주기도문으로 예배를 마칩니다.
6. 예배가 끝나자마자 일어서지 마시고, 눈을 감고 조용한 시간을 가지시기 바랍니다. 침묵의 여백은 나의 묵상을 더욱 깊이 있게 합니다. 방해 받지 않는 조용한 시간은 나의 생각을 더욱 진중하게 만듭니다.

여러분 모두를 사랑하고 축복합니다. 지금 이 시간에 떨어져 지내는 서로를 떠올리고, 잠시 그들을 위해 기도하고 축복합시다. 우리를 위해 지금도 분투하는 여러 사람들, 사랑하는 우리의 이웃들을 위해서도 기도합시다. 그리고, 이 어려운 시간을 지내고 승리한 사람으로 설 우리 자신을 칭찬하는 말로 미리 격려해 줍시다. 나보다 약한 이들을 마음에 품으며, 그들에게 아주 작은 것이라도 대접하는 친절을 보입시다. 그래서 학업이든 직장이든 가정 일이든 무슨 일에서든, 하나님께 행하듯 충성스럽게 삽시다. 우리가 하나님의 것임을 늘 잊지 않고, 그래서 나의 가장 큰 기쁨이 그 분의 뜻을 따라 사는 것임을 잊지 않고 살아갑시다. 믿음은 산을 바다로 옮기는 능력이 아닙니다. 하루하루, 순간순간, 그 때의 나의 주인이 하나님이심을 기억하며 그를 선택하고 따라가는 행위입니다.

우리의 힘과 소망은 언제나 그 분 안에 있습니다! 그가 우리를 기뻐하시며, 마침내 우리가 그의 나라에 있을 것입니다.

평안을 전하며, 홍성훈 목사 드림.

스물세 번째 목회서신

소유(Having)가 아닌 존재(Being)

사랑하는 카셀 아름다운교회 교우 여러분,
사랑이 많으신 우리 주 예수 그리스도의 이름으로 문안드립니다. 평안하셨습니까?

지난 주일에 우리가 교회에서 모였을 때 저는 가벼운 감기 증상을 느끼고 있었습니다. 목이 좀 잠기긴 했지만 체력만 회복하면 될 것 같다는 생각에 별다르지 않은 일상을 지냈습니다만, 수요일 밤부터 지난주 수요일까지는 제법 심한 감기로 인해 약도 먹고 물도 많이 마시면서 지내야 했습니다. 월요일과 화요일에 외출을 하면서 짧은 소매와 얇은 옷을 걸친 것이 문제였던 것 같아요. 벌써 가을이 왔을까요? 올해는 평소보다 여름이 짧게 지나가 버린 것 같습니다. 매일 마시는 공기가 이제 제법 서늘하거든요. 우리가 어떻게 일상을 보내든지, 이렇게 계절이 어김없이 바뀌는 걸 보면 하나님의 손길이 정말 놀랍습니다. 하지만 이렇게 어이없이 한해가 지나간 적이 있었는가 생각해보면, 올해는 정말 세월 가는 것이 허무할 정도입니다.

그런데, 우리 인생에서 손해와 이익이라는 것을 우리 자신이 계산할 능력이나 자격이 있을까요? 물론 우리는 시간이 아깝다, 인생이 보람차다… 등등의 표현을 아무렇지도 않게 말하면서 살 정도로, 이런 계산을 흔하게 합니다. 그럼에도, 이 시간의 의미와 가치가 보기에 따라 매우 심하게 다를 수 있음도 인정하지 않을 수 없습니다. 이 사실에 우리가 동의한다면, 우리는 그 순간부터 믿음 혹은 하나님의 존재에 대해 인정하는 세계에 들어서 있는 것이기도 합니다. 믿음이란 것이 나라는 존재의 중심에서 어떤 다른 절대적인 존재의 중심으로 바뀌는 것이기도 하니까요.

우리는 거의 한해 내내 코로나 19 바이러스라는 말을 달고 살았고, 그 때문에 올 한해를 '잃어버린 시간'으로 간주하는 것이 거의 대부분의 경험입니다. 그렇게 생각한다면 올 한해는 정말 어이없이 보낸, 시간 낭비의 한해가 되겠지요. 특히 시간과 노력, 그리고 돈을 들여 외국 땅에서 사는 우리에겐 그 낭비가 한없이 허무할 것입니다. 화가 날 지경일 겁니다. 하지만 우리는 이 시간의 의미에 다른 관점이 존재할 수 있음도 기억해야 신자라고 할 수 있을 거예요. 우리는 우리 인생의 진정한 주인이 하나님이심을 믿고 있고, 선하신 하나님은 우리에게 유익하지 않은 것은 결코 허락하지 않으시는 분임을 믿습니다.

그러므로, 이 시간의 의미는 '아직' 열어놓은 채로 오늘을 살아갔으면 합니다. 하나님의 뜻은 언제나 한참 지난 후에야 더 분명해

지니까요. 오늘 하루의 시간을 하나님이 허락하셨고, 지나간 것과 다가올 것은 하나님의 것이므로, 다만 내가 살아 있는 지금을 최선을 다해 살아갑시다. 이런 태도야말로 하나님의 사람이 시간 앞에 겸손하게 살아가는 법입니다. 선하신 하나님께서 여러분의 겸손과 열정에 대해 언제든 분명히 그 열매를 선물로 주실 것입니다.

내일은 우리가 예정한 대로 각자 개인 혹은 가정끼리 하나님께 예배하는 날입니다. 그래서 저는 내일의 비대면 주일예배를 위해 "마태복음 18장 21절부터 35절까지의 말씀"을 함께 나누려고 준비했습니다. 먼저, 본문을 함께 읽어보죠.

> 21 그 때에 베드로가 나아와 가로되 주여 형제가 내게 죄를 범하면 몇 번이나 용서하여 주리이까 일곱 번까지 하오리이까 22 예수께서 가라사대 네게 이르노니 일곱 번뿐 아니라 일흔 번씩 일곱 번이라도 할찌니라 23 이러므로 천국은 그 종들과 회계하려 하던 어떤 임금과 같으니 24 회계할 때에 일만 달란트 빚진 자 하나를 데려오매 25 갚을 것이 없는지라 주인이 명하여 그 몸과 처와 자식들과 모든 소유를 다 팔아 갚게 하라 한대 26 그 종이 엎드리어 절하며 가로되 내게 참으소서 다 갚으리이다 하거늘 27 그 종의 주인이 불쌍히 여겨 놓아 보내며 그 빚을 탕감하여 주었더니 28 그 종이 나가서 제게 백 데나리온 빚진 동관 하나를 만나 붙들어 목을 잡고 가로되 빚을 갚으라 하매 29 그 동관

이 엎드리어 간구하여 가로되 나를 참아 주소서 갚으리이다 하되 30 허락하지 아니하고 이에 가서 저가 빚을 갚도록 옥에 가두거늘 31 그 동관들이 그것을 보고 심히 민망하여 주인에게 가서 그 일을 다 고하니 32 이에 주인이 저를 불러다가 말하되 악한 종아 네가 빌기에 내가 네 빚을 전부 탕감하여 주었거늘 33 내가 너를 불쌍히 여김과 같이 너도 네 동관을 불쌍히 여김이 마땅치 아니하냐 하고 34 주인이 노하여 그 빚을 다 갚도록 저를 옥졸들에게 붙이니라 35 너희가 각각 중심으로 형제를 용서하지 아니하면 내 천부께서도 너희에게 이와 같이 하시리라

성경을 해석할 때마다 제가 여러분께 늘상 강조하는 것이 있죠? 그 부분을 더 잘 이해하려면, 그 본문이 들어 있는 앞뒤의 문맥을 파악하는 것이 중요하다고 말입니다. 그러므로 우리는 이 작업을 먼저 행해야 합니다. 자, 마태복음 18장은 꽤 긴 글로 이어져 있습니다. 그런데 이 긴 글이 어떻게 시작하고 있습니까? 제자들의 질문으로 시작되고 있지요? 즉, 제자들이 예수께 이렇게 묻고 있습니다. "천국에서는 누가 크니이까?" 이 질문에 대해 예수께서는 즉시 어린 아이를 앞에 세우시고 대답을 시작하십니다. "진실로 너희에게 이르노니 너희가 돌이켜 어린 아이들과 같이 되지 아니하면 결단코 천국에 들어가지 못하리라. 그러므로 누구든지 이 어린 아이와 같이 자기를 낮추는 그이가 천국에서 큰 자니라."(3-4)

지난 주일에도 말씀 드렸습니다만, 예수님의 대답에서 아주 중요한 포인트가 있습니다. 제자들의 질문에 대한 예수님의 직접적인 대답이라고 할 수 있다면 '어린아이 같이 자기를 낮추는 자가 가장 큰 자다'가 되겠지요. 하지만 그보다 먼저, '어린 아이와 같이 되어야 한다', 즉 자기를 낮추는 겸손한 자가 되어야 합니다. 그리고 그 사람은 이미 이 땅에서 자기보다 낮은 사람을 낮추어 보지 않으면서 살고 있습니다. 말하자면 예수님은, 어떤 조건에 관심을 갖고 계신 것이 아닙니다. 어떤 성품을 가진 사람 자체에 관심을 갖고 계십니다. 우리가 이 부분을 잘 이해하려면 여러분이 이미 아는 개념이 동원되어야 할 것 같습니다. 예수님은 '소유'(Having)가 아닌 '존재'(Being)에 관심을 기울이셨던 것입니다. 어떤 조건을 가진 사람이 장차 다가올 천국에서 누릴 계급이 아니라, 어떤 인격과 성품을 지닌 사람이 지금뿐만 아니라 장래에도 누릴 바로 그것을 제자들에게 말씀하신 것입니다.

이런 의미에서, 제자들이 말한 천국이 시간적 미래에 국한된 것이라면 예수님이 말씀하신 천국은 지금과 장래를 아우른 하나님의 나라를 말한다 말할 수 있겠습니다. 그리고, 이 개념은 우리가 사는 현재에서 '윤리'라고 하는 이름으로 가시적으로 표출됩니다. 이미 이 세상에서도 천국에 있고 장래에도 천국에 있을 그 사람은 이 세상에서 행하는 행위와 장래의 천국에서 행할 행위가 일치합니다. 같은 인격에서는 같은 행위가 나올 수밖에 없기 때문입니다. 여기서는 아이를 업신여기다가 천국에서는 높이는 건, 적어도 예수님의 논리에서는 있을 수 없습니다. 천국에 갈 사람은 이미 여기서부터 천국 시민입니다.

시간의 여유가 없어서 이제 본문으로 와야 하겠습니다. 어쨌든 예수님의 강조점은 오늘의 본문에 이르기까지 계속 이어지고 있습니다. 오늘 본문의 작은 주제는 용서입니다. 예수님은 본문 바로 앞에서 죄를 범한 형제나 자매를 교회에서 어떻게 대처할까에 관하여 말씀하고 계셨습니다. 이 가르침을 듣던 베드로는 금방 일반화된 경우의 형제 용서에 관하여 질문했던 것입니다. "그럼 선생님, 만일 나의 형제가 제게 죄를 범하면 저는 몇 번이나 그를 용서해야 할까요?" 베드로의 질문에 대해, 예수님은 '일흔 번씩 일곱 번이라도 용서해야 한다'고 대답하셨습니다. 유대인 사회에서 일곱은 완전수, 즉 아주 많음을 뜻하기도 합니다. 결국 일흔 번의 일곱 번은 사백구십 번이 아니라 헤아릴 수도 없이 많은 숫자를 뜻하는 것입니다.

예수님은 형제를 용서하는 일에 대해서 말씀하시기 위해 곧바로 내가 하나님으로부터 용서받은 방법을 끌어오셨습니다. 형제를 용서하는 방법은 하나님께서 우리를 용서하신 방법과 동일하단 것입니다. 하나님께 네가 용서받은 만큼 너도 형제를 용서해라! 우리가 누구를 용서할 때 관심은, 어떤 죄를 얼마까지 용서할까 하는 것입니다. 그러나 예수님의 강조점은 여기 있습니다. 너희가 각각 중심으로 형제를 용서해야 한다!(35) 즉, 하나님께서 너를 용서하실 때의 그 마음으로 너도 네 형제를 용서해야 한다는 것입니다. 사실

이 강조점은 새롭지 않습니다. 이스라엘 백성이 모세를 통해 하나님의 백성으로 부름 받았을 때부터 이어져 온 것입니다. 그들은 율법의 계명을 부여받을 때마다 너희가 어느 자리에서 구원받았는지를 기억해야 한다는 하나님의 명령을 수도 없이 거듭하여 들었던 것입니다.

이제 마무리합니다. 이 세상에서 사는 신자의 행위는 어느 하나라도 장래에 임할 하나님의 나라, 즉 하나님의 통치 방식과 다를 수 없습니다. 그는 이미 하나님 나라, 즉 하나님께서 왕으로 통치하시는 세상에서 살고 있기 때문이고, 그의 행위는 이미 하나님의 마음을 경험한 신자의 마음과 인격에서 솟아난 것이기 때문입니다. 신자는, 이 세상에서는 이렇게 살다가 천국에서는 딴 사람처럼 살 수 없습니다. 지금 내 맘대로 살다가 죽을 때 믿음을 내세워서 천국으로 들어가 딴 사람처럼 살 수 없습니다. 믿음은 현재와 미래를 연결하는 능력입니다.

자, 이제, 주일예배를 드리려는 분을 위해 간단하게 안내를 드리고자 합니다.

(이 방법이 익숙하지 않으신 분은 여러분 각자의 취향에 가장 어울리는 동영상을 찾아 예배를 드리십시오. 신자는 예배와 기도를 통해서 하나님의 은혜를 공급받습니다. 예배의 풍성함은 경험한 사람만이 압니다.)

예배는, 내 마음 가운데 예수님을 영접하기 위하여, 그래서 그와 내가 '주님과 그 분의 양으로서의 관계를 맺기 위해' 나를 드리는 과정입니다. 그러므로 주일 아침, 예배를 드리기 전, 먼저 시간을 충분히 두고 마음을 가다듬으십시오. 가능하면 단정하게 옷을 입고, 자세를 바르게 하여 예배를 준비하십시오. 예배하기 전에 자원하는 마음으로 정성껏 헌금을 준비하여, 여러분의 손길로 인해 행복해질 어려운 이웃을 떠올리는 대로 그들에게 기쁨으로 선한 손길을 펴시기 바랍니다.

1. 먼저, 잠시 조용하게 기도하면서 예배를 시작하십시오. 기도는 우리의 정신을 하나님께 집중하는 행위입니다.
2. 다음으로, 오늘의 본문 "마태복음 18장 21절부터 35절까지"를, 조용히 소리내어 읽으시기 바랍니다.
3. 오늘 편지 가운데 본문과 관련된 부분을 천천히 읽으며 묵상하시기 바랍니다.
4. 그 다음, 묵상 가운데 깨달은 것을 갖고서 하나님께 조용히 기도하십시오.
5. 마지막으로, 주기도문으로 예배를 마칩니다.
6. 예배가 끝나자마자 일어서지 마시고, 눈을 감고 조용한 시간을 가지시기 바랍니다. 침묵의 여백은 나의 묵상을 더욱 깊이 있게 합니다. 방해 받지 않는 조용한 시간은 나의 생각을 더욱 진중하게 만듭니다.

여러분 모두를 사랑하고 축복합니다. 지금 이 시간에 떨어져 지내는 서로를 떠올리고, 잠시 그들을 위해 기도하고 축복합시다. 우리를 위해 지금도 분투하는 여러 사람들, 사랑하는 우리의 이웃들을 위해서도 기도합시다. 그리고, 이 어려운 시간을 지내고 승리한 사람으로 설 우리 자신을 칭찬하는 말로 미리 격려해 줍시다. 나보다 약한 이들을 마음에 품으며, 그들에게 아주 작은 것이라도 대접하는 친절을 보입시다. 그래서 학업이든 직장이든 가정 일이든 무슨 일에서든, 하나님께 행하듯 충성스럽게 삽시다. 우리가 하나님의 것임을 늘 잊지 않고, 그래서 나의 가장 큰 기쁨이 그 분의 뜻을 따라 사는 것임을 잊지 않고 살아갑시다. 믿음은 산을 바다로 옮기는 능력이 아닙니다. 하루하루, 순간순간, 그 때의 나의 주인이 하나님이심을 기억하며 그를 선택하고 따라가는 행위입니다.

우리의 힘과 소망은 언제나 그 분 안에 있습니다! 그가 우리를 기뻐하시며, 마침내 우리가 그의 나라에 있을 것입니다.

평안을 전하며, 홍성훈 목사 드림.

스물네 번째 목회서신

"이 말씀을, 꼭 지켜야 할까요?"

사랑하는 카셀 아름다운교회 교우 여러분,
사랑이 많으신 우리 주 예수 그리스도의 이름으로 문안드립니다. 그동안 평안하셨습니까?

지금 저는 평소보다 하루 빠른 금요일 저녁에 이 서신을 쓰고 있습니다. 그런데 어제 여기저기서 이런 말을 하더군요. 이제부터는 해를 보기가 어려워질 거라고 말입니다. 그래서 그런가, 오늘(금요일)은 어제와 달리 해가 많이 보이지 않았고, 기온도 좀 내려간 것 같습니다. 모르겠어요. 또 며칠 후면 날씨가 어떻게 변덕을 부릴지… 어쨌든, 최근 몇 년간의 경험을 돌아보면 올해는 확실히 여름이 빨리 지나가고 있는 것 같습니다. 이럴 때는, 아시죠? 컨디션 조절에도 신경을 써야 하고, 가능하면 옷도 충분히 두텁게 입고 다녀야 합니다. 지난 두 주일 동안 감기로 고생했습니다만, 요즘 같은 상황에선 감기에 걸리면 이상하게 신경이 쓰입니다. 혹시.. 하는 생각 때문입니다. 그런 기분을 느끼지 않으려면, 평소보다 건강에 신경을 쓰는 수밖에 없습니다. 약을 쉽게 구할 수도 없고, 만에 하나라도

'너 감기 걸렸는데 혹시 모르니 코로나 검사 해보자' 같은 이야기를 의사에게 들으면 일단 기분부터 이상해지니까요. 여튼, 건강에 유의합시다!

이번 주일은 계획대로 교회에서 모이지 않고 개인/가정으로 주일예배를 드리는 날입니다. 그래서 우리는 성경 말씀을 미리 준비하고 묵상하려고 합니다. 이번 주일 우리가 각자 모이되 함께 나누며 묵상할 말씀은, 마태복음 23장 23절부터 32절까지 말씀입니다. 먼저, 말씀을 한번 읽어볼까요?

> 23 예수께서 성전에 들어가 가르치실새 대제사장들과 백성의 장로들이 나아와 이르되 네가 무슨 권위로 이런 일을 하느냐 또 누가 이 권위를 주었느냐 24 예수께서 대답하시되 나도 한 말을 너희에게 물으리니 너희가 대답하면 나도 무슨 권위로 이런 일을 하는지 이르리라 25 요한의 세례가 어디로부터 왔느냐 하늘로부터냐 사람으로부터냐 그들이 서로 의논하여 이르되 만일 하늘로부터라 하면 어찌하여 그를 믿지 아니하였느냐 할 것이요 26 만일 사람으로부터라 하면 모든 사람이 요한을 선지자로 여기니 백성이 무섭다 하여 27 예수께 대답하여 이르되 우리가 알지 못하노라 하니 예수께서 이르시되 나도 무슨 권위로 이런 일을 하는지 너희에게 이르지 아니하리라 28 그러나 너희 생각에는 어떠하냐 어떤 사람에게 두 아들이 있는데 맏아들에게 가

서 이르되 얘 오늘 포도원에 가서 일하라 하니 29 대답하여 이르되 아버지 가겠나이다 하더니 가지 아니하고 30 둘째 아들에게 가서 또 그와 같이 말하니 대답하여 이르되 싫소이다 하였다가 그 후에 뉘우치고 갔으니 31 그 둘 중의 누가 아버지의 뜻대로 하였느냐 이르되 둘째 아들이니이다 예수께서 그들에게 이르시되 내가 진실로 너희에게 이르노니 세리들과 창녀들이 너희보다 먼저 하나님의 나라에 들어가리라 32 요한이 의의 도로 너희에게 왔거늘 너희는 그를 믿지 아니하였으되 세리와 창녀는 믿었으며 너희는 이것을 보고도 끝내 뉘우쳐 믿지 아니하였도다

오늘 말씀에서 우리 눈길을 가장 강하게 끄는 단어는 '권위'입니다. 예수께서 성전에 들어가셔서 하나님의 말씀을 가르치셨다고 마태는 기록했습니다. 뭐, 그냥 있었던 사실을 기록한 것일 뿐입니다. 하지만 자세히 이 장면을 들여다보면 사실 이상한 점이 한둘이 아닙니다. 우선, 예수께서 성전에 들어가셔서 말씀을 가르치셨다고 하는데, 이게 당연한 것은 아닙니다. 말씀을 가르치려면 그럴 정도로 그것을 배웠거나, 즉 학위 같은 걸 갖고 있거나, 아니면 말씀을 가르칠 자격증 같은 걸 가져야겠죠? 그런데 예수님은 소위 가방끈이 길지도, 가르칠 수 있는 자격증을 가지지 않으셨습니다.

뭐 예를 들어 여러분이 어느 학교 복도에 서서 그 학교 다니는 학생들에게 이런저런 과목을 가르친다고 한다면 지나가던 교직원

이 물어볼 겁니다. "당신 누구야?" 이 질문은 어떻게 보면 당연한 거죠. 무엇보다 자격증이 있어야 가르칠 수 있습니다. 자격증 없이 가르치면 그 사람을 뭐라고 부를까요? 만에 하나 자격증이 없더라도 가르칠 기회를 얻을 수는 있습니다. 거기 모인 사람들이 그 사람에게 가르쳐 달라고 요청하면 되겠지요. 이런 기회는 사실 드물지 않습니다. 어느 분야에서 아주 권위 있고 경험이 풍부한 사람이 있을 때 학교나 어느 단체에서 그 사람에게 특강 같은 걸 해달라고 요청할 터이니까요.

그런데 말이죠, 마태가 말하는 이 현장에서 벌어지는 상황은 방금 말씀드린 것과 약간 성격이 다릅니다. 예수님이 아직 젊어서 어느 분야에서 깊은 지식과 경험을 쌓지 않았다, 그러니까 예수께서 누구에게 가르친다는 것이 어울리지 않는다. 더욱이 예수님은 말씀을 가르칠 자격증도 없다… 이런 상식적인 차원에서 유대인들이 예수님께 '당신이 지금 무슨 권위로 그렇게 말씀을 가르치는 거요?' 하고 질문하는 것이 아니라는 것입니다.

요약하자면, 지금 유대인들은 예수께 '혹시 지금 이렇게 가르치실만한 자격증이나 지식을 갖고 계신가요?' 하고 묻는 것이 아니라, '우리는 당신이 가르치는 내용이 마음에 들지 않는다!' 하는 이야기를 던지는 것입니다. 사람의 마음은 희한합니다. 누가 나에게 듣기 싫은 소리를 하면 우리는 아주 흔하게, '니가 뭔데 (나를 가르쳐)?' 하고 묻습니다. 그러니까, 권위를 묻는 것이 아니라, 그 말을 거절한다는 뜻으로 그런 식의 질문을 한다는 것입니다.

이어지는 구절을 보면, 예수님은 당신에게 와서 '당신이 무슨 자격으로 이런 일을 하는 거야? 누가 당신보고 이렇게 해도 된다 하더냐?' 하고 묻는 대제사장들과 장로들에게 고분고분하지 않았습니다. 오히려 이렇게 질문하셨습니다. "그럼 나도 당신들에게 물읍시다. 내 질문에 대답하면 나도 당신들의 질문에 대답하죠. 세례 요한의 세례는 대체 누가 그에게 권위를 주었기에 베풀어진 거요?" 이 질문은 우리에게 그냥 그저그런 질문처럼 보입니다. 하지만 당시의 대제사장들과 장로에게는 예수님의 질문이 대답하기가 아주 까다로운 것이었습니다.

마태는 이어지는 기록에서 그 질문이 그들에게 얼마나 난처한 질문이었는지를 자세히 설명해 놓았습니다. 가령, 예수님의 질문에 대해 그들이 '하늘, 즉 하나님의 권위로 세례를 베푼 거지요'라고 대답한다고 합시다. 그런데 그 순간 그들은 세례 요한의 권위를 부정하고 그를 죽여버린 사실을 고백하는 꼴이 됩니다. 하지만 그들이 '사람이 준 것이요'라고 대답한다면? 그런 대답이 나오는 순간, 그 말을 듣는 사람들이 그들을 가만 놔두질 않을 겁니다. 왜죠? 당시의 많은 유대인들은 세례 요한이 선지자, 즉 하나님께서 보내신 메신저라고 믿었습니다. 그렇게 추앙받는 사람을 하나님이 보낸 사람이 아니라 말한다면 아마 많은 사람들이 화를 내고 그들에게 위해(危害)를 가할 겁니다. 결국 예수님의 질문은 이렇게 대답해도 저렇게 대답해도 위험이 따르는 것입니다. 예수님은 이렇게 난처해져서 자기들끼리 쑥덕이며 의논하는 꼴을 살펴 보셨습니다. 그리고는, 이렇게 말씀하십니다. "그럼 나도 당신들의 대답에 대답하지 않을 거야."

그런데 예수님은 비유와 질문을 섞어가며 말씀을 이어가셨습니다. 즉, 두 아들이 있었는데, 어느날 아버지가 이 두 사람에게 오늘 포도원으로 가서 일을 하라고 명령했습니다. 그런데 한 아들은 가기 싫다고 말하고서 끝내는 가지 않았고, 또 한 아들은 가기 싫다고 말하다가 결국은 뉘우치고 아버지의 명령을 따라 포도원으로 갔습니다. 여기까지 말씀하신 예수께서 31절에서 대제사장들과 장로들에게 물어보십니다. "둘 중에 어느 아들이 아버지의 말씀에 순종하였느냐?" 이 질문을 듣고 그들이 한 목소리로 대답합니다. "둘째 아들이지요!" 이 대답이 나오자마자 예수께서 선언하십니다. "내가 진실로 말한다. 세리들과 창녀들이 당신들보다 먼저 하나님의 나라에 들어갈 것이다. 왜냐하면, 그들은 세례 요한의 말을 믿었기 때문이고, 당신들은 그를 끝내 돌이키지 않았기 때문이다."

자, 정리해 봅시다. 오늘 말씀에서 예수께서 말씀하시려는 것은 무엇일까요? 지금 마태의 이야기에서 분명하게 보이는 두 그룹이 있습니다. 먼저는 대제사장들과 장로들입니다. 그들은 예수님의 말씀을 들으면서 질문합니다. "당신은 무슨 권위로 이렇게 가르치는 거요?" 그들은 이전에도 세례 요한을 이런 식으로 대했습니다. 그들은 자기에게 옳은 소리를 하는 사람들에게 한결같이 무슨 권위로 그런 말을 하는지를 물었고, 화를 냈고, 마침내 그들을 죽였습니다. 그들은 하나님의 메시지를 언제나 자기에게 유리한가를 갖고 판단했습니다. 예수님의 질문도 이런 속마음을 간파하셨기에 나온 것입니다. 저들은 언제나 진리와 하나님을 내세우지만 실상은 자기에게 유익이 될까를 갖고 판단했습니다. 그래서, 참이냐 거짓이냐 하는 아주 간단한 질문조차도 곧이곧대로 말하지 못합니다. 오로지 '정치적으로만' 해석하고 판단했던 것입니다.

두 번째 그룹이 있지요? 예수님의 표현에 따르면 세리와 창기들이 두 번째 그룹입니다. 이미 잘 아시는대로, 그들은 소위 사회에서 무시당하는 사람들이었습니다. 유대 지역을 식민지로서 다스리는 로마 제국에 협력하여 세금을 걷으면서, 거기에 로마가 정한 세금보다 몇 배나 덧붙여서 돈을 짜내는 매국노가 바로 세리였습니다. 창기는 간음이 사형에 해당하는 죄라고 율법에 명시해놓은 그 땅에서 몸을 팔아 생계를 유지하는 이들이었습니다. 이들이 얼마나 혐오스럽고 멸시당하는 계층인지, 우리는 충분히 짐작할 수 있습니다. 그런데 그들은 세례 요한이 회개의 복음을 전할 때 그의 말을 하나님의 말씀으로 받아들였습니다. 그리고 그의 가르침을 따라 회개의 증표로 세례를 받았던 것입니다.

예수께서 이렇게 두드러지는 두 그룹을 예로 들면서 우리에게 한가지 분명한 교훈을 주십니다. 여기 하나님의 말씀이 있습니다.

그 말씀 앞에 이 두 그룹은 상반된 반응을 보입니다. 앞의 그룹은 메시지에 주목하지 않습니다. 오히려 메시지를 전하는 사람에게 그의 권위를 묻습니다. 몰라서 묻는 것이라기보다, 그 메시지가 듣기 싫기 때문에 공연한 핑계를 잡는 것입니다. 그러나 두 번째 그룹은 하나님의 말씀을 그대로 받아들입니다. 순종합니다. 자, 이제 이렇게 우리에게 예수께서 물으시는 겁니다. "하나님의 말씀을 듣고 순종하는 사람이 될 것인가, 말씀의 권위를 묻는 척하면서 그것을 거절하는 사람이 될 것인가?"

제가 종종 말씀 드리지요? 가끔 우리는 이렇게 묻습니다. "이 말씀을 꼭 지켜야 할까요? 사랑 많으신 하나님께서 융통성도 없이 말씀을 그대로 지켜야 구원을 주실까요?" 그러나 이렇게 질문하는 사람의 대부분은, 사실 그 말씀을 지키기 싫은 겁니다. "아빠, 아빠 출근할 때 꼭 인사를 해야 해요? 엄마, 이거 꼭 오늘까지 해야 해요?" 부모와 자식 사이에 '꼭'이란 것이 어디 있겠습니까? 부모와 자식은 사랑으로 맺어진 관계입니다. 그 사랑 때문에 해야 하는 것을 부모 앞에서 자식이 정색을 하고서 묻습니다. "꼭 해야 해요?" 이 질문은, 해야 마땅한 일을 억지로 해야 하는 일로 만들어 버립니다. 그러므로 하나님과 나의 관계가 사랑 위에 세워져 있음을 안다면 절대 그런 식으로 물어서는 안되는 겁니다. 사랑은 말하지 않았어도 해야 합니다. 그럼에도 '꼭 해야 합니까'를 묻는 것은, 이미 사랑, 아니 관계가 깨어졌음을 알리는 것이지요.

자, 이제, 주일예배를 드리려는 분을 위해 간단하게 안내를 드리고자 합니다.

(이 방법이 익숙하지 않으신 분은 여러분 각자의 취향에 가장 어울리는 동영상을 찾아 예배를 드리십시오. 신자는 예배와 기도를 통해서 하나님의 은혜를 공급받습니다. 예배의 풍성함은 경험한 사람만이 압니다.)

예배는, 내 마음 가운데 예수님을 영접하기 위하여, 그래서 그와 내가 주님과 그 분의 양으로서의 관계를 맺기 위해 나를 드리는 과정입니다. 그러므로 주일 아침, 예배를 드리기 전, 먼저 시간을 충분히 두고 마음을 가다듬으십시오. 가능하면 단정하게 옷을 입고, 자세를 바르게 하여 예배를 준비하십시오. 예배하기 전에 자원하는 마음으로 정성껏 헌금을 준비하여, 여러분의 손길로 인해 행복해질 어려운 이웃을 떠올리는 대로 그들에게 기쁨으로 선한 손길을 펴시기 바랍니다.

1. 먼저, 잠시 조용하게 기도하면서 예배를 시작하십시오. 기도는 우리의 정신을 하나님께 집중하는 행위입니다.
2. 다음으로, 오늘의 본문 "마태복음 23장 23절부터 32절까지"를, 조용히 소리내어 읽으시기 바랍니다.
3. 오늘 편지 가운데 본문과 관련된 부분을 천천히 읽으며 묵상하시기 바랍니다.
4. 그 다음, 묵상 가운데 깨달은 것을 갖고서 하나님께 조용히 기도하십시오.

5. 마지막으로, 주기도문으로 예배를 마칩니다.
6. 예배가 끝나자마자 일어서지 마시고, 눈을 감고 조용한 시간을 가지시기 바랍니다. 침묵의 여백은 나의 묵상을 더욱 깊이 있게 합니다. 방해 받지 않는 조용한 시간은 나의 생각을 더욱 진중하게 만듭니다.

여러분 모두를 사랑하고 축복합니다. 지금 이 시간에 떨어져 지내는 서로를 떠올리고, 잠시 그들을 위해 기도하고 축복합시다. 우리를 위해 지금도 분투하는 여러 사람들, 사랑하는 우리의 이웃들을 위해서도 기도합시다. 그리고, 이 어려운 시간을 지내고 승리한 사람으로 설 우리 자신을 칭찬하는 말로 미리 격려해 줍시다. 나보다 약한 이들을 마음에 품으며, 그들에게 아주 작은 것이라도 대접하는 친절을 보입시다. 그래서 학업이든 직장이든 가정 일이든 무슨 일에서든, 하나님께 행하듯 충성스럽게 삽시다. 우리가 하나님의 것임을 늘 잊지 않고, 그래서 나의 가장 큰 기쁨이 그 분의 뜻을 따라 사는 것임을 잊지 않고 살아 갑시다. 믿음은 산을 바다로 옮기는 능력이 아닙니다. 하루하루, 순간순간, 그 때의 나의 주인이 하나님이심을 기억하며 그를 선택하고 따라가는 행위입니다.

우리의 힘과 소망은 언제나 그 분 안에 있습니다! 그가 우리를 기뻐하시며, 마침내 우리가 그의 나라에 있을 것입니다.

평안을 전하며, 홍성훈 목사 드림.

지금 이곳에서,
그때 그곳을 떠올리다 4

"신자가 직접 하나님을 대면하는 것은 성경 안에서 가능하다. 성경을 바로 해석해야 하나님이 제대로 보인다. 그러나 성경을 지나치게 자세하게 해석해주려 해서도 안 된다. 가능하다면 신자들이 학교 문법 정도의 수준으로도 성경을 해석할 수 있는 수준에서 가이드 하면 된다고 나는 믿는다.

오늘날 교회에서 선포되는 설교는 '해석'과 '적용', '개인적 적용'과 '공동체적 적용'이 혼용되는 위기에 놓여 있다. 성경, 특히 신약의 복음서가 저자 자신의 말이 아니라 그 당시 신앙 공동체 안에서 공적으로 고백되고 용인되어 거의 관용구처럼 통용되던 조각들을 모았다는 사실을 오늘날의 설교자도 유념해야 할 것이다.

설교는, 설교자만의 개인적인 깨달음을 선포하는 자리가 아니다."

*Chapter 5_*

스물다섯 번째 목회서신

정신차리고 시간을 아끼며
살아야 할 때

사랑하는 카셀 아름다운교회 교우 여러분,
사랑이 많으신 우리 주 예수 그리스도의 이름으로 문안드립니다. 그동안 평안하셨습니까?

이미 아셨을 것 같습니다만, 오늘 프랑크푸르트 지역이 코로나 19 바이러스 감염 위험지역으로 선포되었다는 소식을 들었습니다. 지난 봄 이후 시간이 흐르면서 자연스럽게, 혹은 마음이 느슨해져서 타 지역까지 경계심 없이 간혹 여행하신다는 걸 알고 있습니다. 그러나 이제는 여행을 하기 전 그 지역이 어떤 상황인지, 여행에 어떤 제약이 따르는지 최소한 2~3일 전에 체크하고 움직이셔야 합니다. 당연한 소리입니다만, 어디를 가든 마스크를 넉넉하게 준비하시고, 제한된 공간에 들어갈 때는 반드시 마스크를 착용하셔야 할 것입니다.

이제 어느덧 10월로 접어들었습니다. 이유야 어떻든, 이 시기가 되면 가슴이 철렁하는 것이 보통입니다. 열심히 일하고 공부한 사람이든 그렇지 않은 사람이든, 연말이 가깝다는 사실만으로도 어딘가 모르게 마음이 조급해지기 때문입니다. 맞아요, 그래도 가끔은 그런 시간을 갖는 것이 좋습니다. 그래야만, 겸손하게 자신을 돌아볼 수 있고, 지리해진 일상에 긴장을 주어서 더욱 열심히 목표를 향해 달려갈 수 있기 때문입니다.

그러나, 동시에 우리가 잊지 않아야 할 사실이 하나 더 있습니다. 방금 말씀드린 그런 생각이 우리 자신을 너무 초조하게 하거나 자신을 부정적으로 평가하는 결론으로 치우쳐서는 안된다는 것입니다. 흔히 말하듯, 인생은 어떤 면에서 장거리 경주와 같습니다. 남들이야 어찌 하든 자기만의 페이스를 지켜서 달려가는 것이 중요하단 뜻이겠지요. 하여튼 우리가 명심해야 할 것은, 이런 두 가지 상반된 관점을 적절하게 구사하면서 인생을 영위해 나가는 지혜를 배워야 한다는 것입니다. 이 지혜를 지닐 수 있다면, 우리는 좀더 인생을 알차게 살아갈 수 있을 것입니다.

내일은 주일이고, 예고한 대로 개인으로 가정으로 예배를 드리는 날입니다. 이와 관련해서, 오늘의 스물다섯 번째 서신은 내일 우리가 함께 나눌 성경 말씀에 관한 간단한 가이드를 드리려 합니다. 내일 함께 묵상할 본문은 마태복음 22장 1절부터 14절까지 말씀입니다. 우선, 한번 함께 읽어볼까요?

> 1 예수께서 다시 비유로 대답하여 이르시되 2 천국은 마

치 자기 아들을 위하여 혼인 잔치를 베푼 어떤 임금과 같
으니 3 그 종들을 보내어 그 청한 사람들을 혼인 잔치에 오
라 하였더니 오기를 싫어하거늘 4 다시 다른 종들을 보내
며 이르되 청한 사람들에게 이르기를 내가 오찬을 준비하
되 나의 소와 살진 짐승을 잡고 모든 것을 갖추었으니 혼
인 잔치에 오소서 하라 하였더니 5 그들이 돌아 보지도 않
고 한 사람은 자기 밭으로, 한 사람은 자기 사업하러 가고
6 그 남은 자들은 종들을 잡아 모욕하고 죽이니 7 임금이
노하여 군대를 보내어 그 살인한 자들을 진멸하고 그 동네
를 불사르고 8 이에 종들에게 이르되 혼인 잔치는 준비되
었으나 청한 사람들은 합당하지 아니하니 9 네거리 길에
가서 사람을 만나는 대로 혼인 잔치에 청하여 오라 한대
10 종들이 길에 나가 악한 자나 선한 자 만나는 대로 모
두 데려오니 혼인 잔치에 손님들이 가득한지라 11 임금이
손님들을 보러 들어올새 거기서 예복을 입지 않은 한 사람
을 보고 12 이르되 친구여 어찌하여 예복을 입지 않고 여기
들어왔느냐 하니 그가 아무 말도 못하거늘 13 임금이 사환
들에게 말하되 그 손발을 묶어 바깥 어두운 데에 내던지라
거기서 슬피 울며 이를 갈게 되리라 하니라 14 청함을 받은
자는 많되 택함을 입은 자는 적으니라

오늘의 본문은, 마태복음 21장 말씀의 연속입니다. 마태복음 21
장을 보면, 처음 부분은 예수께서 백성들의 열렬한 환영 가운데 예

루살렘에 들어가시는 장면을 이야기하고 있습니다. 그러나 예수께서는 예루살렘 성으로 들어가신 후 기대와는 다른 행보를 보이셨습니다. 먼저, 예수께서는 성전으로 가셔서 성전을 하나님의 기대와 다르게 사용하는 이들을 혹독하게 비난하셨습니다. 그리고는, 거기서 하나님의 은총이 필요한 자들을 고치시고, 당신을 찬송하는 어린이들을 변호해 주셨습니다. 이것은, 예수님 자신이 이미 기능을 상실한 성전의 기능을 대체할 것임을 천명하시는 액션이었습니다.

이 일 후 예수께서는 베다니로 물러가 잠시 쉬시고 다음날 아침 일찍 다시 예루살렘으로 가셨습니다. 그런데 가시는 도중에 제 때에 열매 맺지 못하는 무화과나무를 저주하신 사건이 짧게 기록되었습니다. 이것은, 앞으로 예루살렘과 이스라엘에 닥칠 혹독한 심판을 암시하는 의미심장한 예언이기도 했습니다. 어쨌든 이렇게 하여 예수께서 예루살렘에 들어가 여러 가지 말씀으로 가르치시는데, 이 장면을 보고서 대제사장들과 장로들이 다가와 당신이 무슨 권위로 이런 일을 하느냐고 물었습니다. 이렇게 하여 세 개의 꼭지로 이루어진 이야기가 예수님의 답변 형식을 통해 기록된 것입니다.

첫 번째 이야기는, 대제사장들과 장로들의 질문에 답하는 형식으로 시작되어, 말씀을 가르치시는 예수님의 권위에 관하여 설명합니다. 그러나 이 이야기는 갑자기, 하나님의 뜻에 순종하는 자만이 하나님의 나라에 들어갈 것이라는 선언으로 끝을 맺습니다. 두 번째 이야기는, 또 하나의 비유로 구성되어 있습니다. 즉, 포도원에서 일하는 일꾼들에 관한 이야기입니다. 포도원의 주인이 모든 인프라를 준비해 놓은 후 포도원을 일꾼들에게 맡기고 멀리 여행을 떠났는데, 때가 되어 추수한 것을 받기 위해 사람을 보냈으나 일꾼들은 주인이 보낸 자들을, 심지어 아들까지도 죽여 버렸다는 것입니다.

이 비유는, 지난 주일에 나눈 바와 같이, 선택받은 일꾼으로서의 이스라엘이 그동안 얼마나 불충성스럽고 흉악한 행위를 해왔는지를 신랄하게 지적하는 비유였습니다. 이 마지막은 처절한 심판으로 끝맺음을 할 것입니다. 그리고 이 이야기를 들은 이들은 그것이 자신들을 가리키는 비유였음을 즉시 깨달았습니다.

자, 이렇게 하여 드디어 오늘의 본문이 나오는데, 여기서도 하나의 비유가 등장합니다. 이 비유에 대해서 예수께서는 '천국은 마치 이 왕과 같다'고 말씀하셨습니다. 즉, 혼인 잔치를 베푸는 어느 왕의 이야기가 천국의 어떤 성격을 설명한다는 것입니다. 그런데 이 왕의 모습은 사실 이해하기가 어려운 캐릭터입니다. 뿐만 아니라 여기 등장하는 백성들의 태도도 이해하기 어려운 면이 있습니다.

아들의 혼인잔치를 치르게 된 왕이 하객들을 초대했습니다. 당시 유대의 풍습에 따르면 혼인잔치 같은 경우 일차로 초대할 대상에게 혼인 사실을 알리고, 잔치 준비를 마치는대로 다시 소식을 전하여 정한 시간에 참석하도록 한다고 합니다. 지금의 우리가 생각해도 상당히 성의가 필요한 일이지요? 더욱이 그 나라의 왕이 이렇게 격식을 갖추어서 초대를 했는데, 너무나 영광스럽고, 그래서 마다할 사람이 없지 않겠습니까? 그런데 놀랍게도 초대받은 사람들은 이 잔치에 참석하지 않았습니다. 가기가 싫었기 때문입니다. 그래서, 한 사람은 자기 밭으로 일하러 가고, 또 한 사람은 사업하러 가고, 다른 사람들은 초대하기 위하여 심부름을 온 왕의 하인들을 욕보이고 죽였습니다. 이 소식을 들은 왕은 대단히 화가 났습니다. 그래서, 군대를 보내어 자기 종들을 잡아 죽인 이들을 죽이고, 그 동네를 불살라 버렸습니다.

이 일이 끝나자, 왕은 다시 종들을 보내서 하객을 초대하였습니다. 그런데 이번의 방법은 달랐습니다. 하객의 조건은 없습니다. 그래서, 네거리 길로, 즉 사람들이 많이 지나다니는 곳으로 가서 '아무나' 하객으로 불러들였습니다. 그러다 보니 왕자의 혼인잔치는 사람으로 들끓게 되었습니다. 무조건 사람을 불러들였으니, 거기에는 악한 사람도 선한 사람도 섞여 있었겠지요? 그런데 왕은 또 한번의 예상치 못한 일을 행합니다. 잔치에 온 한 사람을 보고 시비를 걸었습니다. 그러고는, 이렇게 말합니다. "어이, 친구여, 당신은 왜 예복을 입고 오지 않았어?" 그러고는, 종들을 시켜 이 사람을 결박하여 내다 버리도록 했습니다.

예수님의 비유는 대부분 이해하기가 그리 어렵지 않습니다. 천국의 깊은 비밀을 쉽게 풀어 설명하기 위해서 비유를 사용하셨기 때문입니다. 물론 그렇지 않은 비유도 적지 않지만, 그럼에도 그 비유가 무엇을 가리키는 것인지 청중들은 비교적 명료하게 깨달은 것도 사실입니다. 그런데 오늘의 이야기는 천국의 성격을 설명하기 위함에도 불구하고, 그 성격을 빗대는 인물로서의 왕의 캐릭터가 이해하기 쉽지 않습니다. 짧게 말하면 좀 변덕스러운 성격으로서의 왕으로 소개되어 있지 않은가 하는 것입니다. 그래서, 대부분의 비유에서 소개되는 왕이나 포도원 주인 같이 인자하지도, 사랑이 넘치지도, 인내심이 대단하지도 않습니다. 오히려 변덕스럽고, 잔인하고, 종잡을 수 없고, 참을성도 없어 보입니다. 오늘의 이야기에 나오는 주인의 성격 가운데 가장 주도적인 것은, 아마 잔인한 성격이 아닐까 싶습니다. 잔치에 초대해도 오지 않았다며 화를 내고, 자기 종을 죽였다고 그들을 죽일 뿐만 아니라 그들이 살던 마을도 초토화시킵니다. 자기가 아무나 오라고 했음에도 예복을 입지 않았다고 그를 결박해서 갖다 버리라고 말하기도 합니다. 그것도 유독 그 사람만 콕 집어서 말입니다.

자, 그럼, 정리를 해봅시다. 오늘 예수께서 알려주시는 천국의 성격은 뭔가요? 변덕스럽다? 잔인하다? 종잡을 수 없다? 주인 맘이다? 결론부터 말씀드리자면, 모두 틀렸습니다. 우리는 주인을 판단하기 전에 먼저 보아야 할 것이 있습니다. 왕과 백성이라는 당시의 관계를 보아야 하며, 그 왕은 나름대로 성의를 다해 그들을 잔치에 초대했다는 사실입니다. 오늘 우리가 BTS의 콘서트에 초대를 받았다고 합시다. 그것도, 내가 표를 구한 것이 아니라 BTS의 기획사가 나를 콕 찍어서 초대장을 보냈다고 합시다. 그건, 솔직히 상상하지 못할 특권이고 기쁨일 겁니다. 그런데 그걸 본 척 하지도 않고 거절한다? 그게 가능할까요?

왕은 그 당시의 풍습을 따라 성의를 다해 초대했습니다. 그럼에도 그들은 거절했고, 심지어 심부름 온 왕의 하인들을 욕보이고 죽였습니다. 그럼에도 우리가 왕을 잔인하다 말할 수 있을까요? 아무나 오라고 했다 해서 그렇게 쉽게 여기고 예복을 갖추지 않은 채 왕자의 혼인잔치에 참석할 수 있을까요? 미리 잔치에 참여할 조건을 충분하게 고지했더라면 좋았겠지만, 이 비유는 그런 소소한 부분에 마음을 쓰지 않습니다. 왕의 초대를 무시하고 얕잡아보는 백성들의 무례하고 성의없는 태도에 관심을 집중하도록 합니다.

왕은 이 비유를 통해 말합니다. "나의 잔치에 나는 성의를 다해 너희를 초대했다. 그러나 너희들은 나를 무시하고, 내가 보낸 하인들까지 욕보이고 죽였다. 그것까지 참고 다시 아무에게나 잔치의 기쁨에 초대했는데, 그렇다고 예복마저 안 입고 온다는 것이 말이 되느냐?" 결국 우리는 이렇게 말할 수 있지 싶습니다. 이런 무례와 난폭함, 성의없음은 결국, 왕이신 하나님을 무시하는 것입니다. 이 이야기에 나오는 불행한 일들은 모두가 왕과 백성이라는 관계가 어그러진 데서 나온 것입니다. 예수께서 마침내 왕의 입을 빌어 선언하십니다. "청함을 받은 자는 많지만, 택함을 받은 자는 적다!"

짧게 정리하며 마치려고 합니다. 오늘의 이야기에서 예수님은 왕의 호의에 거절하고 모욕하며 종들을 죽이기까지 하는 백성들의 불의함을 고발합니다. 왕으로 묘사된 하나님의 인내는 한계에 도달했습니다. 열매맺지 않는 무화과나무를 저주하시던 예수님은, 이로써 돌이킬 가망성도, 참아낼 인내심도 소진한 하나님과 그의 백성 간의 관계를 상징적으로 보여 주셨습니다. 이제 남은 것은 심판입니다. 하나님은 자비로움에 한량없으신 분임에는 틀림없지만, 그 분의 호의와 인내에는 분명히 때가 있고 한계가 있습니다. 그것을 넘은 후에는 무자비한 심판이 있을 뿐입니다.

여러분, 이 이야기는 우리와 무관하지 않습니다. 우리를 향하신 하나님의 사랑과 호의에도 분명한 한계가 있습니다. 때에 맞추어 열매를 보이지 않는다면 심판이 따를 것입니다. 그러므로 우리는 우리가 붙잡은 구원의 기회를 귀하게 여겨야 합니다. 하나님의 호의를 정중하게 감사하게 받아야 합니다. "호의가 거듭되면 권리로 여긴다"는 말도 있죠. 언제든지 용서하시는 호의를 우리가 방탕하게 살 기회로 삼지 말아야 할 것입니다. 지금은 정신차리고 시간을 아끼며 살아야 할 시간입니다.

자, 이제, 주일예배를 드리려는 분을 위해 간단하게 안내를 드리고자 합니다.

(이 방법이 익숙하지 않으신 분은 여러분 각자의 취향에 가장 어울리는 동영상을 찾아 예배를 드리십시오. 신자는 예배와 기도를 통해서 하나님의 은혜를 공급받습니다. 예배의 풍성함은 경험한 사람만이 압니다.)

예배는, 내 마음 가운데 예수님을 영접하기 위하여, 그래서 그와 내가 '주님과 그 분의 양으로서의 관계를 맺기 위해' 나를 드리는 과정입니다. 그러므로 주일 아침, 예배를 드리기 전, 먼저 시간을 충분히 두고 마음을 가다듬으십시오. 가능하면 단정하게 옷을 입고, 자세를 바르게 하여 예배를 준비하십시오. 예배하기 전에 자원하는 마음으로 정성껏 헌금을 준비하여, 여러분의 손길로 인해 행복해질 어려운 이웃을 떠올리는 대로 그들에게 기쁨으로 선한 손길을 펴시기 바랍니다.

1. 먼저, 잠시 조용하게 기도하면서 예배를 시작하십시오. 기도는 우리의 정신을 하나님께 집중하는 행위입니다.
2. 다음으로, 오늘의 본문 "마태복음 22장 1절부터 14절까지"를, 조용히 소리내어 읽으시기 바랍니다.
3. 오늘 편지 가운데 본문과 관련된 부분을 천천히 읽으며 묵상하시기 바랍니다.
4. 묵상 가운데 깨달은 것을 갖고서, 나의 결심을 담아 하나님께 조용히 기도하십시오.
5. 마지막으로, 주기도문으로 예배를 마칩니다.
6. 예배가 끝나자마자 일어서지 마시고, 조용한 시간을 가지시기 바랍니다. 침묵의 여백은 나의 묵상을 더욱 깊이 있게 합니다. 방해 받지 않는 조용한 시간은 나의 생각을 더욱 진중하게 만듭니다.

여러분 모두를 사랑하고 축복합니다. 지금 이 시간에 떨어져 지내는 서로를 떠올리고, 잠시 그들을 위해 기도하고 축복합시다. 우리를 위해 지금도 분투하는 여러 사람들, 사랑하는 우리의 이웃들을 위해서도 기도합시다. 그리고, 이 어려운 시간을 지내고 승리한 사람으로 설 우리 자신을 칭찬하는 말로 미리 격려해 줍시다. 나보다 약한 이들을 마음에 품으며, 그들에게 아주 작은 것이라도 대접하는 친절을 보입시다. 그래서 학업이든 직장이든 가정 일이든 무슨 일에서든, 하나님께 행하듯 충성스럽게 삽시다. 우리가 하나님의 것임을 늘 잊지 않고, 그래서 나의 가장 큰 기쁨이 그 분의 뜻을 따라 사는 것임을 잊지 않고 살아갑시다. 믿음은 산을 바다로 옮기는 능력이 아닙니다. 하루하루, 순간순간, 그 때의 나의 주인이 하나님이심을 기억하며 그를 선택하고 따라가는 행위입니다.

우리의 힘과 소망은 언제나 그 분 안에 있습니다! 그가 우리를 기뻐하시며, 마침내 우리가 그의 나라에 있을 것입니다.

평안을 전하며. 홍성훈 목사 드림.

스물여섯 번째 목회서신

하나님의 마음조차 모르는 악한 자들

사랑하는 카셀 아름다운교회 교우 여러분,

사랑이 많으신 우리 주 예수 그리스도의 이름으로 문안드립니다. 그동안 평안하셨습니까?

어느덧 10월의 마지막 주를 맞습니다. 뭔가 마무리를 해야 할 것 같은 압박감도, 새로운 무엇인가를 궁리해야 하지 않겠나 하는 설렘도 있어야 할 때가 되었습니다만, 지지난 주부터 계속 압박을 가해오는 코로나 19 바이러스 감염 확산세는 좀처럼 약화되지 않습니다. 어제와 그제 이틀 동안 독일 전국의 하루 신규 확진자가 11,000명을 넘었던 것으로 알려졌습니다. 지나치게 사태를 비관적으로 보는 것인지는 모르겠습니다만, 언젠가 백신이 개발된다 하더라도 사람과의 거리를 유지하고 마스크를 쓰고 사는 생활 습관이 상당히 오래 이어질 것 같습니다. 어쩌면 우리는 정말 이전으로 돌아가기가 쉽지 않을지도 모릅니다.

생각해보면 아주 갑갑한 일이지만, 그러나 길게 역사를 돌아보면 인류는 언제나 변화하는 환경에 대해 탁월하게 적응하고 그를 이용하여 오히려 새로운 삶의 형태를 창안해내는 능력을 발휘하곤 했습니다. 피할 수 없다면 즐기라는 말이 여기에 해당될지는 모르겠습니다만, 어차피 이런 삶의 방식이 상당 기간 계속된다면 우리로서는 이 상황을 한탄하기보다 오히려 잘 이용할 방도를 모색하는 것이 생산적인 태도일 거라 믿습니다. 어차피 우리는 이제 기나긴 북유럽의 겨울의 초입을 지나고 있습니다. 겨울은 사색의 계절이고, 모색(摸索)의 계절입니다. 이 땅에 오면서 어느 누구도 예상하지 못했던 지금의 상황에서, 지금뿐만 아니라 상당한 장래에까지 나는 어떤 방식으로 하루하루를 살아내며 내일을 준비해 나갈 것인가, 진지하게 고민하는 시간이 되길 바랍니다. 저는 이런 긍정적인 반응이야말로 내세를 믿는 신앙인이 가져야 할 태도라고 믿습니다.

내일은 주일이고, 예정한 대로 개인으로 가정으로 예배를 드리는 날입니다. 이와 관련해서, 오늘 서신을 통해 내일 우리가 함께 나눌 성경 말씀에 관한 간단한 가이드를 해드리려고 합니다. 내일 함께 묵상할 본문은 마태복음 22장 34절부터 46절까지의 말씀입니다. 우선, 한번 함께 읽어볼까요?

> 34 예수께서 사두개인들로 대답할 수 없게 하셨다 함을 바리새인들이 듣고 모였는데 35 그 중의 한 율법사가 예수를 시험하여 묻되 36 선생님 율법 중에서 어느 계명이 크니이까 37 예수께서 이르시되 네 마음을 다하고 목숨을 다하고

뜻을 다하여 주 너의 하나님을 사랑하라 하셨으니 38 이것이 크고 첫째 되는 계명이요 39 둘째도 그와 같으니 네 이웃을 네 자신 같이 사랑하라 하셨으니 40 이 두 계명이 온 율법과 선지자의 강령이니라 41 바리새인들이 모였을 때에 예수께서 그들에게 물으시되 42 너희는 그리스도에 대하여 어떻게 생각하느냐 누구의 자손이냐 대답하되 다윗의 자손이니이다 43 이르시되 그러면 다윗이 성령에 감동되어 어찌 그리스도를 주라 칭하여 말하되 44 주께서 내 주께 이르시되 내가 네 원수를 네 발 아래에 둘 때까지 내 우편에 앉아 있으라 하셨도다 하였느냐 45 다윗이 그리스도를 주라 칭하였은즉 어찌 그의 자손이 되겠느냐 하시니 46 한 마디도 능히 대답하는 자가 없고 그 날부터 감히 그에게 묻는 자도 없더라

다소 길지만 그리 어렵지 않은 내용입니다. 그렇지요? 그런데, 이 본문을 좀더 묵상하려면 바로 앞의 이야기를 배경으로 해야 합니다. 마태복음 22장 23절부터 33절까지의 말씀이 바로 그 이야기입니다. 이 이야기는 사두개인과 예수님 사이의 이야기를 담고 있습니다. 즉, 사두개인들이 예수님께 한 가지 질문을 했다는 이야기인데, 사두개인들이 나름대로 상당히 어려운 질문을 만들어서 예수님께 질문을 했다는 것입니다. 그런데 마태는 이 이야기를 시작하자마자 사두개인이 어떤 사람들인지를 아주 간략하게 설명했습니다. 즉, 사두개인들은 부활을 믿지 않았다는 것입니다.

상식적인 지식만을 갖고 사두개인을 설명하자면 이렇습니다. 이들은 비교적 상류층에 속하는 사람들로서, 당연히 부유한 사람들이 많았다고 합니다. 돈이 많다고 꼭 그런 것은 아니지만, 일반적으로 우리는 돈과 믿음의 관계를 이렇게 추론하곤 하죠. 돈이 많습니다. 당연히 원하는 것을 누릴 수 있죠? 즐겁습니다. 결과적으로 다음 생에 대한 집착이 없습니다. 현실이 그냥 쭈욱 이어지길 바랄 뿐입니다. 어때요? 설득이 되십니까? 이런 비슷한 사고방식이다 보니, '이 풍진 세상이 빨리 지나고 신세 고치는 새 시대가 속히 오기를' 기다리지 않습니다. 배부르게 맛난 것을 먹고서 배를 두드리면서 우리는 이렇게 말하곤 합니다. "더도 덜도 말고 오늘만 같아라!"

어쨌든 사두개인들은 인간의 장래에 어떤 세상이 다가올까에 관한 질문을 갖고 있지 않았습니다. 그러다 보니, 성경은 이런 문제에 어떻게 말씀하시는가를 부지런히 찾으려 하지 않습니다. 그저, 오늘의 즐거움에만 관심을 갖고 있고, 이 상태가 영원하기를 바랄 뿐입니다.

그런데 가장 심각한 문제는, 이런 자신들의 신앙관을 남에게 강요한다는 것입니다. 나는 다음 세상에 관심이 없어, 성경도 다음 세계에 대해서는 말씀하지 않는 것 같아 -사실 일부러 안 보고 싶은 거죠-, 그러니까 너도 다음 세상이 없다고 믿어야 돼! 뭐 이런 식의 사고와 신앙관을 갖고 있다는 것입니다. 이 신앙관은 마침내 예수님을 시험하기에 이릅니다.

사두개인들이 예수님을 시험하고자 고안한 질문은 이겁니다. 여기 일곱 형제가 있습니다. 맏형이 결혼을 했습니다. 그런데 자식을 두지 않고 죽어 버립니다. 그러자, 둘째 아들이 형수와 결혼을 합니다. 둘째 아들도 자식이 없이 죽고, 형수는 다시 과부가 됩니다. 이런 식으로 일곱 형제가 연달아 한 여인과 결혼을 했지만, 결국은 아무도 자식을 두지 못하고 죽어버렸던 것이지요. 마침내, 이 기구한 여인은 일곱 형제, 아니 일곱 남편을 따라 죽고 맙니다. 자, 이제 진짜 질문이 시작됩니다. 이렇게 여덟 명의 남녀가 모두 하늘나라에서 만납니다. 그럼, 이 여인에게 진짜 남편은 과연 누구일까요?

결과를 놓고 생각해보면, 예수님의 대답은 아주 심플합니다. "하늘나라에서는 결혼을 안 하는데 거기서 새삼스레 무슨 남편이고 부인이야?" 예, 결혼은 애초 이 땅에 사는 인간의 외로움을 민망하게 여기신 하나님의 제도입니다. 온전하게 창조된 세계이지만, 그럼에도 하나님께서는 가정이라는 제도를 창안하시고 그 안에서 여자와 남자가 한몸의 신비를 경험하면서 이 세상을 경작하도록 하셨습니다. 이 제도는 마침내 하나님의 나라가 완성됨으로써 종결됩니다. 그러므로, 우리는 사두개인들이 왜, 어떤 의도로 이런 질문을 예수님께 드렸는가에 관심을 집중해야 할 것입니다. 왜죠? 사두개인들은 이런 골치아픈 질문을 통해서 부활이, 즉 내세가 없다고 믿는 자기들이 좀더 하나님의 말씀에 가까움을 예수께서 인정해 주기를 바랐던 것입니다.

예수님의 대답은 이처럼 부활이나 내세가 없다는 사두개인들의 믿음에 찬성하지 않았습니다. 나아가, 예수님은 하나님의 나라, 즉 내세가 있음을 전제로 사두개인의 질문에 답하심으로써 사실상 내세를 인정하셨던 것입니다. 자, 이런 이야기가 어떻게 바리새인들에게도 전해졌던 모양인데, 이 소식을 듣고 바리새인들은 굉장히 기뻤습니다. 우리말에, '원수의 원수는 친구'라는 말이 있죠? 바리새인들은 사두개인들과 사이가 나빴습니다. 더군다나 바리새인들은 내세가 있다고 믿었습니다. 그러다 보니, 사두개인들이 예수님을 시험하다가 큰코 다쳤다는 소식을 듣고 기분이 좋아졌습니다. 평소에 예수님이 싫었는데, 아 이번에 자기들이 싫어하는 사두개인들을 보기좋게 혼내줬다니, 얼마나 기분이 좋았겠습니까? 그러나, 한편으로 이렇게 사두개인을 거침없이 몰아대시는 예수님을 보면서, 바리새인들은 두렵기도 했을 것입니다.

이렇게 하여 오늘의 분문이 시작되는데, 바리새인들은 한 율법사를 뽑아서 예수님을 이렇게 시험합니다. "선생님, 율법 중에서 어느 계명이 큽니까?" 이 질문에 대해, 예수께서는 기다렸다는 듯이 이렇게 대답하셨습니다. "네 마음을 다하고 목숨을 다하고 뜻을 다하여 주 너의 하나님을 사랑하라 하셨으니 이것이 크고 첫째 되는 계명이요, 둘째도 그와 같으니 네 이웃을 네 자신 같이 사랑하라 하셨으니 이 두 계명이 온 율법과 선지자의 강령이니라." 이 대답은 사실 구약 전체를 관통하는 하나님의 말씀이자 그 분의 간절한 마음이기도 했습니다. "나를 사랑하거라. 그리고 서로 사랑하라." 하나님 사랑과 이웃 사랑으로 요약되는 사랑은, 결국 하나님과 인간, 그리고 인간과 인간의 관계를 규정합니다.

이 사실은 매우 중요합니다. 바리새인들은 예수께 가장 우선되는 계명이 무엇이냐고 물었습니다. 율법에 해박한 지식을 자부하는 바리새인들은 그 많은 계명 가운데 무엇이 가장 중요한지를 물었던 것입니다. 그러나 예수께서는 율법 전체를 아우르는 가장 큰 골격을 지적하는 동시에 핵심을 지적하신 것입니다. 하나님과 인간은 사실 십계명의 두 큰 기둥이기도 합니다. 그리고 이 두 기둥은 하나님 사랑과 이웃 사랑이라는 모습으로 구체화되죠. 어쨌든, 이렇게 중요한 여호와 신앙을 꿰뚫는 중요한 대답에 대해, 바리새인들은 별다른 반응을 보이지 않습니다. 이런 까닭에 예수님은 35절 이하에서 반격을 시도하죠. 물론, 바리새인들의 허위의식을 폭로하기 위해서입니다.

예수께서 이들에게 물으십니다. 이 질문은 예수님 특유의 몇 단계 질문으로 구성되었는데, 이렇게 요약할 수 있겠습니다. "다윗과 그리스도 중에 누가 더 높은가?" 참 곤란한 질문이죠? 바리새인을 포함한 유대인은 전통적으로 메시야, 곧 하나님의 아들이 오심을 믿었는데, 이 메시야가 다윗의 후손 가운데 날 것이라 주장했습니다. 그런데 예수님은 이 질문에서 다윗이 자신의 자손인 그리스도에게 주라고 부르는데(시110편), 그렇다면 이거 좀 이상하지 않는가 하고 질문을 하셨던 것입니다. 그들의 믿음에 따르면 그리스도는 다윗의 후손이니 당연히 다윗 보다는 아래지요. 그럼에도 다윗은 장차 나타날 그리스도, 즉 자신의 후손에게 '주'라고 부릅니다. 물론 이런 질문의 의도는 분명합니다. 바리새인들을 향하여 예수께서 이렇게 지적하시려는 것이지요. "너희들은 믿음이 좋다고 자부하면서, 성경에도 정통한 척한다. 그러나 너희의 실상을 봐라, 너희는 실상 하나님이 보내실 그리스도조차도 너희들이 신봉하는 모세의 율법이나 너희들이 진심 존경하고 높이는 다윗보다 아래에 두는 자들이 아니냐?"

이제 드디어 오늘 본문의 메시지를 요약하려 합니다. 본문에 언급되지는 않지만 사두개인들, 그리고 본문에 등장하는 바리새인들을 보십시오. 저들은 예수께 나아와 자신의 정체와 믿음의 바닥을 드러냅니다. 스스로 믿음 좋다 말하면서도 성경에 편협하고, 뿐만 아니라 자신의 믿음의 내용을 타인에게 강요하거나 그것을 가지고 이웃을 멸시하고 판단합니다. 때로는 그것으로 사람을 죽이기도 합니다.

한마디로, 저들은 하나님의 마음조차 모르는 악한 자들이었던 것이지요. 믿음은 자랑하기 위한 것이고, 성경에 대한 지식은 타인을 판단하고 자신을 높이는 수단일 뿐이었습니다. 이런 자들에게 주께서 주실 것은, 심판밖에 없습니다! 믿음은, 구원에 이르는 수단이기도 하고, 동시에 심판을 자초하는 기회이기도 합니다. 특별히, 이번 주일은 503번째 맞는 종교개혁 기념 주일입니다. 우리는 늘 자신의 믿음과 삶의 실상을 성경을 통해서 냉철하게 비춰보면서, 우리가 선택한 이 믿음의 길을 말씀 위에서 바르게 가고 있는지 살펴보아야 할 것입니다.

자, 이쯤에서 멈추고, 이제 주일예배를 드리려는 분을 위해 간단하게 안내를 드리고자 합니다.

(이 방법이 익숙하지 않으신 분은 여러분 각자의 취향에 가장 어울리는 동영상을 찾아 예배를 드리십시오. 신자는 예배와 기도를 통해서 하나님의 은혜를 공급받습니다. 예배의 풍성함은 경험한 사람만이 압니다.)

예배는, 내 마음 가운데 예수님을 영접하기 위하여, 그래서 그와 내가 '주님과 그 분의 양으로서의 관계를 맺기 위해' 나를 드리는 과정입니다. 그러므로 주일 아침, 예배를 드리기 전, 먼저 시간을 충분히 두고 마음을 가다듬으십시오. 가능하면 단정하게 옷을 입고, 자세를 바르게 하여 예배를 준비하십시오. 예배하기 전에 자원하는 마음으로 정성껏 헌금을 준비하여, 여러분의 손길로 인해 행복해질 어려운 이웃을 떠올리는 대로 그들에게 기쁨으로 선한 손길을 펴시기 바랍니다.

1. 먼저, 잠시 조용하게 기도하면서 예배를 시작하십시오. 기도는 우리의 정신을 하나님께 집중하는 행위입니다.
2. 다음으로, 오늘의 본문 "마태복음 22장 34절부터 46절까지"를, 조용히 소리내어 읽으시기 바랍니다.
3. 오늘 편지 가운데 본문과 관련된 부분을 천천히 읽으며 묵상하시기 바랍니다.

4. 묵상 가운데 깨달은 것을 갖고서, 나의 결심을 담아 하나님께 조용히 기도하십시오.
5. 마지막으로, 주기도문으로 예배를 마칩니다.
6. 예배가 끝나자마자 일어서지 마시고, 조용한 시간을 가지시기 바랍니다. 침묵의 여백은 나의 묵상을 더욱 깊이 있게 합니다. 방해 받지 않는 조용한 시간은 나의 생각을 더욱 진중하게 만듭니다.

여러분 모두를 사랑하고 축복합니다. 지금 이 시간에 떨어져 지내는 서로를 떠올리고, 잠시 그들을 위해 기도하고 축복합시다. 우리를 위해 지금도 분투하는 여러 사람들, 사랑하는 우리의 이웃들을 위해서도 기도합시다. 그리고, 이 어려운 시간을 지내고 승리한 사람으로 설 우리 자신을 칭찬하는 말로 미리 격려해 줍시다. 나보다 약한 이들을 마음에 품으며, 그들에게 아주 작은 것이라도 대접하는 친절을 보입시다. 그래서 학업이든 직장이든 가정 일이든 무슨 일에서든, 하나님께 행하듯 충성스럽게 삽시다. 우리가 하나님의 것임을 늘 잊지 않고, 그래서 나의 가장 큰 기쁨이 그 분의 뜻을 따라 사는 것임을 잊지 않고 살아갑시다.

믿음은 산을 바다로 옮기는 능력이 아닙니다. 하루하루, 순간순간, 그 때의 나의 주인이 하나님이심을 기억하며 그를 선택하고 따라가는 행위입니다.

우리의 힘과 소망은 언제나 그 분 안에 있습니다! 그가 우리를 기뻐하시며, 마침내 우리가 그의 나라에 있을 것입니다.

평안을 전하며, 홍성훈 목사 드림.

스물일곱 번째 목회서신

기름을 넉넉하게 준비하는
슬기로운 사람

사랑하는 카셀 아름다운교회 교우 여러분,
　사랑이 많으신 우리 주 예수 그리스도의 이름으로 문안드립니다. 그동안 평안하셨습니까?

　11월의 두 번째 주일을 맞았습니다. 요즘의 상황이, 마치 우리의 인내심을 시험하는 듯 하지요? 조금만 더 참고 노력하면 코로나 19 바이러스 백신이든 치료제든 나올 것이고, 그러면 최소한 내년에는 홀가분하게 다시 뭔가를 할 수 있지 않을까… 이런 기대가 바로 얼마 전에만 해도 어느 정도는 있었던 것 같습니다. 하지만, 이런 기대는, 다시 무섭게 번져가는 상황을 맞으면서 산산조각이 났습니다. 이번 겨울을 지내면서 독일은 두 번째 록다운을 실시하고 있습니다. 그리고, 이제 우리는 이 고비를 언제 넘기고 안도의 한숨을 쉴 수 있을지 장담하기 어려운 상황입니다.

　그런데 여러분, 이 막막한 시간에 우리가 명심해야 할 사실이 있습니다. 어려움으로 치면 오늘의 우리보다 훨씬 더한 고난 가운데 지내던 성도들에게 베드로 사도는 이렇게 말했습니다.

> 만물의 마지막이 가까왔으니 그러므로 너희는 정신을 차리고 근신하여 기도하라. 무엇보다도 열심으로 서로 사랑할지니, 사랑은 허다한 죄를 덮느니라. 서로 대접하기를 원망 없이 하고 각각 은사를 받은대로 하나님의 각양 은혜를 맡은 선한 청지기 같이 서로 봉사하라…(벧전 4장 7-10절)

제가 이 말씀에서 여러분과 함께 나누고 싶은 것은, 극한의 어려움을 겪는 신자들에게 베드로가 강조하는 삶의 자세입니다. 고난과 죽음이 스멀스멀 다가오는 시대를 살던 크리스천들에게 베드로는 무슨 특별하고 비상한 삶의 태도를 요청하지 않았습니다. 정신 차려서 기도하자, 무엇보다 서로 사랑하자. 각자 받은 은사를 따라 섬기는 사람처럼, 서로를 섬기자… 예, 그렇습니다. 말세라고, 대환란이라고 호들갑을 떨어도 시원찮은 시대에 놓여진 사람들에게 자신의 정체성에 맞는 삶의 태도를 보이라는 뜻이지요.

거두절미하고, 베드로를 통해서 우리가 배우는 점이 있습니다. 어렵다, 힘들다, 비상이다, 말세다… 우리는 살아가면서 맞닥뜨리는 어려운 시기를 아주 다양한 언어로 설명합니다. 세상은 이럴 때마다 그 시기를 '지혜롭게 사는 비결', 즉 처세술에 관한 책들이나 그런 류의 전망과 대안을 내놓습니다. 참 많은 사람들이 착각하고 여기에 혹합니다. 이런 시절에는 이렇게 살아야 하고, 저런 시절에는 저렇게 살아야 하고… 그런데 냉정하게 우리 자신을 살펴보면, 맞닥뜨리지 않았던 시절을 대할 때 이처럼 떠도는 구름처럼 몰려다니는 근본적인 이유는, 무엇보다 두렵기 때문입니다.

하지만, 비단 베드로만 그런 건 아니고요, 성경은 우리에게 시대가 달라졌다고 해서 다른 방법으로 대처하며 살아야 한다고 말하지 않습니다. 오히려 그런 때일수록, 정신을 차리고 자신이 어떤 존재인지를 바로 바라보면서 그 정체성에 걸맞는 태도로 돌아가라고 말합니다. 즉, 우리가 이 세상의 조물주이신 하나님의 자녀라는 사실, 그리고 눈으로 보는 이 세상을 딛고 서서 다가오는 '새 나라로 들어갈 준비를 해야 하는 존재라는 사실'을 깨달아야 하는 것입니다. 이 정체성이 제대로 세워지면, 그제서야 비로소 그 시대와 상관없이 우리가 살아내야 할 본질적인 삶의 태도가 드러납니다.

나는 하나님의 자녀입니다. 그러므로 하나님의 가르침을 삶으로 살아내야 할 사람입니다. 하나님은 사랑이시며, 그의 사랑은 예수 그리스도의 십자가에서 분명하게 드러났습니다. 사랑으로 태어나 사랑으로 거듭난 사람이 바로 나라면, 우리의 본질도 우리의 삶의 모습도 사랑이어야 마땅합니다. 그 사랑은, 내 옆의 이웃들을 섬기는 태도로 이어져야 마땅한 것이죠. 이것이, 세상이 달라지고 삶의 환경이 달라졌다 해서 변하는 것일까요? 여기까지 우리의 생각이 이어질 수 있다면, 그 결과도 분명합니다. 평안입니다. 흔들리지 않고, 담담하게! 사랑하며 섬기며 살아가는 것. 이것은 눈에 보이는 세상의 변화와 상관없이 하나님의 사람들이 보여야 할 본질적이고 영원한 삶의 원칙입니다. 그러므로 여러분, 흔들리지 맙시다. 두려워하지 맙시다. 당황하지도 맙시다. 세상이 어떠하든 우리는 서로 사랑하며, 서로 섬기며 살아야 합니다.

내일은 주일이고, 예정한 대로 개인으로 가정으로 예배를 드리는 날입니다. 이와 관련해서, 이번 서신은 내일 우리가 함께 나눌 성경 말씀에 관한 간단한 가이드를 해드리려고 합니다. 내일 함께 묵상할 본문은 마태복음 25장 1절부터 13절까지의 말씀입니다. 우선, 한번 함께 읽어볼까요?

> 1 그 때에 천국은 마치 등을 들고 신랑을 맞으러 나간 열 처녀와 같다 하리니 2 그 중의 다섯은 미련하고 다섯은 슬기 있는 자라 3 미련한 자들은 등을 가지되 기름을 가지지 아니하고 4 슬기 있는 자들은 그릇에 기름을 담아 등과 함께 가져갔더니 5 신랑이 더디 오므로 다 졸며 잘새 6 밤중에 소리가 나되 보라 신랑이로다 맞으러 나오라 하매 7 이에 그 처녀들이 다 일어나 등을 준비할새 8 미련한 자들이 슬기 있는 자들에게 이르되 우리 등불이 꺼져가니 너희 기름을 좀 나눠 달라 하거늘 9 슬기 있는 자들이 대답하여 이르되 우리와 너희가 쓰기에 다 부족할까 하노니 차라리 파는 자들에게 가서 너희 쓸 것을 사라 하니 10 그들이 사러

간 사이에 신랑이 오므로 준비하였던 자들은 함께 혼인 잔치에 들어가고 문은 닫힌지라 11 그 후에 남은 처녀들이 와서 이르되 주여 주여 우리에게 열어 주소서 12 대답하여 이르되 진실로 너희에게 이르노니 내가 너희를 알지 못하노라 하였느니라 13 그런즉 깨어 있으라 너희는 그 날과 그 때를 알지 못하느니라

본문은, 예수께서 '천국'을 설명하시는 내용입니다. 즉, 신랑을 맞으려고 밤에 등불을 들고 기다리는 열 처녀를 담고 있습니다. 한 신랑을 열 처녀가 맞이하러 나가는 이상한 설정에 대해서는 말하지 맙시다. 그냥, 비유니까요. 어쨌든, 이 이야기에서 열 처녀가 두 그룹으로 나뉩니다. 한 그룹은 미련한 다섯 사람들입니다. 그들은 늦게 오는 신랑을 기다리다가 잠이 들었는데, 그가 온다는 소리를 듣고 일어나서 마중을 나갑니다. 그런데 아뿔싸, 들고 나갈 등에 기름이 없었습니다. 기름을 사서 채울 시간이 없어서, 기름을 넉넉하게 갖고 있는 나머지 다섯 처녀들에게 기름을 빌려 달라고 하지만, 그들은 자기들도 여유가 없다고 거절합니다. 기름이 부족한 처녀들은 결국 기름을 사러 나갔지만, 시간에 맞추어 혼인 잔치에 돌아올 수 없었습니다.

예수님은 이 이야기를 마치면서 이렇게 말씀하십니다. "그런즉 깨어 있으라. 너희는 그 날과 그 때를 알지 못하느니라." 이 말씀이 결론이라고 한다면 우리는 예수께서 열 처녀를 두 그룹으로 나누어

한 그룹은 '미련한 자들', 또 한 그룹은 '슬기로운 자들'이라고 지칭하신 기준이 뭔지를 짐작할 수 있습니다. 무엇보다 때와 시기를 잘 아는 사람이어야 슬기로운 사람이라 할 수 있겠습니다. 그러나 그것으로 충분하지 않습니다. 그 때와 시기가 정확히 언제인지는 모르니 늦게 도착할 신랑을 맞기 위해서 기름을 넉넉하게 준비해야겠지요. 즉, 기름을 충분하게 준비하는 사람이 슬기로운 사람입니다. 자, 정리해 볼까요? 소위 '그 때'가 가까움을 알되 언제인지는 확실하지 않으니 기름을 넉넉하게 준비하는 사람이 슬기로운 사람이 되는 것입니다.

지난 주일에도 말씀드렸습니다만, 지금 예수님은 이 이야기 훨씬 전부터 소위 십자가의 죽음과 부활 사건 이후에 벌어질 '마지막 일들'에 대해 말씀하고 계십니다. 십자가에 예수를 달아 죽이는 이들, 즉 세상의 권력자들, 종교지도자들, 종교를 빙자하여 하나님의 영광을 대신 누리는 자들… 등에 대한 하나님의 심판이 곧 벌어질 것입니다. 그러나 하나님의 계획은 거기에서 그치지 않습니다. 그들에 대한 저주를 넘어, 예수 그리스도의 죽음과 부활을 기점으로 한 하나님의 나라가 이 땅에 등장하게 될 것입니다. 그리하여, 솔로몬의 유대 왕국은 그리스도를 왕으로 하는 하나님의 나라로 대체될 것입니다.

실로 어마어마한 격동의 시기 아닙니까? 유대인 중심의, 성전 중심의, 다윗 왕국 중심의 세계관을 가진 유대인들에게는 이것이 세상의 마지막이요 하나님의 심판처럼 여겨질 것입니다. 어쨌든, 지금 이 본문에서 예수께서는 이 격변의 시간을 살고 있는 사람들에게 충고하고 계십니다. "그 때가 반드시 올 것이다. 지금 오고 있다. 그러나 그 정확한 시간은 너희가 모르니, 기름을 충분히 준비하고 기다려라. 그것이 참된 지혜다!"

자 이제, 오늘의 본문을 정리하면서 지금을 살고 있는 우리에게 주시는 교훈을 찾아야 할 시간이 되었습니다. 실은 제가 어릴 때부터 교회에서 우스갯소리가 있었습니다. "성경을 보니까 말세라고 하는데, 대체 그 말세라고 말한 게 이천 년이잖아?" 이런 질문에 이런 대답도 있었어요. "그러게 초대교회 때가 말세였다면 지금은 말세 중에서도 마지막이라니까?" 필요 외의 긴 설명은 생략하겠습니다만, 성경이 말세, 즉 세상의 마지막이라고 말하는 순간 우리는 대부분 시간적 종말을 떠올립니다. 그래서, 전세계적인 질병이 돌고, 어마어마한 전쟁이 일어나고, 하늘에선 멀쩡하게 가던 비행기들이 추락하기도 하고, 하늘의 별들이 떼를 지어 유성이 되어 머리맡에 떨어지고… 하는 광경을 연상하지요.

덕분에, 일상적이지 않은 자연재해나 기후 이상 같은 사건이 벌어지면 본능적으로 '이제 말세가 되었나?' 하고 생각하는 게 보통입니다. 물론 그런 말세가 오긴 할 것입니다. 하지만 예수께서는 이런 말세에 대해서 아주 확실하게 대못처럼 박아놓으신 말씀이 있습니다. "그 날과 그 시에 대해서는 아버지 외에 아는 자가 없다!" 한마디로, 그건 하나님만이 아시는 일이니 너희는 그 순간을 놓고 쓸데없는 소모를 하지 않도록 하라는 말씀입니다. 그럼에도, 우리는 '그때'가 어느 순간 도적 같이, 벼락처럼 올 수도 있음을 알고 살아야 합니다.

이런 맥락에서 우리가 동시에 명심해야 할 일이 있습니다. 올듯이 오지 않으나 언제든 올 그 시간을 늘 의식하며 살아야 한다는 것입니다. 그러고 보니 이 서신 처음에 베드로의 이야기를 언급했는데, 그것과 일맥상통하는 것이 있죠? 뭐, 간단히 말하고 정리합시다. 오래전, 어떤 학생과 떡볶이를 먹은 적이 있었어요. 그런데 어쩌다 보니 아주 매운 떡볶이가 만들어졌습니다. 그 학생이 떡볶이를 아주 좋아해서 만든 건데 그걸 보고 좋아라 하더니 한번 맛을 보곤 이렇게 말했습니다.

"어우, 목사님. 이렇게 매운 떡볶이는 안 먹을래요."
"왜? 니가 좋아하는 건데?"
"저 쟁어린(Sängerin)잖아요? 성악가가 너무 매운 거 먹으면 성대가 안좋아진다고요."
"그래도 한번만 먹어."
"싫어요."

저는 이 말을 무례하거나 서운하다고 생각지 않았습니다. 오히려, 자기의 본분을 위해서 좋은 것도 참아내는 그 태도가 너무도 멋져 보였어요. 자, 어떤가요? 마지막을 살면서도 모든 것을 평소처럼, 그러나 더욱 본질에 충실하게 살아내는 삶. 멋있지 않습니까? 지금 나의 이 행동이 내가 믿는 믿음에 얼마나 충실한가요? 지금 나의 삶이 그 시간에 적절한 것일까요? 이게, 오늘의 본문에서 제가 여러분과 함께 나누고 싶은 주님의 교훈입니다.

자, 이쯤에서 멈추고, 이제 주일예배를 드리려는 분을 위해 간단하게 안내를 드리고자 합니다.

(이 방법이 익숙하지 않으신 분은 여러분 각자의 취향에 가장 어울리는 동영상을 찾아 예배를 드리십시오. 신자는 예배와 기도를 통해서 하나님의 은혜를 공급받습니다. 예배의 풍성함은 경험한 사람만이 압니다.)

예배는, 내 마음 가운데 예수님을 영접하기 위하여, 그래서 그와 내가 '주님과 그 분의 양으로서의 관계를 맺기 위해' 나를 드리는 과정입니다. 그러므로 주일 아침, 예배를 드리기 전, 먼저 시간을 충분히 두고 마음을 가다듬으십시오. 가능하면 단정하게 옷을 입고, 자세를 바르게 하여 예배를 준비하십시오. 예배하기 전에 자원하는 마음으로 정성껏 헌금을 준비하여, 여러분의 손길로 인해 행복해질 어려운 이웃을 떠올리는 대로 그들에게 기쁨으로 선한 손길을 펴시기 바랍니다.

1. 먼저, 잠시 조용하게 기도하면서 예배를 시작하십시오. 기도는 우리의 정신을 하나님께 집중하는 행위입니다.

2. 다음으로, 오늘의 본문 "마태복음 25장 1절부터 13절까지"를, 조용히 소리내어 읽으시기 바랍니다.
3. 오늘 편지 가운데 본문과 관련된 부분을 천천히 읽으며 묵상하시기 바랍니다.
4. 묵상 가운데 깨달은 것을 갖고서, 나의 결심을 담아 하나님께 조용히 기도하십시오.
5. 마지막으로, 주기도문으로 예배를 마칩니다.
6. 예배가 끝나자마자 일어서지 마시고, 조용한 시간을 가지시기 바랍니다. 침묵의 여백은 나의 묵상을 더욱 깊이 있게 합니다. 방해받지 않는 조용한 시간은 나의 생각을 더욱 진중하게 만듭니다.

여러분 모두를 사랑하고 축복합니다. 지금 이 시간에 떨어져 지내는 서로를 떠올리고, 잠시 그들을 위해 기도하고 축복합시다. 우리를 위해 지금도 분투하는 여러 사람들, 사랑하는 우리의 이웃들을 위해서도 기도합시다. 그리고, 이 어려운 시간을 지내고 승리한 사람으로 설 우리 자신을 칭찬하는 말로 미리 격려해 줍시다. 나보다 약한 이들을 마음에 품으며, 그들에게 아주 작은 것이라도 대접하는 친절을 보입시다. 그래서 학업이든 직장이든 가정 일이든 무슨 일에서든, 하나님께 행하듯 충성스럽게 삽시다. 우리가 하나님의 것임을 늘 잊지 않고, 그래서 나의 가장 큰 기쁨이 그 분의 뜻을 따라 사는 것임을 잊지 않고 살아갑시다. 믿음은 산을 바다로 옮기는 능력이 아닙니다. 하루하루, 순간순간, 그 때의 나의 주인이 하나님이심을 기억하며 그를 선택하고 따라가는 행위입니다.

　우리의 힘과 소망은 언제나 그 분 안에 있습니다! 그가 우리를 기뻐하시며, 마침내 우리가 그의 나라에 있을 것입니다.

　　　　　　　　　　　　평안을 전하며, 홍성훈 목사 드림.

스물여덟 번째 목회서신

오늘 마주친 일과 사람을 과연 어떤 마음으로 대했습니까?

사랑하는 카셀 아름다운교회 교우 여러분,

사랑이 많으신 우리 주 예수 그리스도의 이름으로 문안드립니다. 그동안 평안하셨습니까?

11월의 네 번째 주일을 맞고 있습니다. 이번 주간은, 우리도 모르는 새에 위기를 지나고 있었던 것 같습니다. 다른 나라에 비하면 사실 별거 아닐 수도 있지만, 매일 코로나19 바이러스 신규 감염자 숫자가 급증하는 통계를 보면서 독일 전체가 긴장하며 지냈기 때문입니다. 사실 따지고 보면 우리는 늘상 위기 가운데 살면서도 그 위기를 실감하지 못하면서 삽니다. 또 그러다 보니 '그런 거 의식하면서 살면 무서워서 못 산다'며, 위기 가운데 사는 우리 존재의 실상을 애써 무시하며 살기도 합니다. 어쨌든, 지금 우리가 경험하는 '위기'는, 적어도 우리 자신이 코로나 바이러스에 감염되지 않는 한, '이 위기의 시간이 나에게 있어서 어떠한 의미일까?'라는 질문에 관심을 집중하게 만듭니다.

요즘 어떤 책을 읽고 있는데, 그 저자가 이런 말을 하는 걸 보았습니다. (이 부분의 배경은 시편 77편입니다.)

"… 이 시인은 자기 자신에게 애처롭게 관심을 돌리며, 자기의 현재 상황에 대해서 곰곰이 생각한다. 지금 그는 자기 자신에 대해서밖에 말할 수 없다(1-6절).

"내가 하나님께 소리 높여 부르짖습니다……
나는 주님을 찾습니다.

내 손을 펼쳐 들었습니다.
내 영혼은 위로받기를 거절합니다.

나는 하나님을 생각합니다.
나는 한숨을 짓습니다.
나는 생각에 잠깁니다.
내 심령이 상합니다.
눈을 감지 못하도록, 주께서 내 눈꺼풀을 꼭 붙잡고 계십니다.
내가 너무 괴로워서 말을 할 수도 없습니다.
내가 옛날을 곰곰이 생각해 봅니다.
내가 지나간 세월을 회상합니다.
내가 내 심령에 말합니다.
내가 생각에 깊이 잠기며 내 심령을 세밀히 살펴봅니다."

시편 77편의 저자는, 위기의 순간에 자신을 돌아보면서 관심을 자신에게 집중합니다. 이 집중된 관심은 결국 하나님을 향하게 되지요.

"주께서 [나를] 영원히 버리시는 것일까?
그리고 다시는 [나에게] 은혜를 베풀지 않으시는 것일까?
그의 한결같은 사랑이 영원히 끊긴 것일까?
그의 약속들도 영원히 끝난 것일까?
하나님께서 은혜를 베푸시는 것을 잊으신 것일까?
그가 노하셔서 그의 긍휼을 그치신 것일까?"(7-9)

제가 하고픈 말은 이것입니다. 인간은 위기의 시간에서야 자신을 돌아보며, 하나님께 질문한다는 것이지요. 사실 이런 모습은, 인류의 역사가 시작된 이후 지금까지 대부분의 사람들이 위기의 시간에 보여준 것이었습니다. 인간은 자신의 힘으로 어찌할 수 없는 위기의 시간에야 스스로를 성찰하고 동시에 신적 존재를 찾는다는 것입니다.

내일은 주일이고, 예정한 대로 개인으로 가정으로 예배를 드리는 날입니다. 이와 관련해서, 이번 서신은 내일 우리가 함께 나눌 성경 말씀에 관한 간단한 가이드를 해드리려고 합니다. 내일 함께 묵상할 본문은 마태복음 25장 31절부터 46절까지의 말씀입니다. 우선, 한번 함께 읽어볼까요?

31 인자가 자기 영광으로 모든 천사와 함께 올 때에 자기 영광의 보좌에 앉으리니 32 모든 민족을 그 앞에 모으고 각각 구분하기를 목자가 양과 염소를 구분하는 것 같이 하여 33 양은 그 오른편에 염소는 왼편에 두리라 34 그 때에 임금이 그 오른편에 있는 자들에게 이르시되 내 아버지께 복 받을 자들이여 나아와 창세로부터 너희를 위하여 예비된 나라를 상속받으라 35 내가 주릴 때에 너희가 먹을 것을 주었고 목마를 때에 마시게 하였고 나그네 되었을 때에 영접하였고 36 헐벗었을 때에 옷을 입혔고 병들었을 때에 돌보았고 옥에 갇혔을 때에 와서 보았느니라 37 이에 의인들이 대답하여 이르되 주여 우리가 어느 때에 주께서 주리신 것을 보고 음식을 대접하였으며 목마르신 것을 보고 마시게 하였나이까 38 어느 때에 나그네 되신 것을 보고 영접하였으며 헐벗으신 것을 보고 옷 입혔나이까 39 어느 때에 병드신 것이나 옥에 갇히신 것을 보고 가서 뵈었나이까 하리니 40 임금이 대답하여 이르시되 내가 진실로 너희에게 이르노니 너희가 여기 내 형제 중에 지극히 작은 자 하나에게 한 것이 곧 내게 한 것이니라 하시고 41 또 왼편에 있는 자들에게 이르시되 저주를 받은 자들아 나를 떠나 마귀와 그 사자들을 위하여 예비된 영원한 불에 들어가라 42 내가 주릴 때에 너희가 먹을 것을 주지 아니하였고 목마를 때에 마시게 하지 아니하였고 43 나그네 되었을 때에 영접하지 아니하였고 헐벗었을 때에 옷 입히지 아니하였고 병들

었을 때와 옥에 갇혔을 때에 돌보지 아니하였느니라 하시니 44 그들도 대답하여 이르되 주여 우리가 어느 때에 주께서 주리신 것이나 목마르신 것이나 나그네 되신 것이나 헐벗으신 것이나 병드신 것이나 옥에 갇히신 것을 보고 공양하지 아니하더이까 45 이에 임금이 대답하여 이르시되 내가 진실로 너희에게 이르노니 이 지극히 작은 자 하나에게 하지 아니한 것이 곧 내게 하지 아니한 것이니라 하시리니 46 그들은 영벌에, 의인들은 영생에 들어가리라 하시니라 (개역개정 한글판)

오늘의 본문은, 무엇보다 마침내 세상의 마지막 시간이 올 것이고, 그 때 심판이 행해질 것인데, 그 심판은 각자가 행한대로 갚아주는 것이 될 것이라는 말씀입니다. 그리고 그 심판의 놀라운 기준에 관하여 우리 주님께서 덧붙이시는데, 본문의 표현대로 말하자면, '(형제 가운데) 이 지극히 작은 자에 대하여 행한 것을 따라 갚으시겠다'는 것입니다. 오늘날을 사는 우리에게 '세상의 마지막'이나 '심판'이란 단어는 사실 굉장히 생소합니다. 우리는 현대의 문명에서 영향을 받으면서 삽니다. 그 때문인지 우리는, 이 세상이 질서정연하고 예측 가능하게 스스로 영원히 굴러갈 것처럼 생각합니다.

그러나 성경은 분명하게 '세상의 종말이 있고, 그 때에 각자가 행한대로 하나님의 심판을 경험할 것'이라고 단언합니다. 이에 관하여 우리는 때에 따라 동의하기도 하고, 동의하지 않기도 합니다. '세상의 마지막'이나 '심판' 같은 개념들은, 주로 우리가 위기를 당할 때라든지, 매우 불공평한 상황을 경험하면서 이걸 반드시 바로 잡아야겠다는 강렬한 소원이 생길 때에나 두드러지게 나타날 뿐입니다. 이 부분에 대해서는 이 서신의 앞에서 아주 간략하게나마 말씀드렸으니 지나가고, 오늘은 하나님께서 사용하실 것이라고 말씀하신, 그 심판의 기준에 대해서 강조하고자 합니다. 즉, 하나님께서 각 사람이 행한 그대로 심판하실 것이라 말씀하시면서 하나의 놀라운 진실이 언급되는 것입니다.

본문을 보면, 심판의 자리에서 아주 놀라운 광경이 펼쳐집니다. 스스로 생각할 때 나는 살면서 그닥 좋은 일을 한 것 같지 않다는 사람에게 하나님은 큰 상을 베풀고, 그 반대의 경우도 일어납니다. 결과적으로 사는 동안 착한 일을 한 기억이 별로 없는 사람도 예상 외의 큰 상급에 놀라고, 반대로 나는 굉장히 착한 일을 많이 하는 사람이라고 생각하는 사람은 하나님의 냉대에 놀라게 되죠. 그리고, 이렇게 하나님께서 모든 사람을 놀라게 하신 의외의 기준이 곧 드러납니다. 즉, '네 형제 가운데 가장 작은 자를 어떻게 대했느냐'를 가지고 기준을 잡으셨다는 것입니다.

사실, 이 부분은 정말 놀라운 말씀입니다. 우리의 상식을 깨는 기준이기 때문입니다. 즉 우리는 '하나님'의 이름이 붙은 일에 대해서는 아주 열성적이지만 그렇지 않은 것에 대해서는 아주 무관심하단 것입니다. 오래전 제가 청년 시절, 해마다 일 년에 몇 번씩 기도원에서 집회가 있었는데, 서울로 가는 버스가 드물지도 않았음에도 집회가 끝나자마자 서로 먼저 그 버스를 올라타려고 아우성을 치곤 했습니다. 집회의 강사가 '제발 좀 진득하니 기도도 하고 옆 사람에게 버스 자리도 양보도 하시라'고 권면해도 소용이 없었어요. 결국 기도원에서 받은 은혜를 버스 정류장에서 다 쏟는다는 우스갯소리도 나오곤 했지요.

교회에선 천사 같은 얼굴로 있어도, 사업장에서나 길에서는 인정사정 없이 구는 사람이 의외로 적지 않습니다. 오죽하면 '저 사람 때문에 교회 안 간다'는 말까지 있겠습니까? 어쨌든 이런 이중적인 삶의 태도가 보기 드물지 않은 것은 결국 우리가 하나님의 것과 세상의 것을 분리하여 대하고 있음을 방증하는 현상이라고 보입니다. 그런데 여러분, 하나님의 것과 세상의 것이 정말 구별됩니까? 돈 되고 명성이 따르는 일에는 열심이면서 막 대해도 괜찮은 사람에겐 지극히 잔인한 태도가 정말로 하나님의 사람으로서 잘 사는 태도인가요? 오늘의 본문에서 우리 주께서 말씀하시려는 것은 결국, '모든 일을 하나님 대하듯 대하라'는 것이 아닐까요? 하나님을 최선으로 대하는 사람이라면 오히려, 세상에서 가장 무시받는 그 사람에 대해서도 마치 하나님을 대하듯 대해야 하지 않겠습니까? 천국의 입구에 서서 나는 어떤 일 때문에 놀랄까요? 내 기대보다 잘 대해주시기 때문에? 아니면 그 반대 이유로? 나는 오늘 마주친 일과 사람을 과연 어떤 마음으로 대했습니까? 믿음은, 일의 종류를 가리지 않습니다. 대하는 사람을 등급을 나누며 태도를 달리하지 않습니다. 내가 마주친 모든 일 가운데 계신, 나의 주 나의 하나님만을 바라봅니다. 내가 대하는 사람 안에 계신 하나님만을 바라봅니다.

자, 이쯤에서 멈추고, 이제 주일예배를 드리려는 분을 위해 간단하게 안내를 드리고자 합니다.

(이 방법이 익숙하지 않으신 분은 여러분 각자의 취향에 가장 어울리는 동영상을 찾아 예배를 드리십시오. 신자는 예배와 기도를 통해서 하나님의 은혜를 공급받습니다. 예배의 풍성함은 경험한 사람만이 압니다.)

예배는, 내 마음 가운데 예수님을 영접하기 위하여, 그래서 그와 내가 '주님과 그 분의 양으로서의 관계를 맺기 위해' 나를 드리는 과정입니다. 그러므로 주일 아침, 예배를 드리기 전, 먼저 시간을 충분히 두고 마음을 가다듬으십시오. 가능하면 단정하게 옷을 입고, 자세를 바르게 하여 예배를 준비하십시오. 예배하기 전에 자원하는 마음으로 정성껏 헌금을 준비하여, 여러분의 손길로 인해 행복해질 어려운 이웃을 떠올리는 대로 그들에게 기쁨으로 선한 손길을 펴시기 바랍니다.

1. 먼저, 잠시 조용하게 기도하면서 예배를 시작하십시오. 기도는 우리의 정신을 하나님께 집중하는 행위입니다.
2. 다음으로, 오늘의 본문 "마태복음 25장 31절부터 46절까지"를, 조용히 소리내어 읽으시기 바랍니다.
3. 오늘 편지 가운데 본문과 관련된 부분을 천천히 읽으며 묵상

하시기 바랍니다.
4. 묵상 가운데 깨달은 것을 갖고서, 나의 결심을 담아 하나님께 조용히 기도하십시오.
5. 마지막으로, 주기도문으로 예배를 마칩니다.
6. 예배가 끝나자마자 일어서지 마시고, 조용한 시간을 가지시기 바랍니다. 침묵의 여백은 나의 묵상을 더욱 깊이 있게 합니다. 방해받지 않는 조용한 시간은 나의 생각을 더욱 진중하게 만듭니다.

여러분 모두를 사랑하고 축복합니다. 지금 이 시간에 떨어져 지내는 서로를 떠올리고, 잠시 그들을 위해 기도하고 축복합시다. 우리를 위해 지금도 분투하는 여러 사람들, 사랑하는 우리의 이웃들을 위해서도 기도합시다. 그리고, 이 어려운 시간을 지내고 승리한 사람으로 설 우리 자신을 칭찬하는 말로 미리 격려해 줍시다. 나보다 약한 이들을 마음에 품으며, 그들에게 아주 작은 것이라도 대접하는 친절을 보입시다. 그래서 학업이든 직장이든 가정 일이든 무슨 일에서든, 하나님께 행하듯 충성스럽게 삽시다. 우리가 하나님의 것임을 늘 잊지 않고, 그래서 나의 가장 큰 기쁨이 그 분의 뜻을 따라 사는 것임을 잊지 않고 살아갑시다. 믿음은 산을 바다로 옮기는 능력이 아닙니다. 하루하루, 순간순간, 그 때의 나의 주인이 하나님이심을 기억하며 그를 선택하고 따라가는 행위입니다.

우리의 힘과 소망은 언제나 그 분 안에 있습니다! 그가 우리를 기뻐하시며, 마침내 우리가 그의 나라에 있을 것입니다.

평안을 전하며, 홍성훈 목사 드림.

*추신: 모든 교우께 알립니다. 오는 2021년 11월 29일 주일예배는 대면예배로 드립니다. 다만, 독일교회의 행사 관계로 12시에 모이게 됩니다. 기억하시기 바랍니다!

스물아홉 번째 목회서신

신자에게 있어서 가장 중요한 것은

사랑하는 카셀 아름다운교회 교우 여러분,
사랑이 많으신 우리 주 예수 그리스도의 이름으로 문안드립니다. 그동안 평안하셨습니까?

요즘 들어 독일은 또 하나의 코로나19 바이러스 위기를 맞고 있는 것 같습니다. 지난 3월 이래 가장 자주 백신에 관한 기대를 언급하고는 있지만, 아직도 이것이 우리에게까지 현실로 돌아오기에는 먼 이야기 같습니다. 올 연말의 크리스마스 절기는 꼼짝 말고 집에서 지내야 할 확률이 점점 높아지고 있습니다. 이로써 우리는 올 한 해의 대부분을 긴장과 기다림의 시간으로 보내게 된 것입니다. 이처럼 암울한 시기에 우리가 버리지 않아야 할 가장 소중한 것은 희망입니다. 우리의 꿈이 하나님 안에 있기에, 우리의 시간을 그 분께 맡기고 다만 하루하루의 할 일에 충실하기만 하면, 우리의 꿈을 기어이 하나님께서 이루실 것을 믿기 때문입니다.

그 희망은 우리의 삶의 현실을 이미 이루어진 것으로 여기게 하며, 이것이 기쁨의 근원이 됩니다. 그리고 그 기쁨으로 말미암아 마침내 같은 믿음으로 분투하는 이웃들을 끌어안아 사랑하게 되는 것입니다. 그러므로 여러분, 용기를 냅시다. 어려움으로 인해 우리의 삶의 근원이신 하나님께 더욱 가까이 가서 우리의 우리 됨을 회복합시다. 위기를 기회로 만드는 힘이 믿음입니다.

내일은 예정대로 우리 교회가 개인/가정으로 하나님을 예배하는 주일입니다. 이를 위해서 스물 아홉 번째 목회서신을 보내게 되었습니다. 내일 우리가 각자의 처소에서 함께 나눌 하나님의 말씀은 데살로니가전서 5장 16절부터 24절입니다. 우선, 함께 읽어보겠습니다.

> 16 항상 기뻐하라 17 쉬지 말고 기도하라 18 범사에 감사하라 이것이 그리스도 예수 안에서 너희를 향하신 하나님의 뜻이니라 19 성령을 소멸하지 말며 20 예언을 멸시하지 말고 21 범사에 헤아려 좋은 것을 취하고 22 악은 어떤 모양이라도 버리라 23 평강의 하나님이 친히 너희를 온전히 거룩하게 하시고 또 너희의 온 영과 혼과 몸이 우리 주 예수 그리스도께서 강림하실 때에 흠 없게 보전되기를 원하노라 24 너희를 부르시는 이는 미쁘시니 그가 또한 이루시리라 (개역개정 한글판)

사실 이 본문의 처음에 등장하는 소위 세 구절의 권면은 신자들에게 너무나도 유명합니다. 그리고, 사실을 말씀드리면, 이 세 개의 명령형 구절은 심지어 슬프고 힘들 때조차 억지로라도 기뻐해야 하며, 억지로라도 기도하여야 하며, 억지로라도 감사해야 한다는 식의 의미로 해석하곤 합니다. 그러나, 정말로 그럴까요?

본문 바로 앞을 볼 때, 데살로니가전서 5장의 말씀에 등장하는 여러 권면들이 '때와 시에 관해서는 말할 나위가 없을만큼 분명한 어떤 사건' 때문에 주어진 것임을 알 수 있습니다. 그것은 예수님의 재림이며, 그 재림이 '불시에', 즉 인간이 감히 예측하지 못할 시간에 올 것입니다. 데살로니가 교회의 교인들은 이 사실을 분명히 알고 있었습니다. 그리고, 이 지식으로 말미암아 그들은 정신을 바짝 차리고 살았으며, 자기들을 일깨우는 지도자들의 권면을 따라 서로 화목하며, 게으른 자에게 경고하고, 약한 자를 격려하며, 힘없는 자를 붙들어주면서, 모든 이들에 대하여 인내하며 기다렸던 것입니다 (12-15).

모든 사람을 선으로 대하며, 항상 기뻐하며, 쉼없이 기도하고, 모든 일에 감사하는 삶의 태도는 하나님의 뜻을 아는 사람으로서 마땅히 품어야 할 자세입니다. 성령을 소멸하지 않으며, 예언을 멸시하지 않고, 선을 취하고 악을 철저하게 버리는 것은 신자의 마땅한 태도입니다. 그리스도 예수 안에서 하나님과 평강의 관계를 이룬 사람들에 대하여 바라시는 하나님의 소원이 여기 있습니다. 즉, 하나님은 신자들이 이런 모습으로 거룩함을 이루며, 이 거룩함이 예수 그리스도의 재림 때까지 보전되기를 바라시는 것입니다. 이 소원은 당신 스스로의 약속에 대해 믿을 만하신 하나님 자신의 능력으로 온전하게 이뤄질 것입니다(16-24).

자, 요약합시다. 지금까지 우리는 데살로니가전서 5장의 본문 말씀의 의미를 제대로 잡기 위해 전체의 흐름을 조망해 보았습니다. 여태까지 살펴본 바와 같이, 우리가 익숙하게 들어왔던 한마디 한마디 권면들은 하나의 분명한 소망, 즉 예수 그리스도의 재림을 믿는 신자들이 바로 그 소망 때문에 '자신의 삶 가운데 모든 행위들을 오직 하나의 연결고리로 엮어내는 성찰과 실천의 단면들인 것'입니다. 즉, 신자의 행위들은 어느 하나 할 것 없이 자신이 믿는 소망에서 우러나와야 합니다. 그것이 우리가 추구해야 할 진정한 거룩이며, 하나님의 온전하심에 이르려는 삶의 모습인 것이지요.

사랑하는 여러분,
오늘 저는 데살로니가전서 5장의 본문에 대하여 더 이상 말씀드릴 것이 없습니다. 지난 주일에는 오직 하나의 목적만을 위해 살았던 사람 세례 요한에 관하여 말씀드렸습니다. 그가 모든 사실을 인지했든 못했든 상관없이, 세례 요한은 철저하게 하나님의 아들 예수 그리스도를 안내하기 위한 삶을 살았습니다. 그것을 통해서 우리는, 오직 하나의 목적에 충실한 인생이 가장 행복한 순명의 삶임을 확인했습니다. 문맥은 다르지만 오늘의 본문도 사실상 동일한 인생의 모습을 보여줍니다. 예수 그리스도를 통해서 만나게 된 그 하나님의 뜻을 따라서 사는 삶이야말로 우리 신자가 바라고 추구해야 할 삶의 모습인 것이고, 그것이야말로 하나님께서 간절하게 바라는 삶의 모습이라는 것입니다.

우리는 시시때때로 하나님의 뜻을 찾고, 우리 인생의 방향과 목적에 대해 고민하곤 합니다. 그러나, 역시 지난 주일에 말씀드린대로, 신자에게 있어서 참된 행복은 멀리 있지 않으며, 찾는 데 그리 어려운 노력이 필요하지도 않습니다. 행복은 나의 삶의 방향과 목적을 하나님의 뜻에 맞추는 것이며, 그 분께서 거룩하신 것처럼 스스로를 구별하여 하나님의 성품에 맞추어 하루하루를 살아내는 데 있습니다. 그것은 무엇을 이루는 것보다 훨씬 중요한 일입니다. 신자에게 있어서 가장 중요한 것은 내 몸 밖의 무엇인가를 얻는 것보다 나 스스로를 하나님의 성품에 일치시키는 것이기 때문입니다.

그러므로, 신자의 참된 행복이 여기 있습니다. 하나님께서 거룩하신 것처럼, 우리 또한 거룩하게 되는 것입니다. 하나님의 나라는 하나님의 성품을 닮은 자만이 들어갑니다. 이 천국의 소망은 이러한 우리의 노력에도 불구하고 하나님께서 이루실 것입니다. 그것이 바로 하나님 자신의 소원이기 때문입니다.

자, 이쯤에서 멈추고, 이제 주일예배를 드리려는 분을 위해 간단하게 안내를 드리고자 합니다.
(이 방법이 익숙하지 않으신 분은 여러분 각자의 취향에 가장 어울리는 동영상을 찾아 예배를 드리십시오. 신자는 예배와 기도를 통해서 하나님의

은혜를 공급받습니다. 예배의 풍성함은 경험한 사람만이 압니다.)

예배는, 내 마음 가운데 예수님을 영접하기 위하여, 그래서 그와 내가 '주님과 그 분의 양으로서의 관계를 맺기 위해', 나를 드리는 과정입니다. 그러므로 주일 아침, 예배를 드리기 전, 먼저 시간을 충분히 두고 마음을 가다듬으십시오. 가능하면 단정하게 옷을 입고, 자세를 바르게 하여 예배를 준비하십시오. 예배하기 전에 자원하는 마음으로 정성껏 헌금을 준비하여, 여러분의 손길로 인해 행복해질 어려운 이웃을 떠올리는 대로 그들에게 기쁨으로 선한 손길을 펴시기 바랍니다.

1. 먼저, 잠시 조용하게 기도하면서 예배를 시작하십시오. 기도는 우리의 정신을 하나님께 집중하는 행위입니다.
2. 다음으로, 오늘의 본문 "데살로니가전서 5장 16절부터 24절까지"를, 조용히 소리내어 읽으시기 바랍니다.
3. 오늘 편지 가운데 본문과 관련된 부분을 천천히 읽으며 묵상하시기 바랍니다.
4. 묵상 가운데 깨달은 것을 갖고서, 나의 결심을 담아 하나님께 조용히 기도하십시오.
5. 마지막으로, 주기도문으로 예배를 마칩니다.
6. 예배가 끝나자마자 일어서지 마시고, 조용한 시간을 가지시기 바랍니다. 침묵의 여백은 나의 묵상을 더욱 깊이 있게 합니다. 방해 받지 않는 조용한 시간은 나의 생각을 더욱 진중하게

만듭니다.

여러분 모두를 사랑하고 축복합니다. 지금 이 시간에 떨어져 지내는 서로를 떠올리고, 잠시 그들을 위해 기도하고 축복합시다. 우리를 위해 지금도 분투하는 여러 사람들, 사랑하는 우리의 이웃들을 위해서도 기도합시다. 그리고, 이 어려운 시간을 지내고 승리한 사람으로 설 우리 자신을 칭찬하는 말로 미리 격려해 줍시다. 나보다 약한 이들을 마음에 품으며, 그들에게 아주 작은 것이라도 대접하는 친절을 보입시다. 그래서 학업이든 직장이든 가정 일이든 무슨 일에서든, 하나님께 행하듯 충성스럽게 삽시다. 우리가 하나님의 것임을 늘 잊지 않고, 그래서 나의 가장 큰 기쁨이 그 분의 뜻을 따라 사는 것임을 잊지 않고 살아갑시다. 믿음은 산을 바다로 옮기는 능력이 아닙니다. 하루하루, 순간순간, 그 때의 나의 주인이 하나님이심을 기억하며 그를 선택하고 따라가는 행위입니다.

우리의 힘과 소망은 언제나 그 분 안에 있습니다! 그가 우리를 기뻐하시며, 마침내 우리가 그의 나라에 있을 것입니다.

평안을 전하며, 홍성훈 목사 드림.

서른 번째 목회서신

하나님의 나라를 사모했던 이들의 삶

사랑하는 카셀 아름다운교회 교우 여러분,

사랑이 많으신 우리 주 예수 그리스도의 이름으로 문안드립니다. 평안하셨습니까?

성탄절이 지나가고 있고, 연말과 새해가 다음주로 다가왔습니다. 코로나19 바이러스 감염으로 인해 강력한 록다운 상황인지라 대부분이 집에서 머무는 형편입니다. 마음이 가볍지 않으실 것이라 짐작합니다. 그러나 어느 분에게도 말했습니다만, 내가 어려우면 남도 어려울 것이라고 생각하는 것이 이런 혼란스런 시간에 마음을 가라앉히는 작은 지혜이기도 합니다.

언제나 그런 것은 아닙니다만, 이런 시간에 덜 실망하는 방법은 기준치를 낮추는 것입니다. 기대가 크면 실망도 크기 때문입니다. 사실, 이 시간에 가장 잘하는 것은 건강을 지키며, 페이스를 잃지 않고 매일의 삶에 성실한 것이고, 타인에게서 건강할 기회를 빼앗지 않는 것입니다. 어쩌면 우리는 흥청거리면서 살던 일상에서 벗어나,

참된 인간으로 사는 기본이 무엇인지를 성찰하는 시간을 갖고 있는지도 모릅니다. 그러니, 불안보다 희망을 가지시고, 언제 누구에게나 말해도 부끄럽지 않을 깊은 깨달음을 만들어내는 시간으로 이 시기를 살아내시기 바랍니다.

내일은 우리 교회가 개인/가정으로 예배하는 날입니다. 그래서, 내일 예배 때에 사용할 본문과 가이드를 간략하게 전하기 위해 설흔 번째 서신을 보냅니다. 내일 사용할 본문은, 누가복음 2장 22절부터 40절까지 말씀입니다. 먼저, 함께 읽어보실까요?

> 22 모세의 법대로 정결예식의 날이 차매 아기를 데리고 예루살렘에 올라가니 23 이는 주의 율법에 쓴 바 첫 태에 처음 난 남자마다 주의 거룩한 자라 하리라 한 대로 아기를 주께 드리고 24 또 주의 율법에 말씀하신 대로 산비둘기 한 쌍이나 혹은 어린 집비둘기 둘로 제사하려 함이더라 25 예루살렘에 시므온이라 하는 사람이 있으니 이 사람은 의롭고 경건하여 이스라엘의 위로를 기다리는 자라 성령이 그 위에 계시더라 26 그가 주의 그리스도를 보기 전에는 죽지 아니하리라 하는 성령의 지시를 받았더니 27 성령의 감동으로 성전에 들어가매 마침 부모가 율법의 관례대로 행하고자 하여 그 아기 예수를 데리고 오는지라 28 시므온이 아기를 안고 하나님을 찬송하여 이르되 29 주재여 이제는 말씀하신 대로 종을 평안히 놓아 주시는도다 30 내 눈이 주의 구

원을 보았사오니 31 이는 만민 앞에 예비하신 것이요 32 이 방을 비추는 빛이요 주의 백성 이스라엘의 영광이니이다 하니 33 그의 부모가 그에 대한 말들을 놀랍게 여기더라 34 시므온이 그들에게 축복하고 그의 어머니 마리아에게 말하여 이르되 보라 이는 이스라엘 중 많은 사람을 패하거나 흥하게 하며 비방을 받는 표적이 되기 위하여 세움을 받았고 35 또 칼이 네 마음을 찌르듯 하리니 이는 여러 사람의 마음의 생각을 드러내려 함이니라 하더라 36 또 아셀 지파 바누엘의 딸 안나라 하는 선지자가 있어 나이가 매우 많았더라 그가 결혼한 후 일곱 해 동안 남편과 함께 살다가 37 과부가 되고 팔십사 세가 되었더라 이 사람이 성전을 떠나지 아니하고 주야로 금식하며 기도함으로 섬기더니 38 마침 이 때에 나아와서 하나님께 감사하고 예루살렘의 속량을 바라는 모든 사람에게 그에 대하여 말하니라 39 주의 율법을 따라 모든 일을 마치고 갈릴리로 돌아가 본 동네 나사렛에 이르니라 40 아기가 자라며 강하여지고 지혜가 충만하며 하나님의 은혜가 그의 위에 있더라 (개역개정한글판)

본문의 시작은 유대인들이 모세 이후 오랫동안 시행해온 율법의 몇 가지 규례들을 배경으로 합니다. 즉, 율법에 따르면 출산한 여인들은 부정해지는데, 출산 후 40일이 지나면 일 년 된 어린양을 번제로 드려서 출산에 대해 감사하고, 집비둘기 새끼나 산비둘기로 속죄제를 드림으로써 깨끗해집니다(레12:1-8). 이 규례, 즉 (정)결례를 드리기 위해 마리아와 요셉은 아기 예수를 데리고 성전으로 가게 되었던 것입니다. 아기 예수는 역시 규례에 따라 난지 8일만에 할례를 받았으나, 마리아의 정결예식을 위해 예루살렘으로 가는 길에 하나님께 드려지는 예식을 올려드릴 참이었습니다.

누가복음 2장 24절을 보면 마리아 가족은 정결예식을 위해 산비둘기 한 쌍이나 집비둘기 한 쌍을 준비했다고 합니다. 이 역시 규례에 나온 것으로, 원래는 어린양 한 마리와 비둘기 한 마리였지만 가난한 자에게는 어린양 대신 비둘기 한 마리로 대체되는 규정을 적용하여 비둘기를 두 마리만 준비하게 되었던 것입니다. 자, 이렇게 하여 요셉과 마리아 가정은 예루살렘 성전에서 정결예식을 드리게 된 것인데, 바로 이 자리에서 하나의 만남이 이뤄집니다. 즉, 그들은 성전에서 시므온을 만났습니다.

누가복음 2장 26절을 보면 시므온은 의롭고 경건할 뿐만 아니라 '이스라엘의 위로'를 기다리는 사람으로 소개되었습니다. '이스라엘의 위로'를 기다리는 사람이란, 간단히 말하자면 메시야를 간절히 기다리는 사람이었습니다. 오랜 기간, 이스라엘은 무너진 다윗의 왕국이 재건되기를 갈망했으며, 이 소원을 이룰 분으로서 '메시야'를 기다렸습니다. 그는 성령님과 동행하는 자였으며, 성령께서는 그에게 하나의 소중한 예언을 들려주셨습니다. 즉, 시므온이 메시야, 즉 그리스도('기름부음을 받은 사람'이란 뜻)를 보기 전까지는 죽지 않을 것이라는 확신을 주셨던 것입니다.

이로써 의롭고 경건한 사람, 성령께서 동행하시는 사람 시므온은 자신의 필생의 소명이 생긴 겁니다. 이제 드디어 그의 오랜 기다림이 끝날 만남이 이루어집니다. 이로써 그는 자기 인생의 마지막 노래를 부르며 조연으로서의 인생을 마무리할 수 있게 된 것입니다. 시므온은 메시야, 곧 그리스도이신 예수를 품에 안고 이렇게 찬송을 시작합니다. "주재여, 이제는 말씀하신대로 종을 평안히 놓아 주시는도다!"(29) 그에 따르면, 그가 지금 품에 안고 있는 아기 예수는 장차 만민을 위해 예비된 분, 이방을 비추는 빛이며, 이스라엘의 영광이신 분입니다. 그러나 그는 놀랍게도 아기 예수의 갈 길이 그닥 탄탄대로가 아닐 것이라고 덧붙입니다. 아기 예수의 길이 고난의 길임을 알아보았던 것입니다(34-35).

시므온과의 만남이 끝나자, 여선지자 안나와의 만남이 이어집니다. 안나는 결혼하고 칠 년 후에 남편과 사별하고 과부로 지낸지 84년이나 된 여인이었습니다. 안나는 늘 성전에 머물면서 금식을 자주 했고, 기도에 전념했습니다. 그녀는 아기 예수를 만나자 하나님께 감사하면서 예루살렘의 회복을 기다리는 이들에게 예수를 증거했습니다고 합니다(눅 2:38). 안나 역시 이렇게 예수를 만남으로써 자기 인생의 절정을 누린 후에 인생을 성공으로 마감한 것입니다.

자, 이렇게 하여 우리가 오늘 본문으로 삼은 누가복음 2장의 스토리가 끝을 맺었습니다. 몇 주째 예수님의 탄생을 묵상하는 대강절 묵상 기간 내내 저는, 예수의 오심을 기다리는 사람들의 인생을 여러분과 함께 묵상하며 나누었습니다. 오로지 예수의 오심을 증거하기 위해서만 인생을 살아냈던 사람들. 그들은 그저 짧은 대사만 읊조리며 지나가는 조역에 불과했지만, 그럼에도 그들의 인생은 여전히 의미가 있었습니다. 오늘도 그런 인생을 살았던 두 사람을 바라보았습니다. 그런데 오늘 저는 아기 예수의 어머니 마리아의 인생에 대해 주목을 해보았습니다.

성경이 증언하는 대로, 마리아는 어느날 갑자기 천사를 만나면서 그리스도 예수와의 관계를 시작합니다. 그녀는 이미 요셉이란 청년과 약혼한 사이였습니다. 하지만 마리아는 요셉과 상관없이 임신하게 되었으며, 이로써 마리아는 아비 모르는 아기를 출산한 여인이란 멍에를 평생 둘러쓰고 살아야만 했습니다. 자신의 임신을 약혼자 요셉에게 말해야 하는 마리아의 심정이 어떠했을까요? 다른 남자와 관계를 맺었다는 말도 아니고, 성령으로 인하여 잉태하게 되었다는, 사람으로서는 터무니없는 이야기를 설명이라고 말해야 하는 그녀의 심정은 어떠했을까요? 율법대로 한다면 마리아는 죽임을 당해도 할말이 없는 처지였습니다.

하지만 그녀의 곁에는 의롭고 이해심 넘치는 요셉이 있었고, 출산을 전후해서 만나는 적지 않은 사람들로부터 위로와 기이한 증거를 듣습니다. 모든 사람이 입을 삐죽이고 비방하고 손가락질하는 상황에서 이들과의 만남과 증언들이 마리아에게 얼마나 큰 위로가 되었을까요? 어쨌든, 마리아가 오늘의 본문에서 경험하는 만남과 그들의 놀라운 증언들을 보면서, 저는 혹시 마리아의 생애도 이 여러 증인들의 인생과 비슷하지 않을까 생각해 보았습니다.

미혼모나 다름없는 부정한 여인. 그 부정한 여인에게서 하나님의 아들이요, 메시야이신 그리스도 예수가 탄생했습니다. 마리아의 처지는, 혹시 예수께서 태어나신 이 세상의 형편을 상징적으로 보여주는 것이 아닐까요? 이 질문은, 예수 그리스도께서 왜 이런 사람, 이런 태에서 태어나야 했을까 하는 질문으로 나아갑니다. 높고 고귀한 신분의 부부에게서 메시야가 태어나지 않아야 할 이유가 있을까요? 좋은 가문에서 태어나면 안 되었을까요? 차라리 로마제국의 왕가에서 태어났더라면 세상의 구주로서, 하나님의 아들로서 더 나은 선택이 아니었을까요? 왜죠?

오래전 한국에서 방영되었던 드라마 <미스터 션샤인>에서, 천민의 아들로 태어나 미국으로 가서 성공하여 돌아온 유진이 고관의 딸로 태어나 독립운동에 참여한 애신에게 이렇게 묻습니다. "당신이 싸워 지켜려는 그 나라에는 백정도 살 수 있는 거요?" 이 질문은, 오늘의 본문에서 제가 지금까지 물었던 질문과 상당한 관련이 있다고 믿습니다. 사람마다 '나라'를 말하지만, 그 나라는 사실 사람마다 다릅니다. 각설하고, 성경에서 하나님께서 알리시는 당신의 나라는 가난하고 눌린 자, 의지할 자가 없는 자 등이 우선되는 나라입니다.

이런 하나님의 나라는 무엇보다 하나님 자신의 성품으로 인한 것입니다. 시편 68편 5절에서 기자는 이렇게 말합니다. "그 거룩하신 처소에 계신 하나님은 고아의 아버지시며 과부의 재판장이시라" 의지할 곳 없어 슬픈 사람, 남편 없어 억울한 사람… 같은 약자를 돌보시려는 것은 하나님의 성품에 기인한다는 것입니다. 슬픈 자가 보이는 즉시 하나님은 그 곁에 다가가서 그를 위로하십니다. 요점을 말합시다. 하나님은 당신의 성품에 일치하는 당신의 나라를 세우실 것입니다. 예수의 탄생과 일생을 이야기하는 가운데 그 분 주변에 그렇게도 가난하고, 억울하고, 비참하고, 슬프고, 한이 맺혔고, 심지어 귀신들리고 병들었던 사람이 많았던 것은, 하나님의 관심이 어디에 있었는지, 예수님이 무엇 때문에 오셨는지, 마침내 어떤 나라를 세울지를 정확하게 보여주는, 하나님 자신의 이야기 그 자체였던 것입니다.

이렇게 묘사되는 하나님 나라와 예수 그리스도, 그리고 그 분 주위 사람들의 이야기는, 이제 드디어 신자의 삶과 이어집니다. 예, 그렇습니다. 그러면 우리의 삶은 어때야 하겠는가 하는 질문과 마주친다는 것이지요. 하나님의 성품이 그러하고, 하나님의 나라가 그러하며, 예수 그리스도의 삶이 그러했습니다. 하나님의 나라를 사모했던 이들의 삶이 그러했습니다. 우리의, 나의 삶은? 그가 그러셨듯, 그들이 그리 살았듯, 낮은 곳으로 내려가 낮은 이들을 위로하며 그들과 어깨를 나란히 하여 함께 그 분의 나라를 향하여 걸어가야 하지 않겠습니까? 이것이 바로, 우리가 지난 몇 주 동안 예수의 오심을 묵상하는 가운데 도달해야 할 질문입니다.

자, 이제, 내일 주일예배를 드리려는 분을 위해 간단하게 안내를 드리고자 합니다.

(이 방법이 익숙하지 않으신 분은 여러분 각자의 취향에 가장 어울리는 동영상을 찾아 예배를 드리십시오. 신자는 예배와 기도를 통해서 하나님의 은혜를 공급받습니다. 예배의 풍성함은 경험한 사람만이 압니다.)

예배는, 내 마음 가운데 예수님을 영접하기 위하여, 그래서 그와 내가 '주님과 그 분의 양으로서의 관계를 맺기 위해' 나를 드리는 과정입니다. 그러므로 주일 아침, 예배를 드리기 전, 먼저 시간을 충분히 두고 마음을 가다듬으십시오. 가능하면 단정하게 옷을 입고, 자세를 바르게 하여 예배를 준비하십시오. 예배하기 전에 자원하는 마음으로 정성껏 헌금을 준비하여, 여러분의 손길로 인해 행복해질 어려운 이웃을 떠올리는 대로 그들에게 기쁨으로 선한 손길을 펴시기 바랍니다.

1. 먼저, 잠시 조용하게 기도하면서 예배를 시작하십시오. 기도는 우리의 정신을 하나님께 집중하는 행위입니다.
2. 다음으로, 오늘의 본문 "누가복음 2장 22절부터 40절까지"를, 조용히 소리내어 읽으시기 바랍니다.
3. 오늘 편지 가운데 본문과 관련된 부분을 천천히 읽으며 묵상하시기 바랍니다.
4. 묵상 가운데 깨달은 것을 갖고서, 나의 결심을 담아 하나님께 조용히 기도하십시오.

5. 마지막으로, 주기도문으로 예배를 마칩니다.
6. 예배가 끝나자마자 일어서지 마시고, 조용한 시간을 가지시기 바랍니다. 침묵의 여백은 나의 묵상을 더욱 깊이 있게 합니다. 방해받지 않는 조용한 시간은 나의 생각을 더욱 진중하게 만듭니다.

여러분 모두를 사랑하고 축복합니다. 지금 이 시간에 떨어져 지내는 서로를 떠올리고, 잠시 그들을 위해 기도하고 축복합시다. 우리를 위해 지금도 분투하는 여러 사람들, 사랑하는 우리의 이웃들을 위해서도 기도합시다. 그리고, 이 어려운 시간을 지내고 승리한 사람으로 설 우리 자신을 칭찬하는 말로 미리 격려해 줍시다. 나보다 약한 이들을 마음에 품으며, 그들에게 아주 작은 것이라도 대접하는 친절을 보입시다. 그래서 학업이든 직장이든 가정 일이든 무슨 일에서든, 하나님께 행하듯 충성스럽게 삽시다. 우리가 하나님의 것임을 늘 잊지 않고, 그래서 나의 가장 큰 기쁨이 그 분의 뜻을 따라 사는 것임을 잊지 않고 살아갑시다. 믿음은 산을 바다로 옮기는 능력이 아닙니다. 하루하루, 순간순간, 그 때의 나의 주인이 하나님이심을 기억하며 그를 선택하고 따라가는 행위입니다.

우리의 힘과 소망은 언제나 그 분 안에 있습니다! 그가 우리를 기뻐하시며, 마침내 우리가 그의 나라에 있을 것입니다.

평안을 전하며, 홍성훈 목사 드림.

지금 이곳에서,
그때 그곳을 떠올리다 5

"코로나19로 인한 격리의 시간은, 우리 교회의 전부이다시피 한 유학생에게는 상실과 절망의 시간이었다. 매달 부모로부터 생활비를 받고 사는 처지에 공부는 중단되고, 연습도 중단되고, 친구들과의 만남도 제한되었다. 단절은 곧 공포에 가까웠다. 이 시간에 목회자가 할 수 있는 것이 무엇일까. 위기를 기회의 시간으로 관점을 달리하여 볼 수 있는, 위로와 권면이 아닐까. 그 가능성은 우리 인생의 주인이신 하나님께 그 뜻을 물으며, 이 상황에서도 우리를 주장하시는지를 여쭤야 할 것이다.

내 중심의 관점에서 하나님 중심의 관점으로 눈길을 돌리는 것이 그 위로와 권면의 결과일 것이다."

Chapter 6_

서른한 번째 목회서신

인간의 역사를 뚫고 들어오셨습니다

사랑하는 카셀 아름다운교회 교우 여러분,
  사랑이 많으신 우리 주 예수 그리스도의 이름으로 문안드립니다. 평안하셨습니까?

  무엇보다, 모두가 새해 복 많이 받으시길 바랍니다. 행복하고, 건강하며, 어디에서나 스스로의 삶에 책임을 지고서 묵묵히 하루하루의 삶에서 자신을 극복해 나가는 믿음의 용사가 되시기를 축복합니다.

  이미 지난 목요일 메시지로 알린 바와 같이, 내일은 2021년 1월의 첫 주일이고 함께 예배를 드리는 날이었지만, 독일 정부와 독일 교회 측이 12월 25일 이후의 모임을 제한하는 정책에 참여하고 있었기 때문에 이번 주일을 지나면서 감염 확산의 증가세가 현저하게 줄어드는 것을 확인한 후 10일 주일예배 모임 여부를 결정하려고 합니다. 감사하게도 그저께와 어제 독일 전역의 신규 확진자 수는 눈에 띄게 줄어드는 것 같습니다. 그러나 저는 다음주 수요일까지의 상황을 더 지켜보려고 합니다. 그래서, 다음주 목요일에 10일 주일 예배 모임의 여부를 전체 공지로 알려 드리려고 합니다.

우리의 믿음은 어느날 갑자기 황금길이 열리기를 바라는 것이 아닙니다. 눈에 보이지 않는 나의 미래는 인생의 주인이신 하나님께 온전히 맡기고, 그 때의 마지막 순간이 바로 내가 살고 있는 오늘과 맞닿아 있음을 믿으며 미쁘신 하나님 안에서 최선을 다하는 것입니다. 그래서 우리는 믿음을 두고 '현재를 믿고 미래를 미리 살아내는 힘'이라 부르는 것입니다. 기억하십시오. 내가 새로 시작된 이 한해의 오늘을 어떻게 살아내는가, 그 모습이 바로 나의 미래의 모습입니다. 이 믿음과 각오가 올해 내내 여러분 스스로를 움직이도록, 여러분의 마음을 새롭게 하기를 바랍니다.

내일은 개인/가정으로 예배하는 날입니다. 그래서, 예배 때에 사용할 본문과 가이드를 간략하게 전하기 위해 서신을 보냅니다. 내일 사용할 본문은, 요한복음 1장 10절부터 18절까지의 말씀입니다. 먼저, 함께 읽어보실까요?

> 10 그가 세상에 계셨으며 세상은 그로 말미암아 지은 바 되었으되 세상이 그를 알지 못하였고 11 자기 땅에 오매 자기 백성이 영접하지 아니하였으나 12 영접하는 자 곧 그 이름을 믿는 자들에게는 하나님의 자녀가 되는 권세를 주셨으니 13 이는 혈통으로나 육정으로나 사람의 뜻으로 나지 아

니하고 오직 하나님께로부터 난 자들이니라 14 말씀이 육신이 되어 우리 가운데 거하시매 우리가 그의 영광을 보니 아버지의 독생자의 영광이요 은혜와 진리가 충만하더라 15 요한이 그에 대하여 증언하여 외쳐 이르되 내가 전에 말하기를 내 뒤에 오시는 이가 나보다 앞선 것은 나보다 먼저 계심이라 한 것이 이 사람을 가리킴이라 하니라 16 우리가 다 그의 충만한 데서 받으니 은혜 위에 은혜러라 17 율법은 모세로 말미암아 주어진 것이요 은혜와 진리는 예수 그리스도로 말미암아 온 것이라 18 본래 하나님을 본 사람이 없으되 아버지 품 속에 있는 독생하신 하나님이 나타내셨느니라 (개역개정한글판)

요한복음의 내용은 우리에게 그리 쉽게 이해되지는 않습니다. 그러나, 그 뜻을 하나하나 알지는 못해도, 오늘의 본문이 적어도 두 개의 큰 줄거리로 나뉘진다는 것 정도는 알 수 있습니다. 즉, 10절부터 14절까지는 메시야, 곧 우리 주 예수 그리스도께서 당신께서 창조하신 이 세상에 오셨으나 세상 사람들이 알아보지 못했으며, 그러나 그를 영접하는 사람들로 하여금 하나님의 자녀가 되는 권세를 주셨다고 서술합니다. 이어서, 15절부터 18절까지의 말씀은 다시 그리스도 예수의 오심을 세례 요한의 이야기로 풀어냅니다.

대부분의 복음서가 예수 그리스도를 하나님의 아들로 묘사하고 있는 것과는 대조적으로, 요한복음 1장은 놀라운 이야기를 증언합니다. 즉, 예수께선 이 땅에 오시기 전부터 존재하신 분일 뿐만 아니라, 이 우주를 창조하신 분, 즉 하나님 그 자신이라고 말합니다. 이 사실로 인해서 이 세상에 거하는 사람들의 처지가 더욱 비참하게 전개됩니다. 즉, 세상 사람들이 예수 그리스도를 영접하는 것이 무슨 자기 권세로 예수를 그리스도로 받아들일 선택권을 행사하는 것이 아니라고 말하는 것입니다. 사람들이 예수를 구주로 영접하지 않는 것은 자기를 창조하신 하나님을 알아보지 못하는 것입니다. 즉, 받아들일 거냐 말 거냐 하는 선택의 권리가 인간 자신에게 있지 아니하다는 것이지요.

요한의 증언은 이 짧은 설명에 의해서도 매우 심각한 의미를 담고 있습니다. 우리는 누구에게 예수를 증거할 때 그가 예수님을 그의 개인적인 구주로 영접하기를 소망하며, 그래서 이 믿음의 선택권이 복음을 듣는 그 사람 자신에게 있다는 듯 생각합니다. 따라서 우리가 보통 예수를 전할 때에 "믿기를 바랍니다, 그리 하지 않으셔도 유감입니다만 어쩔 수 없지요"라고 말하고 있습니다. 아마, 대부분이 그런 심정 아니겠습니까? 사실 다른 복음서들이 기나긴 이야기 끝에, '보세요, 이래도 당신은 예수님을 하나님의 아들로 인정하지 않으시렵니까?'하고 묻는 듯한 분위기로 보입니다. 그렇게 본다면, 오늘 본문인 요한복음의 말씀은 매우 투박하고, 우격다짐처럼 다가오지요. "믿고 안 믿고는 네 선택이 아니다. 그를 영접하면 그 사람은 하나님의 자녀가 되는 것이고, 하나님이 택한 사람인 것이다..." 뭐 이런 논리가 아닐까 싶습니다.

그런데 요한복음은 예수께서 구주시라는 사실을 이렇게 믿거나 말거나 식으로만 설명하지 않습니다. 본문 가운데 15절부터 18절은, 예수께서 그리스도요 구주시라는 사실을 역사적 사실을 통해서 계획을 따라 차근차근 당신의 백성들에게 알리셨다고 말하고 있습니다. 즉, 예수의 존재와 오심은 이미 그들이 대중적으로 가장 존경하던 세례 요한에 의해서 직접적으로 예언되고, 그의 예언이 성취되는 형식으로 이 세상에서 실현되었음을 말하고 있습니다. "봐라, 너희도 잘 아는 세례 요한이 내 뒤를 이어서 곧 메시야께서 오실 것이라 말하지 않았느냐, 그가 바로 예수시다"라고 말하는 것이지요.

요한복음의 본문이 오늘 우리에게 전하시는 바는 이것입니다. 약속을 따라 이 세상에 오신 하나님, 곧 예수 그리스도를 하나님의 백성들이 알아보지 못하고 죽였습니다. 그러나 그를 구주로 영접하는 자들은 하나님의 자녀가 되는 권세를 받게 될 것입니다. 이 권세는 하나님께서 그들에게 주신 것입니다. 그들은 말씀이 육신이 되어 그들 안에 거하시는 하나님의 영광을 보게 될 것입니다. 그 영광은, 인간의 부족함이나 거절에도 불구하고 스스로가 갖고 있는 그 폭발력을 가지고 찬란하게 세상에 드러난, 하나님 자신의 신비로운 영광이었습니다.

사랑하는 여러분, 오늘의 본문은 우리가 예수 믿기로 결심한 것이 그럼 무슨 의미가 있느냐, 안 믿는 것이 그럼 그러기로 작심한 사람의 잘못이 아니라 하나님의 뜻 때문이 아니었느냐… 등등의 사소한 질문에 답하지 않습니다. 요한은 오늘의 본문을 통해서 스스로의 영광을 죄악 된 세상에서조차 눈부시게 폭발하듯 발산하는 하나님의 영광을 말합니다. 막을 수도 없고 부인할 수도 없고, 철저하게 하나님 자신의 계획과 능력으로 때가 되어 드러나는 하나님의 영광. 이 영광의 빛은 로마라고 하는 절대적인 권력을 지닌 인간 제국 아래에서 신음하는 이 세계에 실로 엄청난 위로가 되었을 것이 틀림없습니다.

이 위로의 선포는, 오늘을 고통과 절망으로 살아가는 우리에게도 마찬가지로 적용됩니다. 작년 초만 하더라도 우리의 미래는 우리 스스로의 힘으로 결정할 수 있고 성취할 수 있으리라 믿어 의심치 않았습니다. 그러나, 눈에 보이지도 않는 그 작은 바이러스 하나 때문에 우리의 그런 믿음은 산산조각이 났습니다. 우리가 이처럼 볼품없고 무기력한 존재인 것을 언제 지금처럼 처절하게 깨달은 적이 있었을까요? 그러나, 하나님은 인간의 역사를 뚫고 들어와 당신의 영광을 스스로 찬란하게 드러내실 것입니다. 이것은 하나님 자신의 약속입니다. 그 약속의 증거가 바로 십자가입니다. 피조물을 사랑하사 긍휼을 베푸시고 당신의 생명의 능력으로 새롭게 하사 당신의 자녀로 회복하실 것을, 예수 그리스도의 십자가 위에서 선포하셨습니다. 이것이, 복음을 위로의 메시지로 부를 수 있는 큰 이유입니다.

자, 이제, 내일 주일예배를 드리려는 분을 위해 간단하게 안내를 드리고자 합니다.

(이 방법이 익숙하지 않으신 분은 여러분 각자의 취향에 가장 어울리는 동영상을 찾아 예배를 드리십시오. 신자는 예배와 기도를 통해서 하나님의 은혜를 공급받습니다. 예배의 풍성함은 경험한 사람만이 압니다.)

예배는, 내 마음 가운데 예수님을 영접하기 위하여, 그래서 그와 내가 '주님과 그 분의 양으로서의 관계를 맺기 위해' 나를 드리는 과정입니다. 그러므로 주일 아침, 예배를 드리기 전, 먼저 시간을 충분히 두고 마음을 가다듬으십시오. 가능하면 단정하게 옷을 입고, 자세를 바르게 하여 예배를 준비하십시오. 예배하기 전에 자원하는 마음으로 정성껏 헌금을 준비하여, 여러분의 손길로 인해 행복해질 어려운 이웃을 떠올리는 대로 그들에게 기쁨으로 선한 손길을 펴시기 바랍니다.

1. 먼저, 잠시 조용하게 기도하면서 예배를 시작하십시오. 기도는 우리의 정신을 하나님께 집중하는 행위입니다.
2. 다음으로, 오늘의 본문 "요한복음 1장 10절부터 18절까지"를, 조용히 소리내어 읽으시기 바랍니다.
3. 오늘 편지 가운데 본문과 관련된 부분을 천천히 읽으며 묵상하시기 바랍니다.
4. 묵상 가운데 깨달은 것을 갖고서, 나의 결심을 담아 하나님께 조용히 기도하십시오.
5. 마지막으로, 주기도문으로 예배를 마칩니다.

6. 예배가 끝나자마자 일어서지 마시고, 조용한 시간을 가지시기 바랍니다. 침묵의 여백은 나의 묵상을 더욱 깊이 있게 합니다. 방해받지 않는 조용한 시간은 나의 생각을 더욱 진중하게 만듭니다.

여러분 모두를 사랑하고 축복합니다. 지금 이 시간에 떨어져 지내는 서로를 떠올리고, 잠시 그들을 위해 기도하고 축복합시다. 우리를 위해 지금도 분투하는 여러 사람들, 사랑하는 우리의 이웃들을 위해서도 기도합시다. 그리고, 이 어려운 시간을 지내고 승리한 사람으로 설 우리 자신을 칭찬하는 말로 미리 격려해 줍시다. 나보다 약한 이들을 마음에 품으며, 그들에게 아주 작은 것이라도 대접하는 친절을 보입시다. 그래서 학업이든 직장이든 가정 일이든 무슨 일에서든, 하나님께 행하듯 충성스럽게 삽시다.

우리가 하나님의 것임을 늘 잊지 않고, 그래서 나의 가장 큰 기쁨이 그 분의 뜻을 따라 사는 것임을 잊지 않고 살아갑시다. 믿음은 산을 바다로 옮기는 능력이 아닙니다. 하루하루, 순간순간, 그 때의 나의 주인이 하나님이심을 기억하며 그를 선택하고 따라가는 행위입니다.

우리의 힘과 소망은 언제나 그 분 안에 있습니다! 오늘 말씀처럼, 성경은 모든 무지와 반대를 뚫고서 마침내 정한 때에 폭발하듯 세상에 드러날 하나님의 영광의 빛을 약속하고 있습니다. 하나님의 계획이니 반드시 이루어질 것입니다. 십자가에서 승리하신 주께서 반드시 다시 오셔서 그의 계획을 완성하실 것입니다. 그때에야, 세상 모두가 그의 영광을 목격할 것입니다. 그 때에 우리가 그의 나라에 있을 것입니다. 그의 때에!

평안을 전하며, 홍성훈 목사 드림.

서른두 번째 목회서신

믿음은 우리의 판단을
필요로 하지 않습니다.

사랑하는 카셀 아름다운교회 교우 여러분, 사랑이 많으신 우리 주 예수 그리스도의 이름으로 문안드립니다. 평안하셨습니까?

먼저, 앞으로의 교회 예배 일정과 관련된 부분을 공지하고자 합니다.

지난 주중에 독일교회 목사님과 통화가 있었습니다. 우리 교회의 모임 일정에 관한 질의가 있었는데, 대화하면서 완곡하게 우리 교회의 모임도 독일교회의 일정에 맞춰 조정해 주기를 요청해왔습니다. 아시다시피 지금 독일은 전국적으로 모임을 강력하게 제한하고 있습니다. 이 때문에 공적인 일이 아니면 거주지에서 15킬로 이상 이동하는 것에 대해서도 제한을 하는 형편입니다. 결과적으로 어제(15일) 하루 전국의 신규 확진자가 8600명 선으로 줄었지만, 그 전날에는 2만 명이 넘었습니다. 물론 모임과 이동 제한의 효과는 천천히 나아질 것으로 기대하고, 이 정도라면 1월 말에는 상당히 호전될 것으로 믿어도 될 것 같습니다.

이런 상황인지라, 지난 주중 독일교회 담당자와의 대화 끝에 우리도 1월 말까지 예정된 1번의 예배를 취소하기로 통지했습니다. 따라서 우리 교회는 2월 14일에 대면 예배를 드리게 될 것입니다. 그리고 다시 두 주가 지난 2월 28일에는 우리 교회가 마지막으로 드리는 공식예배가 될 것입니다. 특별히 이 시간에는 지난 몇 년 동안 우리가 빌려서 사용했던 독일 교회 Erlöser Kirche의 Barth 목사님이 예배 직전에 오셔서 작별 인사를 전하기로 했습니다.

현재의 코로나19 바이러스 감염 사태는 백신과 치료제의 등장에도 불구하고 여러가지 비관적인 전망이 있습니다. 연말까지야 설마 어떻게든 방법을 찾겠지만, 이 사태를 벗어난다 하더라도 전세계적인 경제적 어려움은 불을 보듯 뻔한 상황입니다. 이런 기가 막힌 상황에서 사람이 할 수 있는 것은 없습니다. 모두가 불확실한 미래를 대면하고 있는 상황에선, 몸에 밴 근면과 성실함으로 하루하루를 살면서 노력한 만큼의 열매를 거두게 하시는 하나님께 장래를 맡기는 것입니다. 아마 많은 것이 변할 것이고, 많은 것이 새롭게 다가오는 현실이 되겠지만, 하나님은 당신을 믿는 이들에게 마음을 새롭게 하여 '일상을 기적처럼 맞이하면서 하루하루를 감사하는 생활을 회복하기를 원하실 것'이 분명합니다.

2006년에 발행된 <깨달음>이란 책(규장)에 이런 대목이 나옵니다.

한번은 스케티스의 요한이 다른 형제들과 함께 모처로 향하는데, 길을 안내하던 사람이 한밤중에 길을 잃고 말았다. 형제들이 요한에게 말했다.

"이 캄캄한 밤에 이 사람이 사막 한가운데서 길을 잃었으니 우리가 다 죽게 되었습니다. 어찌해야 합니까?"

요한이 대답했다.

"그를 책망하면 미안한 마음에 더 당황할 것이오. 나는 너무도 피곤하여 더 이상 걷지 못하겠으니 날이 밝을 때까지 여기서 유숙하겠다고 할 것이오"

형제들도 이 말을 듣고 '너무 피곤하니 오늘은 여기서 유숙합시다'라고 말했다. 그들은 실수로 길을 잃은 수도사를 책망하지 않기 위해 날이 밝을 때까지 사막 한가운데서 유숙했다.

아무도 길을 모르는데 리더에게 물어본들 무슨 방법이 솟아나겠습니까? 그 어둠 속에서 모두에게 필요한 것은 누구에게 장래를 묻지도, 책임을 지우지도 않고 날이 밝을 때까지 잠을 청하는 너그러움입니다. 해가 솟으면, 길도 보일 것입니다. 지금은, 내일의 태양이 솟아올라 사위를 밝힐 때까지 너그러워지며, 내일을 주께 맡기고, 지금의 휴식을 즐기는 것입니다. 믿음 때문에!

이제, 내일 주일의 개인/가정예배를 위하여 말씀을 함께 묵상할 수 있도록 안내해 드리려고 합니다. 이번에 우리가 함께 나눌 본문은 요한복음 1장 43절부터 51절까지 말씀입니다. 한번 함께 읽어 볼까요?

> 43 이튿날 예수께서 갈릴리로 나가려 하시다가 빌립을 만나 이르시되 나를 따르라 하시니 44 빌립은 안드레와 베드로와 한 동네 벳새다 사람이라 45 빌립이 나다나엘을 찾아 이르되 모세가 율법에 기록하였고 여러 선지자가 기록한 그이를 우리가 만났으니 요셉의 아들 나사렛 예수니라 46 나다나엘이 이르되 나사렛에서 무슨 선한 것이 날 수 있느냐 빌립이 이르되 와서 보라 하니라 47 예수께서 나다나엘이 자기에게 오는 것을 보시고 그를 가리켜 이르시되 보라 이는 참으로 이스라엘 사람이라 그 속에 간사한 것이 없도다 48 나다나엘이 이르되 어떻게 나를 아시나이까 예수께서 대답하여 이르시되 빌립이 너를 부르기 전에 네가 무화과나무 아래에 있을 때에 보았노라 49 나다나엘이 대답하되 랍비여 당신은 하나님의 아들이시요 당신은 이스라엘의 임금이로소이다 50 예수께서 대답하여 이르시되 내가 너를 무화과나무 아래에서 보았다 하므로 믿느냐 이보다 더 큰 일을 보리라 51 또 이르시되 진실로 진실로 너희에

게 이르노니 하늘이 열리고 하나님의 사자들이 인자 위에 오르락 내리락 하는 것을 보리라 하시니라 (개역개정 한글성경)

벳새다 사람 빌립이 어느날 갈릴리로 가시던 예수님을 만났습니다. 성경은 이 만남에 대해 자세히 설명하지 않습니다. 예수께서 빌립에게 다짜고짜 '나를 따르라'고 명하셨다고만 말합니다. 요한복음의 기자인 요한 사도는 빌립이 그 명령에 즉각적으로 따랐음을 암시합니다. 그는 벳새다로 달려가서 한 인물, 즉 나다나엘을 만났습니다. 나다나엘은, 예수님에 의하면, '참된 이스라엘 사람이며, 그 속에 간사함이 없는' 진실한 사람이었습니다. 빌립도 그렇게 생각했기에 예수님과 헤어져 바로 그를 찾아 갔겠지요.

빌립은 나다나엘에게 이렇게 예수를 소개했습니다. "모세가 율법에 기록하였고 여러 선지자가 기록한 그 이를 만났으니, 요셉의 아들 나사렛 예수니라!"(45절) '율법과 선지자가 말한 그 사람'은 바로 유대인이 오랫동안 기다리던 메시야를 가리키는 말임에 틀림없었습니다. 그러나 빌립의 말을 깊이 생각해 보면 사실 이와 어울리기가 어려운 복합적인 부분이 있었습니다. 예, 그건 그 바로 뒤에 이어지는 "요셉의 아들 나사렛 예수"라는 말입니다.

메시야는 오랫동안 유대인 사이에서 무너진 나라, 영광스런 다윗의 왕국을 재건할 인물로 믿어져 왔습니다. 그러기에, 메시야라고 한다면 그것은 반드시 왕의 혈통과 연결되어야 제격입니다. 그럼에도 빌립은 예수님을 소개하는 자리에서 메시야와 요셉의 아들 예수를 연결하였던 것입니다. 빌립이 예수를 만났고, 그의 명령을 들었고, 그리하여 그 놀라운 만남을 전하기 위해 의롭고 진실한 사람 나다나엘을 향해 달려왔지만, 그가 만난 그 메시야는 이처럼 모순된 조합을 통해서 설명되었던 것입니다.

이 당혹스러움은 나다나엘에게서도 나타납니다. 빌립의 설명을 들은 나다나엘은 그 메시야에 관한 놀라운 소식을 듣고서 질문할 수밖에 없었습니다. 나다나엘이 빌립보다는 좀더 신중한 사람이었음이 이렇게 드러나는데, 어쨌든 그는 이렇게 빌립에게 질문합니다. 그리고 이 질문은, 빌립이 메시야를 만난 놀람 때문에 미처 꼼꼼히 따져보지 않았던 허점이었습니다. 나다나엘이 묻습니다. "나사렛에서 무슨 선한 것이 날 수 있는가?"

나사렛은, 요단강 서쪽에 위치한, 아주 작은 마을이었습니다. 예수님 당시 인구가 2천 명 미만이었다니, 이름조차 생소한 곳이라 해도 무리는 아닐 겁니다. 그런 곳에서 메시야가 나타날 수 있을까? 나다나엘은 오랫동안 간절하게 메시야를 기다리던 사람이었습니다. 때문에 빌립이 미처 진지하게 생각하지 못한 점을 금방 간파해냈던 것 같습니다. 그러나, 그런 신중한 나다나엘도 결국은 빌립처럼 질문 따로, 행동 따로가 되었습니다. "메시야가 어떻게 나사렛 같은 곳에서 난단 말이여?" 하면서도 그의 몸은 즉시 그 메시야가 계신다는 그곳으로 달려가고 있었던 것이지요. 아무리 이상해도 그걸 능히 뛰어넘을 간절함이 그에게 있었다는 뜻이기도 합니다.

그러나, 나다나엘은 자신을 꿰뚫어 보시는 예수님 앞에 금방 승복하고 맙니다. 나다나엘을 처음 만난 자리에서 예수님은, 빌립이 나다나엘을 만나기 전부터 그의 속과 겉을 꿰뚫어 보고 계셨다고 말씀하셨기 때문입니다. 나다나엘이 꺼낼 수 있는 말은 오직 하나였습니다. "선생님, 당신은 하나님의 아들이십니다. 이스라엘의 임금이십니다." 그런데 예수님은 나다나엘이 숨쉴 틈도 주지 않고 밀어부치십니다. "내가 너를 무화과나무 아래에서 보았다 하기에 믿는다는 거냐? 이보다 더 큰 일을 볼 것이다." 그리고 예수님은 이어서 이렇게 선언하십니다. "진실로 진실로 너희에게 이르노니 하늘이 열리고 하나님의 사자들이 인자 위에 오르락 내리락 하는 것을 보리라."

결론적으로 이 말씀이 우리에게 주는 메시지를 짧게 요약하면 이렇습니다. 우리는 내가 예수님을 구주로 영접한다고 말하면서 그 이유를 이러저러하게 설명합니다. 그런데 이것은 사실이 아닙니다. 우리가 그 분을 인정하고 받아들이기 전부터, 그 분은 이미 하나님의 아들이십니다. 그 분이 하나님의 아들이신 사실은 사실 인간의 인정을 필요로 하지 않습니다. 하나님의 나라와 그 나라의 주인이신 그리스도 예수는 인간이 요구하는 조건을 만족하기에 비로소 인정되고 고백되는 것이 아닙니다. 하나님은 자신의 나라와 구원의 능력을 베푸시되, 그것을 오직 자신의 기쁘신 뜻에 따라 택한 사람들에게 보이십니다. 그래서, 우리가 하나님을 알고 그의 아들을 그리스도로 고백하는 것이 하나님의 은혜인 것입니다. 이런 맥락에서, "우리를 믿게 해달라, 그러면 믿겠다"는 말은 사실 말이 되지 않습니다.

이제, 오늘의 말씀에 관한 묵상을 마무리합니다. 믿음은 우리의 판단을 필요로 하지 않습니다. 하나님께서 우리에게 먼저 다가와 우리의 눈과 마음을 열어 주실 때, 그 분의 아들이신 예수 그리스도가 새생명으로 가는 유일한 길임을 보는 것입니다. 이것이 믿음의 시작입니다.

자, 이제, 내일 주일예배를 드리려는 분을 위해 간단하게 안내를 드리고자 합니다.

(이 방법이 익숙하지 않으신 분은 여러분 각자의 취향에 가장 어울리는 동영상을 찾아 예배를 드리십시오. 신자는 예배와 기도를 통해서 하나님의 은혜를 공급받습니다. 예배의 풍성함은 경험한 사람만이 압니다.)

예배는, 내 마음 가운데 예수님을 영접하기 위하여, 그래서 그와 내가 '주님과 그 분의 양으로서의 관계를 맺기 위해' 나를 드리는 과정입니다. 그러므로 주일 아침, 예배를 드리기 전, 먼저 시간을 충분히 두고 마음을 가다듬으십시오. 가능하면 단정하게 옷을 입고, 자세를 바르게 하여 예배를 준비하십시오. 예배하기 전에 자원하는 마음으로 정성껏 헌금을 준비하여, 여러분의 손길로 인해 행복해질 어려운 이웃을 떠올리는 대로 그들에게 기쁨으로 선한 손길을 펴시기 바랍니다.

1. 먼저, 잠시 조용하게 기도하면서 예배를 시작하십시오. 기도는 우리의 정신을 하나님께 집중하는 행위입니다.
2. 다음으로, 오늘의 본문 "요한복음 1장 43절부터 51절까지"를, 조용히 소리내어 읽으시기 바랍니다.
3. 오늘 편지 가운데 본문과 관련된 부분을 천천히 읽으며 묵상하시기 바랍니다.
4. 묵상 가운데 깨달은 것을 갖고서, 나의 결심을 담아 하나님께 조용히 기도하십시오.
5. 마지막으로, 주기도문으로 예배를 마칩니다.
6. 예배가 끝나자마자 일어서지 마시고, 조용한 시간을 가지시기 바랍니다. 침묵의 여백은 나의 묵상을 더욱 깊이 있게 합니다. 방해 받지 않는 조용한 시간은 나의 생각을 더욱 진중하게 만듭니다.

여러분 모두를 사랑하고 축복합니다. 지금 이 시간에 떨어져 지내는 서로를 떠올리고, 잠시 그들을 위해 기도하고 축복합시다. 우리를 위해 지금도 분투하는 여러 사람들, 사랑하는 우리의 이웃들을 위해서도 기도합시다. 그리고, 이 어려운 시간을 지내고 승리한 사람으로 설 우리 자신을 칭찬하는 말로 충분히 격려해 줍시다. 나보다 약한 이들을 마음에 품으며, 그들에게 아주 작은 것이라도 대접하는 친절을 보입시다. 그래서 학업이든 직장이든 가정 일이든 무슨 일에서든, 하나님께 행하듯 충성스럽게 삽시다.

우리가 하나님의 것임을 늘 잊지 않고, 그래서 나의 가장 큰 기쁨이 그 분의 뜻을 따라 사는 것임을 잊지 않고 살아갑시다. 믿음은 산을 바다로 옮기는 능력이 아닙니다. 하루하루, 순간순간, 그 때의 나의 주인이 하나님이심을 기억하며 그를 선택하고 따라가는 행위입니다.

우리의 힘과 소망은 언제나 그 분 안에 있습니다! 오늘 말씀처럼, 믿음은 하나님께서 사랑으로 긍휼로 우리를 불쌍히 여기시고 먼저 성큼 다가오신 은혜의 결과입니다. 따라서, 우리가 그 분께 드릴 기도는 분명하고 간단합니다. "주여, 우리를 불쌍히 여기소서!" 우리의 구원은 우리의 간절한 기도에 대한 응답입니다. 그가 허락하시면, 우리가 그의 나라에 있을 것입니다. 그의 때에!

평안을 전하며, 홍성훈 목사 드림.

서른세 번째 목회서신

자그마한 발걸음을 떼어놓는 순간

사랑하는 카셀 아름다운교회 교우 여러분, 사랑이 많으신 우리 주 예수 그리스도의 이름으로 문안드립니다. 평안하셨습니까?

먼저, 지난 주일에 말씀 드린 교회 예배 일정을 다시 한번 알려드리려고 합니다.

우리 교회는 오는 2월 14일과 28일에 모여 주일예배를 드릴 것입니다. 2월 28일의 주일예배는 우리가 마지막으로 드리는 예배가 될 것이며, 그 이후 비영리 법인으로서의 '카셀 아름다운교회'라는 이름은 쓸 수 없습니다. 28일 주일예배 직전에 지금까지 우리가 임대하여 사용하던 예배당 Erlöser Kirche의 담임인 Pfarrerin Claudia Barth 목사님이 고별 인사를 해주실 것입니다. 교회당 임대 계약도 이 날로 종료되기에, 그 이후의 모임에 관해서는 지금 그 어떤 말씀도 드릴 수 없습니다. 주께서 우리의 상황에 긍휼을 베푸시고 새로운 길을 마련해 주시기를 기도하며, 이를 위해서 함께 기도해 주시면 고맙겠습니다.

2월 14일까지 연장된 현재의 강력한 록다운 정책에도 불구하고, 지난 한 주 동안의 확진자 발생률은 좀처럼 낮아지지 않습니다. 새로 발견된 변이 바이러스 때문에 이런 상황이라고 짐작합니다만, 어쨌든 예상과 달리 사망률도 높기 때문에 모두가 더욱 조심해야 할 것입니다. 특히 정부의 공지와 같이, 대중교통 같은 밀집도가 높은 모임에는 독일 정부가 인증한 FFP2 수준의 마스크를 반드시 착용해야 하며, 시내의 곳곳에 마스크를 착용하라고 안내되는 지역에서도 반드시 마스크를 착용하시기 바랍니다.

한국에서 인증된 KF94 마스크 역시 가능하다고 하나, 혹시 이 사항을 아직 모르는 공무원들에게 보여주기 위해서 이와 관련한 독일 정부의 메시지를 휴대폰에 지참하시고, 마스크의 포장지 역시 갖고 다니시길 추천합니다. 어쨌든 이 기나긴 시간을 잘 견디기 위해 모두가 기도하며, 스스로 긍정적인 마인드를 가질 뿐만 아니라 만나는 동료들에게도 격려의 언어를 자주 사용하며 살아가길 바랍니다.

이번 편지에서 저는 먼저, '성경을 소리내어 읽는 일'에 관하여 말씀드리려고 합니다. 우리는 흔히, 주일에 함께 모여서 예배를 드리는 것을 통해서 받은 은혜를 나누며, 교제를 통해서 믿음의 실제를 훈련한다고 생각하기에 이러한 행위들을 아주 중요하게 생각합니다. 맞습니다. 그런데, 작년 초부터 우리는 함께 모여서 드리는 예배를 거의 상실한 채로 살고 있습니다. 저는 그동안 우리 교회의 상황을 함께 고려하면서 홀로 예배하는 구도자로서의 신자의 모습을 강조했습니다. 오늘 저는 이 방법과 함께 각자의 믿음을 배양하는 또 하나의 수단으로서 성경 낭독, 즉 '성경을 소리내어 읽는 일'을 소개하려고 합니다.

우선, 옥성득 교수님의 글을 약간 인용하려고 합니다.

"성경은 묵독(소리내지 않고 읽는 것-저의 설명입니다)이나 줄을 치며 스터디 하듯 읽는 책이 아니라 (원래 무릎을 꿇거나 서서) (공동체와 함께) 소리를 내어 낭독하는 경전이다. 게일의 '연경좌담(演經坐談, The Gospel as sung)'(1923)은 복음서를 가사체로 번역하여, 암송하고 노래하여 "뇌수에 깊이 들어가 잊어버리지 않도록" 했다. 말씀은 눈으로만 읽는 것이 아니라 입으로 읽고, 귀로 듣고, 몸으로 흔들어 채우는 것이다… 낭독(소리)과 암송(노래)을 잃었기에 교회가 굳어지고 약해졌다.

(출처: https://koreanchristianity.tistory.com/52)

눈으로 읽기만 하는 것에 비해, 입으로 낭독하면서 그 소리를 귀로 들으면 학습 효과가 월등하다는 사실을 우리는 이미 압니다. 우리가 성경을 펴서 눈으로만 읽고 묵상하는 것보다, 눈으로 읽은 것을 입으로 낭독하고 그 소리를 내 귀가 듣는다면 하나님의 말씀은 더욱 깊이, 더욱 확실하게 내 마음에 새겨질 것이 분명하다는 것입니다. 저는 오늘 우리가 이 방법을 따라 성경을 소리내어 읽음으로써 '성경을 시청각적으로 내 뇌리에 새겨볼 것'을 권하고자 합니다.

어색하더라도 시도해 보십시오. 물론 각자에게 적합한 방법이 다르겠지만, 성경을 소리내어 읽는 방법은 오랫동안 교회가 채택해 온 방법입니다. 그만큼 탁월한 효과가 있었다는 뜻입니다. 여러분에게도 생각지도 않은 유익을 줄지 모릅니다. 내 방법만을 고집하기보다 '더 나은 방법이 있지 않을까' 하는 기대를 안고 다른 방법에 대해서도 마음을 열어놓아야 합니다. 어색하더라도 익숙해지면 이전까지 수많은 믿음의 선배들이 누린 유익을 여러분도 누릴 것입니다.

이제, 내일 주일의 개인/가정예배를 위하여 말씀을 함께 묵상할 수 있도록 안내해 드리려고 합니다. 이번에 우리가 함께 나눌 본문은 마가복음 1장 14절부터 20절까지의 말씀입니다. 함께 소리내어 읽어볼까요?

> 14 요한이 잡힌 후 예수께서 갈릴리에 오셔서 하나님의 복음을 전파하여 15 이르시되 때가 찼고 하나님의 나라가 가까이 왔으니 회개하고 복음을 믿으라 하시더라 16 갈릴리 해변으로 지나가시다가 시몬과 그 형제 안드레가 바다에 그물 던지는 것을 보시니 그들은 어부라 17 예수께서 이르시되 나를 따라오라 내가 너희로 사람을 낚는 어부가 되게 하리라 하시니 18 곧 그물을 버려 두고 따르니라 19 조금

더 가시다가 세베대의 아들 야고보와 그 형제 요한을 보시니 그들도 배에 있어 그물을 깁는데 20 곧 부르시니 그 아버지 세베대를 품꾼들과 함께 배에 버려 두고 예수를 따라가니라 (개역개정 한글성경)

사실 오늘의 본문은 매우 단순합니다. 주께서 제자들을 보고 부르셨고, 그들은 그 부르심에 지체없이 따랐다는 것입니다. 그리고, 15절에 등장하는 '때가 찼다'는 말은, 이 부분에서 제자를 부르시는 예수님의 행동이 오래전부터 하나님이 주도하신 계획에 따른 것이었음을 암시하고 있습니다. 그 때에 이런저런 정황은 전혀 언급되지 않습니다. 부르심과 응답이라는 두 개의 동작만이 두드러지게 강조됩니다. 정리해보죠. 이 부분을 소위 '제자도'라는 주제로 다룰 때, 제자도에 관하여 말하려는 것은 명백합니다. 즉, 제자가 되는 첫 번째 관문은 그 분 예수 그리스도의 부르심에 즉각적으로 결단하고 움직이는 것입니다. 그 결단에 따라 부름받은 제자들은 모든 것을 그 자리에 놓아두고 길을 나섭니다.

우리는 이 일 이후에 제자들이 얼마나 지지부진하고 긴 학습의 길을 걸었는지 잘 압니다. 제자들은 무엇을 위해 부름받았는지도 잘 몰랐으며, 낮아지기를 가르치는 주님의 거듭된 가르침에도 불구하고 높아지기를 구했으며, 서로 높아지겠다고 다투었으며, 심지어 자기가 예수님의 부름을 따르기 위해서 모든 것을 버렸노라 자랑하기까지 했습니다. 주님의 길을 가로막기도 했고, 주님이 여전히 긍휼히 여기시는 마을을 불로 심판하자고 하면서 주님의 권한을 대신

행사하고자 했습니다. 마침내 죽음의 위협이 다가오자 제자들은 스승을 팽개치고 도망가며, 주님을 부인하기까지 했습니다.

그러나 '때가 되어' 부르신 주님의 계획은 마침내 '때가 되어' 성령께서 오시면서 성취되었습니다. 자, 이렇게 기나긴 제자 됨의 길에서 보이는 사실은 무엇일까요? 주님의 부르심과 계획은 반드시 이뤄진다는 것이고, 그 성공은 제자들이 그 분의 부르심에 순종함으로써 시작되었다는 사실 아니겠습니까? 우리 스스로를 자신하지 못하더라도, 발걸음을 떼어놓는 행동이 중요합니다. 그 마지막까지의 과정을 전부 몰라도 상관없습니다. 주님의 명령에 따라 자그마한 발걸음을 떼어놓기만 하면, 이 일의 주관자이신 하나님께서 반드시 당신의 뜻을 이루실 것입니다!

그러나, 기억하십시오. 제자가 되기 위한 '결단'이 사생결단의 결심, 내 삶의 모든 것을 버려야 하는 엄청난 일이라고, 미리 두려워할 필요는 없습니다. 오늘의 본문에 등장하는 제자들 가운데에는, 어느날 갑자기 내 눈앞에 나타난 예수라는 인물이 다른 동네에서 죽은 이도 살리고 병자도 고쳤다는 소문을 듣고 무슨 대단하고 흥미로운 구경이라도 하려는 듯이, 혹은 출세하고픈 마음으로 주님을 따라 나선 사람도 있었을 것 같습니다. 그들이 애초부터 순교를 각오하고, 복음을 땅끝까지 전하기 위해 위대하고 놀라운 결심까지는 하지 않았을 수도 있습니다. 그저, 부르시니 응답하여 발걸음을 떼어놓았을지도 모릅니다. 어쨌든 중요한 것은 부르실 때 응답한 일입니다. 주님은 부르심에 즉각 응답하는 그 자체를 귀하게 보십니다.

그 분의 부르심이 분명하게 보이거나 들리지 않을 수 있습니다. 오늘 내가 하나님의 자녀이기 때문에 내 자리에서 조용하게 예배하는 것인데, 거기서 그 걸음의 시작될 수 있습니다. 그러니, 두려워하지 마시고, 망설이지 마시고, 여러 생각으로 미리 걱정하지 마시고, 오늘 지금 내가 할 일을 하십시오. 예배할 때에 예배하시고, 기도할 일이 있을 때 기도하시고, 말씀을 묵상할 때 묵상하시고, 공부할 때 공부하시고, 일할 때 일하며, 가족과 기쁜 시간을 가질 수 있을 때 그리 하십시오. 주님은 나타나야 할 시간에 나타나실 것이고, 부르실 때에 부르실 것입니다. 그 분이 이루실 때에 이루실 것입니다. 우리는 부르시는 그 자리에서 응답하고 따르면 됩니다.

이제, 오늘의 말씀에 관한 묵상을 마무리합니다. 주님은 우리를 제자로 부르십니다. 그 일의 시작과 마지막, 그리고 그 일이 끝난 후에 우리가 어떤 모습이 될지… 에 관해서는 우리는 모릅니다. 언제든 그가 부르실 때에 분명하게 따르겠다고 대답하면 됩니다.

자, 이제, 내일 주일예배를 드리려는 분을 위해 간단하게 안내를 드리고자 합니다.

(이 방법이 익숙하지 않으신 분은 여러분 각자의 취향에 가장 어울리는 동영상을 찾아 예배를 드리십시오. 신자는 예배와 기도를 통해서 하나님의 은혜를 공급받습니다. 예배의 풍성함은 경험한 사람만이 압니다.)

예배는, 내 마음 가운데 예수님을 영접하기 위하여, 그래서 그와 내가 '주님과 그 분의 양으로서의 관계를 맺기 위해' 나를 드리는 과정입니다. 그러므로 주일 아침, 예배를 드리기 전, 먼저 시간을 충분히 두고 마음을 가다듬으십시오. 가능하면 단정하게 옷을 입고, 자세를 바르게 하여 예배를 준비하십시오. 예배하기 전에 자원하는 마음으로 정성껏 헌금을 준비하여, 여러분의 손길로 인해 행복해질 어려운 이웃을 떠올리는 대로 그들에게 기쁨으로 선한 손길을 펴시기 바랍니다.

1. 먼저, 잠시 조용하게 기도하면서 예배를 시작하십시오. 기도는 우리의 정신을 하나님께 집중하는 행위입니다.
2. 다음으로, 오늘의 본문 "마가복음 1장 14절부터 20절까지"를, 조용히 소리내어 읽으시기 바랍니다.
3. 오늘 편지 가운데 본문과 관련된 부분을 천천히 읽으며 묵상하시기 바랍니다.
4. 묵상 가운데 깨달은 것을 갖고서, 나의 결심을 담아 하나님께 조용히 기도하십시오.
5. 마지막으로, 주기도문으로 예배를 마칩니다.
6. 예배가 끝나자마자 일어서지 마시고, 조용한 시간을 가지시기 바랍니다. 침묵의 여백은 나의 묵상을 더욱 깊이 있게 합니다. 방해 받지 않는 조용한 시간은 나의 생각을 더욱 진중하게 만듭니다.

여러분 모두를 사랑하고 축복합니다. 지금 이 시간에 떨어져 지내는 서로를 떠올리고, 잠시 그들을 위해 기도하고 축복합시다. 우리를 위해 지금도 분투하는 여러 사람들, 사랑하는 우리의 이웃들을 위해서도 기도합시다. 그리고, 이 어려운 시간을 지내고 승리한 사람으로 설 우리 자신을 칭찬하는 말로 미리 세워 줍시다. 나보다 약한 이들을 마음에 품으며, 그들에게 아주 작은 것이라도 대접하는 친절을 보입시다. 그래서 학업이든 직장이든 가정 일이든 무슨 일에서든, 하나님께 행하듯 충성스럽게 삽시다.

우리가 하나님의 것임을 잊지 않고, 그래서 나의 가장 큰 기쁨이 그 분의 뜻을 따라 사는 것임을 잊지 않고 살아갑시다. 오늘 내가 할 일에 성실하시고, 그러다가 언제든 부르시는 그 부름에 용감하게 응답하십시오. 그것이 제자로 우리를 부르신 주님이 우리에게 기대하시는 태도입니다. 우리의 힘과 소망은 언제나 그 분 안에 있습니다! 오늘 말씀처럼, 믿음은 하나님께서 사랑으로 긍휼로 우리를 불쌍히 여기시고 먼저 성큼 다가오신 은혜의 결과입니다. 따라서, 우리가 그 분께 드릴 기도는 분명하고 간단합니다. "주여, 우리를 불쌍히 여기소서!" 우리의 구원은 우리의 간절한 기도에 대한 응답입니다. 그가 허락하시면, 우리가 그의 나라에 있을 것입니다. 그의 때에!

평안을 전하며, 홍성훈 목사 드림.

서른네 번째 목회서신

하나님의 나라는
바로 여기에서 시작됩니다.

사랑하는 카셀 아름다운교회 교우 여러분, 사랑이 많으신 우리 주 예수 그리스도의 이름으로 문안드립니다. 평안하셨습니까?

원래는 내일 함께 모여서 예배를 드리는 날인데, 그러지 못해서 매우 유감입니다. 그러고 보니 코로나19 바이러스 사태로 인해 교회에서 만나지 못한지도 어언 1년을 바라보고 있습니다. 이 시점에서 우리가 스스로가 체크할 사실이 있습니다. 두 달쯤 전 독일의 천주교회가 조사한 바에 따르면 코로나 사태로 인해 대면 예배가 거의 중단된 후 출석 교인의 숫자가 약 20% 감소했다고 합니다. 지금 상황에서 이런 조사가 약간은 이른 것 같고, 그 결과에 대한 원인 분석 역시 성급한 면도 있다고 생각합니다. 그러나 이 조사결과의 숫자를 보는 순간, 우리의 마음 상당히 동의되는 면이 있음을 부인하기도 어렵습니다.

이 '동의'라고 하는 말에 담긴 의미는 이런 것이 아닐까 합니다. 역시 교회는, 아니 사람은, 한자리에 만나서 눈을 마주치고 얼굴을 대해야 한다는 사실입니다. 우리는 이와 관련하여, 히브리서의 기자의 말을 금방 기억합니다. "모이기를 폐하는 어떤 사람들의 습관과 같이 하지 말고 오직 권하여 그 날이 가까움을 볼수록 더욱 그리하자."(히10:25) 그동안 우리는 교회라고 하는 특정한 장소에서 모이기를 힘썼고, 지금까지도 세계 그 어떤 나라의 교회보다 모이는 일에 열심이었습니다. 그러나 우리는 이번 코로나 사태를 맞으면서 새로운, 아니 새삼스러운 도전을 받고 있습니다. 우리의 교회가, 우리의 믿음이 과연 모이는 일과 어떤 관계가 있을까 하는 질문이 바로 그것입니다.

이 짧은 글에서 제가 이 엄청난 질문에 대한 정확한 답을 할 자신은 없고, 그럴 의도로 이렇게 말씀드리는 것은 아닙니다. 저는 이 질문이 우리에게 가져다 주는 교훈만을 여기에 간단히 언급하려고 합니다. 어떤 사람은 이 사태에서 교회에 출석하여 함께 예배하는 일에 대해 '예배의 본질'에서 해답을 찾자고 말합니다. 즉, 하나님은 어디에나 계시고 예배는 어디서 드리든 하나님께만 드리면 된다고 합니다. 사실 이런 입장은 많은 사람들이 모여서 예배를 드리지 못하는 데 대해 신앙의 뿌리까지 흔들리고 있고, 적지 않은 사람들이 신앙의 정체성에 혼란을 겪고 있는 상황을 고려할 때 아주 중요한 해답이 됩니다.

그러나 동시에, 이것이 가장 좋은 해답은 아닙니다. 우리는 어떤 해답이든 이것이 우리 인간의 본성을 고려한 것인가를 동시에 물어야 합니다. 즉, 언제 어디서든 진리와 영으로 예배하는 것이 예배의 본질이라 하더라도, 우리가 이 세상, 즉 육에 속한 존재인 이상 예배의 형식을 모조리 무시할 수는 없는 존재라는 사실을 잊지 않아야 한다는 것입니다. 다시 말해, 우리가 이 세상에 속한 이상 "진리는 언제나 형식이라는 그릇에 담겨 있다"는 사실을 명심하여야 한다는 뜻입니다. 그러므로, 이 사태를 기회로 하여 "이참에 우리는 예배의 본질에 집중하여, 교회에 모여서 예배하는 일을 중단해야 한다"고 주장할 수는 없다는 것입니다.

관점을 바꿔야 합니다. "우리는 지금까지 주일에 교회로 와서 예배하면 그것이 신앙의 전부라고 생각했다. 그러나 이번에 억지로 교회에 모일 수 없게 되어 다시 생각해 보니 여태까지 교회에 모여서 예배드리는 것이 믿음의 전부고 예배의 전부라고 생각했고, 나머지 우리의 일상에서 삶으로 드릴 예배, 하나님과 개인적으로 만나 교제하는 일에 대해서는 소홀했다." 이런 반성과 깨달음을 통해서, 우리가 가야 할 길은 분명해집니다. 즉, 한편으로 쏠렸던 신앙과 사고의 불균형을 위기를 통해서 바로잡는 것 말입니다. 지금의 위기는 또 하나의 극단으로 가기 위한 시간이 아닙니다. 형식도 포기해선 안되고, 본질은 더욱 포기할 수 없습니다.

이 균형을 위해 고민하는 시간이 바로 지금입니다. 이 고민은, 우리가 신앙의 길로 접어든 이상 누구도 피할 수 없습니다. 하나님도 힘써 알아야 하고, 신앙하는 우리 자신을 성찰하는 일도 힘써 행해야 한다는 것입니다. 믿음은 생각 없이 가도 되는 편한 길이 아닙니다. 믿음은 썩어져서 안 해도 될 고민은 하지 않고, 집중해야 할 믿음과 그 나라에 우리의 관심을 집중하는 것임을 잊어서는 안됩니다.

이제, 내일 주일의 개인/가정예배를 위하여 말씀을 함께 묵상할 수 있도록 안내해 드리려고 합니다. 이번에 우리가 함께 나눌 본문은 마가복음 1장 21절부터 28절까지의 말씀입니다. 함께 소리내어 읽어볼까요?

> 21 그들이 가버나움에 들어가니라 예수께서 곧 안식일에 회당에 들어가 가르치시매 22 뭇 사람이 그의 교훈에 놀라니 이는 그가 가르치시는 것이 권위 있는 자와 같고 서기관들과 같지 아니함일러라 23 마침 그들의 회당에 더러운 귀신 들린 사람이 있어 소리 질러 이르되 24 나사렛 예수여 우리가 당신과 무슨 상관이 있나이까 우리를 멸하러 왔나이까 나는 당신이 누구인 줄 아노니 하나님의 거룩한 자니이다 25 예수께서 꾸짖어 이르시되 잠잠하고 그 사람에게서 나오라 하시니 26 더러운 귀신이 그 사람에게 경련을 일으키고 큰 소리를 지르며 나오는지라 27 다 놀라 서로 물어 이르되 이는 어찜이냐 권위 있는 새 교훈이로다 더러운 귀신들에게 명한즉 순종하는도다 하더라 28 예수의 소문이 곧 온 갈릴리 사방에 퍼지더라 (개역개정 한글판 성경)

다른 복음서에 비하면 예수께서 복음을 전하시는, 이른바 공생애 사역의 시작이 매우 스피디하게 시작됩니다. 즉, 제자들을 부르시고 그들의 명단이 생략될 정도로 다급하게 예수님의 사역이 소개되고 있습니다. 그리고 마가는 이 부분에서 예수님의 말씀을 두 번에 걸쳐 매우 인상적으로 소개합니다. 즉, 22절에서는 예수께서 회당에서 가르치신 말씀이 '권위 있는 자와 같고, 서기관들과 같이 않'았다고 말하며, 27절에서는 '이는 권위 있는 새 교훈, 즉 더러운 귀신들도 순종'한다고 말합니다.

예수님의 말씀을 들은 사람들의 평가가 흥미롭죠? 무엇보다, 권위가 있습니다. 즉 서기관이 전하는 전통적인 가르침에 비하면 새롭고, 권위가 있어서, 심지어는 귀신들까지 순종하는 영적 파워를 느낄 수 있습니다. 그래서 새롭게 들리기까지 합니다. 마가가 이 부분에서 말하려는 것이 무엇일까요? 마가는 서기관이 가르치는 전통적인 가르침과 영적인 파워를 지닌 새로운 가르침을 대조하여 보여줍니다. 이 차이는 정확히 모세의 율법과 전통, 그리고 그것의 참 주인이신 하나님 자신의 차이이기도 합니다. '배워서 가르치는 것'과 '진리 자체인 자신'이 가르치는 것에 이런 차이가 있는 것은 당연하지 않겠습니까?

그런데 이와 별개로 마가는 한 가지 흥미로운 에피소드를 기록했습니다. 본문 23절 이하를 보면, 예수께서 가버나움의 회당에서 더러운 귀신이 든 사람을 만나십니다. 그 자리에서 귀신은 자기가 기생하고 있는 사람의 입을 빌려 이렇게 말합니다. "나사렛 예수여,

우리가 당신과 무슨 상관이 있나이까 우리를 멸하러 왔나이까 나는 당신이 누구인 줄 아노니 하나님의 거룩한 자니이다"(막1:24) 귀신은 알아봤습니다. 그에 따르면 예수님은 하나님의 아들이십니다. 뿐만 아니라 마귀는 예수께서 왜 이 땅에 오셨는지를 분명히 알고 있었습니다. 즉, '사탄의 세력을 멸하기 위하여' 오셨습니다. 사람들은 자기 앞에 서있는 분을 몰라봤으나, 마귀는 그를 알아보았던 것입니다.

오늘의 본문을 통해 마가는, 앞으로 기록될 마가복음의 성격을 이렇게 정확하게 드러냅니다. 예수께서는 하나님의 아들로서 이 땅에 오셔서 마귀의 세력을 멸하고 당신의 피조물을 당신의 것으로 회복하실 것입니다. 그러나, 우리는 동시에 기억해야 합니다. 예수께서는 하나님의 피조물을 회복하시되, 종으로서 고난을 당하심으로써 성취하실 것입니다. 이것은 매우 중요한 사실입니다. 우리는 하나의 세력을 멸하려 할 때 그보다 더 큰 힘으로 멸한다고 믿습니다. 그러나 마가는 시종일관 예수의 모습을 힘으로 세상을 정복하는 캐릭터로서가 아니라 겸손하여 낮아진 인간의 모습으로 이 땅에 오셔서 하나님의 뜻을 죽기까지 순종하여 그 뜻을 성취하는 모습으로서 표현하고 있는 것입니다.

저는 마가의 메시지가 현재의 우리에게 매우 중요한 도전을 던진다고 생각합니다. 우리는 '하나님의 영광'을 위하여 더 많은 지혜와 더 큰 능력과 더 높은 자리에 서야 한다고 믿습니다. 하지만 마가가 보여주는 예수의 삶은 이런 우리의 상식 같은 믿음에 본질적인 도전장을 내밉니다. 우리에게 마가는 말합니다. "그 말이 사실이야? 꼭 높아져야 하나? 꼭 더 많이 가져야 하나?" 마가의 도전에 대하여 바울 사도는 이렇게 말합니다.

> "5 너희 안에 이 마음을 품으라 곧 그리스도 예수의 마음이니 6 그는 근본 하나님의 본체시나 하나님과 동등됨을 취할 것으로 여기지 아니하시고 7 오히려 자기를 비워 종의 형체를 가지사 사람들과 같이 되셨고 8 사람의 모양으로 나타나사 자기를 낮추시고 죽기까지 복종하셨으니 곧 십자가에 죽으심이라 9 이러므로 하나님이 그를 지극히 높여 모든 이름 위에 뛰어난 이름을 주사 10 하늘에 있는 자들과 땅에 있는 자들과 땅 아래에 있는 자들로 모든 무릎을 예수의 이름에 꿇게 하시고 11모든 입으로 예수 그리스도를 주라 시인하여 하나님 아버지께 영광을 돌리게 하셨느니라"(빌립보서 2:5-11)

하나님의 계획은 모든 것을 당신이 창조하신 원래의 목적으로 회복하는 것입니다. 즉, 모든 피조물들이 전심으로 하나님을 창조주로 인정하고 경배하는 것입니다. 그 방법이 예수의 삶에 분명하게 드러나 있습니다. 하나님의 뜻과 말씀에 죽기까지 순종하는 것입니다. 이런 면에서 예수의 삶은 모든 신자들에게 모본이 되시는 것입니다. 마가의 메시지가 이런 큰 구도 가운데서 이해되기를 바랍니다. 어쨌든, 마가가 말하려는 것을 간단하게 말하기는 어렵지만 이것 하나는 기억하십시오. 하나님이 창조하신 세계로 회복하려면 우리는 예수 그리스도의 삶에서 우리가 살아내야 할 모본을 명심해야 합니다.

하나님은 우리에게 마귀라도 이길 초자연적인 힘을 주셔서 마귀를 굴복시킴으로써 그런 세상을 만들라고 명하지 않습니다. 마음과 뜻을 다해 그 분을 경배하고 순종함으로써 예수의 삶을 뒤따르라고 명하실 뿐입니다. 그러므로 우리가 일할 사역의 터전은 우리 자신입니다. 내가 내 삶의 주인을 하나님으로 바꾸고, 내 방법과 삶의 목표를 포기하고 그분의 뜻을 따라 하루하루 살아감으로써 마침내 세상의 질서를 그분의 것으로 바꾸는 것입니다. 그 시작이 바로 나인 것이지요. 그러므로 우리는 이렇게 말해야 합니다. 하나님께서 나를 부르신 일터, 내가 일할 곳은 바로 나의 마음밭이고, 나의 삶의 영역 전부입니다. 하나님의 나라는 바로 여기에서 시작되는 것입니다.

자, 이제, 내일 주일예배를 드리려는 분을 위해 간단하게 안내를 드리고자 합니다.
(이 방법이 익숙하지 않으신 분은 여러분 각자의 취향에 가장 어울리는 동영상을 찾아 예배를 드리십시오. 신자는 예배와 기도를 통해서 하나님의 은혜를 공급받습니다. 예배의 풍성함은 경험한 사람만이 압니다.)
예배는, 내 마음 가운데 예수님을 영접하기 위하여, 그래서 그와 내가 '주님과 그 분의 양으로서의 관계를 맺기 위해' 나를 드리는 과정입니다. 그러므로 주일 아침, 예배를 드리기 전, 먼저 시간을 충분히 두고 마음을 가다듬으십시오. 가능하면 단정하게 옷을 입고, 자세를 바르게 하여 예배를 준비하십시오. 예배하기 전에 자원하는 마음으로 정성껏 헌금을 준비하여, 여러분의 손길로 인해 행복해질 어려운 이웃을 떠올리는 대로 그들에게 기쁨으로 선한 손길을 펴시기 바랍니다.

1. 먼저, 잠시 조용하게 기도하면서 예배를 시작하십시오. 기도는 우리의 정신을 하나님께 집중하는 행위입니다.
2. 다음으로, 오늘의 본문 "마가복음 1장 21절부터 28절까지"를, 조용히 소리내어 읽으시기 바랍니다.
3. 오늘 편지 가운데 본문과 관련된 부분을 천천히 읽으며 묵상하시기 바랍니다.
4. 묵상 가운데 깨달은 것을 갖고서, 나의 결심을 담아 하나님께 조용히 기도하십시오.
5. 마지막으로, 주기도문으로 예배를 마칩니다.
6. 예배가 끝나자마자 일어서지 마시고, 조용한 시간을 가지시기 바랍니다. 침묵의 여백은 나의 묵상을 더욱 깊이 있게 합니다. 방해받지 않는 조용한 시간은 나의 생각을 더욱 진중하게 만듭니다.

여러분 모두를 사랑하고 축복합니다. 지금 이 시간에 떨어져 지내는 서로를 떠올리고, 잠시 그들을 위해 기도하고 축복합시다. 우리를 위해 지금도 분투하는 여러 사람들, 사랑하는 우리의 이웃들을 위해서도 기도합시다. 그리고, 이 어려운 시간을 지내고 승리한 사람으로 설 우리 자신을 칭찬하는 말로 미리 격려해 줍시다. 나보다 약한 이들을 마음에 품으며, 그들에게 아주 작은 것이라도 대접하는 친절을 보입시다. 그래서 학업이든 직장이든 가정 일이든 무슨 일에서든, 하나님께 행하듯 충성스럽게 삽시다.

우리가 하나님의 것임을 잊지 않고, 그래서 나의 가장 큰 기쁨이 그 분의 뜻을 따라 사는 것임을 잊지 않고 살아갑시다. 오늘 내가 할 일에 성실하시고, 그러다가 언제든 부르시는 그 부름에 용감하게 응답하십시오. 그것이 제자로 우리를 부르신 주님이 우리에게 기대하시는 태도입니다. 우리의 힘과 소망은 언제나 그 분 안에 있습니다! 오늘 말씀처럼, 우리가 하나님의 나라를 이루기 위해 분투해야 할 곳은 멀리 있지 않습니다. 나의 마음과 삶, 바로 그곳입니다! 내가 하루하루 성실하게 치러야 할 영적 전투의 현장, 소명의 현장이 어디인지를 잊지 않고 살아갑시다.

평안을 전하며, 홍성훈 목사 드림.

서른다섯 번째 목회서신

예수님, 그 분의 계획표

사랑하는 카셀 아름다운교회 교우 여러분, 사랑이 많으신 우리 주 예수 그리스도의 이름으로 문안드립니다. 평안하셨습니까?

지난 주간은 어떠셨는지요? 이미 많은 시간이 간 것 같기도 하고, 아닌 것 같기도 하고… 벌써 1년 가까이 반복되는 일상임에도 결코 우리의 '평소의 삶'이라 부를 수 없는 시간을 지내고 있습니다. 숫자로 치면 강력한 록다운 정책으로 인해 신규 감염자 숫자가 줄어든 것 같기는 하지만, 그렇다고 이제는 다시 일상으로 돌아가야겠다고 결정하기도 애매한 시간이 이어지고 있습니다. 그래요, 아직은 2월의 첫 주니까요! 이렇게 천천히 인내하면서 정부의 정책에 보조를 맞추면서 개인 위생에 신경 쓰며 지내다 보면 마침내 좋은 시절이 올 겁니다.

이런 믿음을 갖는 것은 우리 인간에게 시간이란 개념이 있기 때문입니다. 누구의 말대로, 우리가 붕어처럼 단 3초간의 기억력만 갖고 있다면 우리에게 지금이란 시간은 영원히 끝이 없는 고통의 시간일 겁니다. 그러나 우리는 과거를 돌아보는 능력을 갖고 있고, 이 시간이 앞으로도 계속 이어질 것이라는 믿음도 있습니다. 거기에, 시간의 주장자이신 하나님을 믿는 믿음도 갖고 있습니다. 때문에 우리는 코로나의 위협이 없었던 좋은 시절을 떠올릴 수도 있고, 이 시간이 가면 언젠가 그런 좋은 시절이 돌아올 것이라는 사실도 믿을 수 있습니다. 이 믿음 때문에 우리는 지금을 이겨낼 수도 있습니다. 이래서, 인간은 환경에 지배되지만은 않는 존재라 불리는 것이지요.

어쨌든, 우리는 다음 주일에 교회에서 모이기로 예정되어 있습니다. 다음 주일의 대면 예배는 우리 교회가 드리는 마지막 두 번째 예배가 될 것입니다. 이 사실이 우리의 마음에 어떠한 느낌으로 다가오든, 우리의 마음과 관심을 오로지 우리의 주인이신 한 분, 하나님 아버지에 맞추기를 바랍니다. 여기서 오는 놀라운 체험은, 앞으로 다가올 그 어떠한 어려움 속에서도 우리가 믿음으로 스스로를 회복해가는 중요한 역할을 할 것입니다. 맛보아 안 사람만이 회복할 수 있습니다. 앞에서도 말씀드린 것처럼, 우리는 하나님을 전적으로 신뢰하여 그 분 안에서 누리는 평안과 능력이 얼마나 큰지를 체험할 수 있고, 그 체험으로 인하여 그보다 더한 어려움 속에 있더라도 하나님께 나아가 그 분과의 놀라운 교제의 기쁨을 회복할 수 있습니다.

존경하는 한 페친(페이스북 친구)의 담벼락에서 얻어온 글 하나를 적절하게 손질하여 소개합니다.

토마스 도르세이 T.A. Dorsey라는 복음성가 가수가 있었습니다. 그는 어려서부터 음악적 재능이 탁월했고, 시카고에서 오랫동안 한 교회의 지휘자로 봉사하면서 행복한 가정을 누리며 살았습니다. 그런데 그가 세인트루이스에 가서 집회에 참석한 동안 그의 부인은 출산 중에 죽고 가까스로 산채로 태어난 아기 역시 다음날 죽고 말았습니다. 사랑하는 아내와 태어나자마자 하늘로 올라간 아기를 같은 관에 넣어 묻고서, 그는 오랫동안 믿음과 가진 것들을 모두 버린채 폐인처럼 살았습니다.

그러던 어느날, 한 친구가 그를 찾아와, 그의 작업실 피아노 건반 위에 그의 손가락을 올려 놓았습니다. 여러 시간이 지난 후, 작업실로 들어오는 황홀한 석양의 풍경과 노을이 피아노의 건반을 비추자, 설명할 수 없는 평안이 그를 감싸기 시작했습니다. 그리고, 그 순간부터 도르세이는 다시 감격에 찬 찬양을 부를 수 있었습니다. 그가 그 때 작곡한 찬양은 곧 그가 봉사하던 교회에서 예배시간에 불려졌습니다. 그 찬양의 제목은 "주님여, 이 손을 꼭 잡고 가소서"입니다. 제가 기억하기로는 이 찬양은 오래전 마틴 루터 킹 주니어 목사님의 장례식에서 불려져 큰 감동을 주었습니다.

우리는 누군가의 고통에 대해 결코 함부로 말할 수 없습니다. 그럼에도 우리는 이렇게 말할 수 있습니다. 깨진 유리조각이 예술가를 만나면 영롱한 무지개 같은 아름다움이 됩니다. 말할 수 없는 슬픔과 고통일지라도 하나님 안에서 누렸던 그 교제의 기쁨이 회복되면 그 순간 아름다운 무지개가 되어 이를 보는 모든 이들을 경탄케 하는 것입니다. 그러므로 여러분, 무엇보다 우리는 하나님 안에서 누리는 그 교제의 기쁨을 경험해야 합니다. 이 경험에 대한 기억은 우리가 어디에서 길을 잃었든지 곧바로 그 길을 찾아갈 수 있는 힘이 됩니다. 시편 34편 8절부터 10절은 이렇게 말합니다.

> 8 너희는 여호와의 선하심을 맛보아 알지어다 그에게 피하는 자는 복이 있도다 9 너희 성도들아 여호와를 경외하라 그를 경외하는 자에게는 부족함이 없도다 10 젊은 사자는 궁핍하여 주릴지라도 여호와를 찾는 자는 모든 좋은 것에 부족함이 없으리로다

궁핍하여 주린 사자가 그러하듯 여호와를 찾는 자는 참으로 부족함이 없겠지만, 그를 찾는 자에게 어떠한 만족함이 있는지를 아예 모르는 데야, 무슨 갈급함이 생기겠습니까? 이 갈급함으로 인해 회복되는 교제의 기쁨은, 우리가 마침내 하나님 나라에서 누릴 그 기쁨의 모형이기도 한데 말입니다.

자 이제, 내일 주일의 개인/가정예배를 위하여 말씀을 함께 묵상할 수 있도록 안내해 드리려고 합니다. 이번에 우리가 함께 나눌

본문은 마가복음 1장 29절부터 39절까지의 말씀입니다. 함께 소리 내어 읽어볼까요?

> 29 회당에서 나와 곧 야고보와 요한과 함께 시몬과 안드레의 집에 들어가시니 30 시몬의 장모가 열병으로 누워 있는지라 사람들이 곧 그 여자에 대하여 예수께 여짜온대 31 나아가사 그 손을 잡아 일으키시니 열병이 떠나고 여자가 그들에게 수종드니라 32 저물어 해 질 때에 모든 병자와 귀신 들린 자를 예수께 데려오니 33 온 동네가 그 문 앞에 모였더라 34 예수께서 각종 병이 든 많은 사람을 고치시며 많은 귀신을 내쫓으시되 귀신이 자기를 알므로 그 말하는 것을 허락하지 아니하시니라 35 새벽 아직도 밝기 전에 예수께서 일어나 나가 한적한 곳으로 가사 거기서 기도하시더니 36 시몬과 및 그와 함께 있는 자들이 예수의 뒤를 따라가 37 만나서 이르되 모든 사람이 주를 찾나이다 38 이르시되 우리가 다른 가까운 마을들로 가자 거기서도 전도하리니 내가 이를 위하여 왔노라 하시고 39 이에 온 갈릴리에 다니시며 그들의 여러 회당에서 전도하시고 또 귀신들을 내쫓으시더라 (개역개정 한글판 성경)

본문의 구조를 보면 두 개의 스토리로 되어 있습니다. 첫 번째는 예수께서 시몬, 즉 베드로의 집으로 가셔서 그의 장모를 고치신 사건이 기록되었고, 두 번째는 이른 아침에 기도하시던 예수께서 마을과 갈릴리 지역을 다니며 전도하시면서 귀신을 쫓으신 이야기가 기록되었습니다. 시몬 베드로 집안의 이야기가 나온다지만 사실 본문에서 주목해야 할 부분은 앞뒤 두 개의 이야기에 등장하는 귀신 쫓기 이야기입니다. 그리고 이 이야기와 연관된 두 개의 단어에도 함께 주목해야죠. 즉, 전도와 기도입니다. 그래서, 거두절미하고 이 세 개의 단어를 이렇게 엮어야 하겠습니다. 기도-전도-귀신쫓기.

지난주에도 말씀드렸지만 예수님의 사역은 귀신쫓기 같은 이적과 깊이 연관되어 있습니다. 따라서 우리는 하나님 나라를 전하시는 예수님의 사역이 왜 그렇게 귀신을 쫓아내는 일과 깊이 연관되어 있는지를 이해해야 합니다. 즉, 하나님의 나라를 전하는 복음 사역은 그냥 사람을 인도하여 교회에 앉혀 놓는 것을 의미하지 않는다는 것이며, 따라서 복음을 전하는 일은 더 큰 관점, 즉 하나님의 나라를 이루는 일과 관련이 있음을 말하는 것입니다. 마지막으로, 우리가 잊지 말아야 할 사실이 있습니다. 제자들은 몰랐지만 귀신은 예수께서 이 땅에 오신 목적을 꿰뚫고 있었습니다. 그리고, 예수께서는 이들이 이 사실을 말하는 것을 허락하지 않으셨습니다. 즉, 마귀까지도 당신의 사역에 관한 어젠다에 맞추어 통제하셨다는 것입니다. 우리 주님께서는 이렇게 마귀까지도 당신의 계획표에 맞추어 통제하면서 한걸음씩 당신의 나라를 접수해 가셨던 것입니다.

자, 정리해 봅니다. 예수님의 사역은 궁극적으로 하나님의 나라를 이 땅에 실현하는 것이었습니다. 그를 위해 예수님은 치열한 영적 싸움, 즉 세상의 주도권을 놓고 마귀와의 전투를 수행 중이십니다. 그러나 그의 승리는 이미 그의 계획표에 확실하게 기록되어 있습니다. 예수님은 지금 그 어젠다에 따라서 마귀까지도 제어하고 계십니다. 그럼에도 예수님은 매일 같이 기도하셨습니다. 이런 사실들을 마가가 기록한 이유가 뭘까요? 답을 말씀드리자면 이렇습니다. 그의 뒤를 따를 제자들에게 자신의 사역이 무엇이고 왜 그리고 어떻게 해야 하는지를 알리기 위해서였습니다. 마가는 예수의 뒤를 따르는 제자의 삶이 무엇을 목표로 어떻게, 그리고 어떤 것과 싸워야 하는지를 이렇게 이 이야기를 통해서 기록했습니다.

사랑하는 교우 여러분,

예수를 믿고 하나님의 나라를 지금은 그림자로, 나중에는 실체로 살게 된다는 우리의 믿음은 이런 것입니다. 즉, 이 세상의 궁극적인 주인이자 내 인생의 주인이 하나님이심을 고백하며 이 세상을 마침내 당신의 것으로 회복하실 하나님의 계획을 따라 사는 것입니다. 이것은 우리의 삶을 모두 팽개치고 어디론가 가서 싸우는 것이 아닙니다. 매일매일 하나님을 기쁘게 해드리기 위해, 바로 오늘 정의롭고 선하게 사랑을 품고 내게 주어진 그 일을 충성스럽게 살아내는 것입니다. 우리가 매일같이 살아가는 삶의 영역에서 무엇으로 하나님의 자녀답게 살아낼 것인가 고민하는 일에 게을러서는 안됩니다.

자, 이제, 내일 주일예배를 드리려는 분을 위해 간단하게 안내를 드리고자 합니다.

(이 방법이 익숙하지 않으신 분은 여러분 각자의 취향에 가장 어울리는 동영상을 찾아 예배를 드리십시오. 신자는 예배와 기도를 통해서 하나님의 은혜를 공급받습니다. 예배의 풍성함은 경험한 사람만이 압니다.)

예배는, 내 마음 가운데 예수님을 영접하기 위하여, 그래서 그와 내가 '주님과 그 분의 양으로서의 관계를 맺기 위해' 나를 드리는 과정입니다. 그러므로 주일 아침, 예배를 드리기 전, 먼저 시간을 충분히 두고 마음을 가다듬으십시오. 가능하면 단정하게 옷을 입고, 자세를 바르게 하여 예배를 준비하십시오. 예배하기 전에 자원하는 마음으로 정성껏 헌금을 준비하여, 여러분의 손길로 인해 행복해질 어려운 이웃을 떠올리는 대로 그들에게 기쁨으로 선한 손길을 펴시기 바랍니다.

1. 먼저, 잠시 조용하게 기도하면서 예배를 시작하십시오. 기도는 우리의 정신을 하나님께 집중하는 행위입니다.
2. 다음으로, 오늘의 본문 "마가복음 1장 29절부터 39절까지"를, 조용히 소리내어 읽으시기 바랍니다.
3. 오늘 편지 가운데 본문과 관련된 부분을 천천히 읽으며 묵상하시기 바랍니다.
4. 묵상 가운데 깨달은 것을 갖고서, 나의 결심을 담아 하나님께

조용히 기도하십시오.
5. 마지막으로, 주기도문으로 예배를 마칩니다.
6. 예배가 끝나자마자 일어서지 마시고, 조용한 시간을 가지시기 바랍니다. 침묵의 여백은 나의 묵상을 더욱 깊이 있게 합니다. 방해받지 않는 조용한 시간은 나의 생각을 더욱 진중하게 만듭니다.

여러분 모두를 사랑하고 축복합니다. 지금 이 시간에 떨어져 지내는 서로를 떠올리고, 잠시 그들을 위해 기도하고 축복합시다. 우리를 위해 지금도 분투하는 여러 사람들, 사랑하는 우리의 이웃들을 위해서도 기도합시다. 그리고, 이 어려운 시간을 지내고 승리한 사람으로 설 우리 자신을 칭찬하는 말로 미리 격려해 줍시다. 나보다 약한 이들을 마음에 품으며, 그들에게 아주 작은 것이라도 대접하는 친절을 보입시다. 그래서 학업이든 직장이든 가정 일이든 무슨 일에서든, 하나님께 행하듯 충성스럽게 삽시다.

우리가 하나님의 것임을 잊지 않고, 그래서 나의 가장 큰 기쁨이 그 분의 뜻을 따라 사는 것임을 잊지 않고 살아갑시다. 오늘 내가 할 일에 성실하시고, 그러다가 언제든 부르시는 그 부름에 용감하게 응답하십시오. 그것이 제자로 우리를 부르신 주님이 우리에게 기대하시는 태도입니다. 우리의 힘과 소망은 언제나 그 분 안에 있습니다! 오늘 말씀처럼, 우리가 하나님의 나라를 이루기 위해 분투해야 할 곳은 멀리 있지 않습니다. 나의 마음과 삶, 바로 그곳입니다! 내가 하루하루 성실하게 치러야 할 영적 전투의 현장, 소명의 현장이 어디인지를 잊지 않고 살아갑시다.

평안을 전하며, 홍성훈 목사 드림.

서른여섯 번째 목회서신

그것을 누릴 준비가 되어 있는가?

사랑하는 카셀 아름다운교회 교우 여러분, 사랑이 많으신 우리 주 예수 그리스도의 이름으로 문안드립니다. 평안하셨습니까?

지난 주간은 어떠셨는지요? 지난 주일에 무려 한 달 만에 대면 예배를 드리고, 며칠 동안 제 마음이 기뻤습니다. 여전한 얼굴들, 여전히 그 자리를 지키는 분들에 대한 깊은 감사와 여러분을 향한 제 마음의 간절한 기도… 우리는 작년 3월까지만 해도 이런 모습들이 너무나도 당연한 그림이라고 생각했던 것 같습니다. 그러나 1년 약간 못미치는 시간이 지난 지금, 지난 날의 그 당연한 모습들이 얼마나 귀한 것이었는지 절절이 깨닫습니다. 지금도 고통을 당하는 분들에게는 아주 조심스런 말입니다만, 오늘이란 시간은 우리에게 이 깨달음을 주시려는 의도도 있는 것 같습니다.

다음 주일에 마지막 예배를 드리는 우리의 일정을 감안하면 목회서신은 오늘로써 마지막이 될 것입니다. 그래요, 가정에서 개인으로 예배드리는 일을 위해서 주로 '간단한 격려와 위로, 그리고 성경 본문을 주어진 문맥에서 읽기 위한 가이드로 구성되었던 목회서신'은 오늘로써 멈추게 되었습니다. 3월 이후는 어떻든, 우리의 계획은 여기까지입니다.

그간에 제가 틈나는대로 말씀드렸던 것을 부디 기억하시기 바랍니다. 성경말씀을 읽는 가운데 기도와 경배를 통해 본인의 걸음으로 하나님께 나가 하나님과의 깊은 교제를 나누기를 권면합니다. 이것은 정말로 놀라운 기회이고 은혜입니다. 이것을 받아들이든 거절하든, 그것은 여러분 각자의 선택입니다. 그러나, 하나님께서는 당신의 약속을 믿고 따라오는 백성을 외면치 않으실 것입니다. 부디 이 위기 가운데서 오히려 하나님을 더욱 가까이하며 교제를 깊게 하는 은혜를 누리시기 바라고, 이 경험으로 인해 그 분이 숨겨둔 보화들을 계속 발견해 가시기 바랍니다. 어디, 누구에게도 의존하지 않는 신앙의 자립은 제가 오랜 경험을 통해서 여러분에게 간절하게 권하는 특권의 열쇠입니다. 저는 이번 코로나 위기를 그래서 큰 기회로 생각하는 것입니다.

내일의 예배에 우리가 함께 나눌 하나님의 말씀은, 마가복음 1장 9절부터 15절까지의 말씀입니다. 함께 소리내어 읽어볼까요?

> 9 그 때에 예수께서 갈릴리 나사렛으로부터 와서 요단 강에서 요한에게 세례를 받으시고 10 곧 물에서 올라오실새 하늘이 갈라짐과 성령이 비둘기 같이 자기에게 내려오심

을 보시더니 11 하늘로부터 소리가 나기를 너는 내 사랑하는 아들이라 내가 너를 기뻐하노라 하시니라 12 성령이 곧 예수를 광야로 몰아내신지라 13 광야에서 사십 일을 계시면서 사탄에게 시험을 받으시며 들짐승과 함께 계시니 천사들이 수종들더라 14 요한이 잡힌 후 예수께서 갈릴리에 오셔서 하나님의 복음을 전파하여 15 이르시되 때가 찼고 하나님의 나라가 가까이 왔으니 회개하고 복음을 믿으라 하시더라 (개역개정 한글판 성경)

여태까지의 본문들을 생각하면 오늘의 본문은 바로 전주의 본문보다 한참 앞으로 돌아온 것 같습니다. 사실이 그렇구요. 그러나 우리는 먼저 본문 속을 들여다보면서 오늘의 가르침을 찾아보는 것이 우선일 것 같습니다.

본문은 예수께서 세례를 받으신 이야기가 앞서고 있습니다. 그리고 그 다음에는 성령님의 주도로 인해 예수께서 광야에서 40일 동안 금식하면서 사탄의 시험을 받으신 이야기가 기록되어 있고, 마지막에는 위의 두 이야기 끝에 비로소 복음을 전하기 시작하시는 이야기가 나오고 있습니다. 우리는 이 본문을 세 개의 이야기로 분리해야 마음이 편할 것이라 생각합니다. 뭐, 과히 나쁜 방법은 아닙니다. 전에 말씀드린대로, 마가복음이 워낙 빠른 속도로 예수님의 고난을 본론으로 잡고 그 앞의 이야기들을 간략하게 넘어가려는 경향이 있기 때문에, 차라리 이렇게 대하는 것도 나쁘지는 않을 것입니다.

그러나, 생각해 봅시다. 마가복음의 전체 주제가 하나님의 아들이신 예수께서 하나님의 구속계획을 성취하기 위해 스스로 종의 형체를 갖고 이 세상에 오셔서 고난과 죽음을 당하신 이야기를 그리고 있다 한다면, 이 세 이야기가 독립된 것으로 보는 것이 낫겠습니까, 연속적인 것으로 봐야 낫겠습니까? 저는 당연히 후자를 택하겠습니다. 물론 전자를 택해도 상관은 없습니다. 어쨌든, "세례-금식과 시험-복음 전파"라는 과정이 하나의 주제를 보이는 구성이라고 본다면 우리는 하나의 분명한 메시지를 발견할 수 있습니다.

예, 오늘의 본문은 연속된 세 개의 경험을 통해서 예수께서 세상에 오신 목적을 이루시는 과정을 보여줍니다. 그것은, 비록 세상의 왕이요 하나님의 아들이라 하더라도 하나님의 참된 메신저로서 일하시려는 과정에는 반드시 인간들이 거쳐야 할 것들을 통과해야 하셨다, 즉 그리스도 예수의 낮아짐의 이야기가 담겨 있다는 것입니다. 하나님의 아들과 하나님으로서 당신이 세우신 세례의 규례에 스스로를 낮추셨으며, 그를 위해 세례 요한으로부터 세례를 받으셨습니다. 이 순간 하늘에서 들리는 하나님의 음성은 이 낮아짐의 과정을 통해 하나님께서 매우 기뻐하셨음을 증거합니다.

그 다음의 이야기도 마찬가지입니다. 하나님께서 어찌 사탄의 시험을 받으실 수 있을까요? 그럼에도 예수님은 먼저 굶주림의 자리에 들어가 인간의 약함에 스스로를 연대하셨고, 이 연약한 인간의 위치에서 기꺼이 사탄의 시험을 경험하셨습니다. 이것이 스스로를 낮추는 겸손의 모습이었음은, 본문 13절에서 예수께서 들짐승과 함께 하셨다는 말에서 고스란히 드러납니다. 그 겸손의 끝에 위로가 있음을 보시기 바랍니다. 즉, 13절 마지막에다 마가는 그런 낮아짐을 기꺼이 감당하시는 예수님을 천사들이 높였다고 말하고 있는 것입니다.

15절에서 우리는 예수님 자신의 입을 통해 하나의 위대한 선언을 듣습니다. 즉, 예수님은 이 모든 낮아짐을 통과하신 예수께서 천국의 복음을 전하기 시작하신 것이 때가 찼기 때문, 즉 때가 이르렀기 때문이라고 해석하셨다는 것입니다. 실로 여러가지 해석과 의미를 찾을 수 있으나, 우리는 본문의 흐름을 따라 이렇게 해석하는 것이 적절합니다. 하나님의 때, 즉 하나님 나라의 문이 열리는 이 놀라운 사건이 예수 그리스도의 낮아짐, 즉 세례를 받고 시험 당하신 후에 승리하심으로써 시작되었다는 것입니다. 세상을 구원하려는 하나님의 놀라운 일이 예수의 낮아짐과 승리의 이야기로 인해 본격적으로 시작되었다는 의미입니다.

사랑하는 여러분, 우리가 하나님 나라의 백성이 되는 이 기쁜 일은 이렇게 예수께서 스스로를 낮추어 시험을 이기심으로써 현실이 되었습니다. 마가의 이야기는 마침내 그 낮아짐의 끝에 십자가의 죽음에서 절정을 이루고, 예수께서는 이 죽음마저도 부활을 통하여 이기심으로써 영광을 얻으시고, 두 번째 열매인 우리 역시 그 영광에 참여하게 될 것입니다. 하지만, 오늘의 본문은 그 놀라운 이야기의 시작, 예수께서 자신을 낮추신 사실에 주목하게 합니다. 그러므로 우리는 이렇게 말해야 하겠습니다. 우리가 각자의 인생에 있어서 '하나님의 때'를 기다리는 사람으로서 주목해야 할 사실이 있다는 것입니다.

우리는 지금 각자가 계획한 인생을 달리고 있습니다. 예수님의 이야기가 신자로서의 우리 인생에 모본이 되신다면, 오늘의 본문이 우리에게 주는 교훈이 무엇일까요? 예수께서 하나님의 뜻을 이루신 비밀을 주목하십시오. 하나님의 때는, 시간표 어딘가에 찍어지는 좌표가 아닙니다. 즉, 몇 년 몇 월 몇 일에 이뤄지는 것이 아니라는 것입니다. 하나님의 '때'는, 그 일이 일어날만한 조건이 충족된 바로 그 때입니다. 다시 말해, 예수께서 더 이상 낮아질래야 낮아질 수 없는 종의 모습으로 하나님의 인정을 받으신 바로 그 때에 하나님 나라의 비밀이 공개된 것처럼, 우리가 간절히 바라고 노력하는 우리 인생의 '그 일들'도 우리가 하나님이 바라시는 그런 조건과 모습에 도달했을 때 비로소 이뤄질 수 있다는 것입니다.

하나님은, 우리에게 당신의 것을 정해진 시점에 무조건 주시지 않습니다. 우리가 우리 자신이 간절히 바라는 그것을 누릴만한 사람이 되었을 때에야 비로소 허락하실 것입니다. 이것이, 사람과 선물을 동시에 가치있게 만들어 가시는 하나님의 방식입니다. 너무 일찍 많은 것을 받아서 일찍 성공한 사람이라 불리던 수많은 사람들이 허무하게 사라지고 무너진 사실을 우리는 너무나 자주 봅니다. 우리를 아끼시기에, 가장 좋은 것을 누릴 사람이 될 때까지 그 선물을 주지 않고 기다리시는 것입니다. 그러므로 우리는 우리가 바라는 것을 빨리 달라고 기도할 것이 아니라 우리가 그것을 누릴 준비가 되어 있는가를 돌아보는 것이 맞습니다.

자, 이제, 내일 주일예배를 드리려는 분을 위해 간단하게 안내를 드리고자 합니다.

(이 방법이 익숙하지 않으신 분은 여러분 각자의 취향에 가장 어울리는 동영상을 찾아 예배를 드리십시오. 신자는 예배와 기도를 통해서 하나님의 은혜를 공급받습니다. 예배의 풍성함은 경험한 사람만이 압니다.)

예배는, 내 마음 가운데 예수님을 영접하기 위하여, 그래서 그와 내가 '주님과 그 분의 양으로서의 관계를 맺기 위해' 나를 드리는 과정입니다. 그러므로 주일 아침, 예배를 드리기 전, 먼저 시간을 충분히 두고 마음을 가다듬으십시오. 가능하면 단정하게 옷을 입고, 자세를 바르게 하여 예배를 준비하십시오. 예배하기 전에 자원하는 마음으로 정성껏 헌금을 준비하여, 여러분의 손길로 인해 행복해질 어려운 이웃을 떠올리는 대로 그들에게 기쁨으로 선한 손길을 펴시기 바랍니다.

1. 먼저, 잠시 조용하게 기도하면서 예배를 시작하십시오. 기도는 우리의 정신을 하나님께 집중하는 행위입니다.
2. 다음으로, 오늘의 본문 "마가복음 1장 9절부터 15절까지", 조

용히 소리내어 읽으시기 바랍니다.
3. 오늘 편지 가운데 본문과 관련된 부분을 천천히 읽으며 묵상하시기 바랍니다.
4. 묵상 가운데 깨달은 것을 갖고서, 나의 결심을 담아 하나님께 조용히 기도하십시오.
5. 마지막으로, 주기도문으로 예배를 마칩니다.
6. 예배가 끝나자마자 일어서지 마시고, 조용한 시간을 가지시기 바랍니다. 침묵의 여백은 나의 묵상을 더욱 깊이 있게 합니다. 방해 받지 않는 조용한 시간은 나의 생각을 더욱 진중하게 만듭니다.

여러분 모두를 사랑하고 축복합니다. 지금 이 시간에 떨어져 지내는 서로를 떠올리고, 잠시 그들을 위해 기도하고 축복합시다. 우리를 위해 지금도 분투하는 여러 사람들, 사랑하는 우리의 이웃들을 위해서도 기도합시다. 그리고, 이 어려운 시간을 지내고 승리한 사람으로 설 우리 자신을 칭찬하는 말로 미리 격려해 줍시다. 나보다 약한 이들을 마음에 품으며, 그들에게 아주 작은 것이라도 대접하는 친절을 보입시다. 그래서 학업이든 직장이든 가정 일이든 무슨 일에서든, 하나님께 행하듯 충성스럽게 삽시다.

우리가 하나님께 기도하며 열심히 추구하는 모든 것을 빨리 내놓으라 재촉하지 맙시다. 그것이 귀할수록 그 귀한 것을 누릴 자격이 있는 사람으로 준비되었는지를 먼저 살피면서, 그것의 주인이신 하나님의 판단을 기다립시다. 모자람이 없는 사람이 되기를 기다리시는 하나님의 깊은 뜻을 명심하면서, 어느날 때가 되어 누리게 될 그것에 부족함이 없는 사람이 되기를 힘씁시다. 명예로운 시간을 바라는 사람은 먼저 자신을 명예로운 사람으로 구비하기를 힘씁니다.

평안을 전하며, 홍성훈 목사 드림.

지금 이곳에서,
그때 그곳을 떠올리다 6

　카셀 아름다운교회는 코로나19의 위기를 극복하기 위하여 몸부림치던 중에, 피치 못할 사정으로 인해 해산의 길을 걸었다. 부임 직후 비영리법인으로 등록하려고 갖은 애를 썼던 나는, 이제 그 법인을 해체하기 위하여 실업급여로 연명하면서 해체의 과정을 밟게 되었다. 개인으로나 교회로나 슬프고 허무하기까지 한 상황이었으나, 정신을 차리고 보니 그간 온갖 말로 젊은 교인들을 위로하고 권면하던 그 말들이 바로 나를 위한 것이기도 했음을 깨닫게 되었다.

　건물 교회는, 하나님과 신자를 중매한 후에 참 교회 된 신자를 자랑스럽게 바라보며 떠나는 존재이다. 사역자는 그 영광스런 일에 잠시라도 참여한 것에 감사할 뿐이다. 오 주님, 무능한 일꾼을 지금까지 버리지 않고 저들과 함께 생명책에 기록해 주신 것을 감사합니다.

에필로그

    대한민국 국민 혹은 교민으로 해외에 사는 한국인은 수백 만에 이른다. 그리고 그들이 이룬 소위 '한인교회'가 존재한다. 하지만 지역마다 정착한 배경이 다르기 때문에, 예를 들어 미국의 특정 지역처럼 '독한 마음을 먹어야 영어를 사용할 수 있는' 곳이 있는가 하면, 수십 수백 킬로를 차로 달려야 겨우 동포를 만날 수 있는 지역도 있다.

    필자는 〈프롤로그〉를 통해 '카셀 아름다운교회'가 '기적의 교회' 가운데 하나라고 이야기했다. 조금 진솔한 이야기를 나누자면, 그 '가망 없어 보이는' 한 교회가 너무나도 안쓰러워 몇 번이나 망설이다 부임한 나는 그런 교회의 현실을 몸으로 마주치게 되었다. 유학생이 전부인 교회임을 미리 알았으니 자립 혹은 생활비는 전혀 기대할 수 없음을 이미 알았으나, 그보다는 나 자신이 이미 한국에서 경험한 교회 관념은 거의 대부분 버려야 한다는 사실을 깨닫게 된 것이다. 예배드리는 것, 봉사하는 것, 행사하는 것… 내가 거의 '당연히 해야 하는 것'

이라 생각하는 것에 대해 교인들은 '왜'와 '꼭'을 붙여서 질문했다. 이 황당스런 상황은 마침내, 한인교회는 마치 '침몰하기 직전의 배'와 마찬가지라는 결론에 도달하게 했다. 생존하기 위해서라면 버리고 또 버려서 마침내 버릴 수 없는 본질만 남겨야 할 배의 형편이란 것이었다.

표현은 아주 그럴 듯하지만, 그럼에도 한인교회는 대부분의 사람들에게 동정 혹은 연민의 대상이었고, 후원의 대상일 수밖에 없었다. 그것이 없이는 당장 생존조차 어려우니까. 이런 시간이 길어지자, 해외의 한인교회와 거기서 일하는 목회자는 늘 어디서든 후원을 찾는 처지도 지속되었다. 마침내는, 아무말 하지 않아도 만나면 어떻게든 도움을 줘야 하는 대상으로 치부되었다. 사실 재정이나 기타 다른 자원의 궁핍함을 생각하면 달리 방법도 없었던 것도 사실이다. 그럼에도, 나는 이런 형편을 바라보는 관점을 변경하기를 소원했다.

변방의 미자립 교회도 크게 보면 이 지상의 교회의 일원이다. 과거 선교의 모델은 언제나 안에서 밖으로, 있는 곳에서 없는 곳으로의 흐름을 상정했다. 그러나, 크든 작든 교회는 영적 전투가 벌어지는 현장에 존재한다. 해외의 한인교회는 그가 존재하는 현장에서 얻은 신학적 성찰을 정리하여 모국의 교회가 이미 고착되었기 때문에 미처 보지 못하고 있는 부분에 새로운 자극을 줄 수 있다. 요컨대, 해외의 한인교회와 모국의 교회는, 한 방향으로의 일방적 흐름이 아니라 상호작용을 통해 서로에게 자극과 격려와 새로운 성찰의 기회를 나눌 수 있다는 것이다. 이런 동등의 관계가 정립되어야만, 비로소 서로에게 필요한 존재로서 보완의 관계를 이룰 수 있을 것이라 믿는다.

어쨌든 나의 20년에 걸친 한인교회에서의 사역은 이것으로 마무리되었고, 거기서 얻은 성찰 가운데 하나를 이 책을 통해 피력하고자 노력했다. 바로 직전까지 외형적으로는 세계에서 가장 왕성했던 교회 가운데 하나였던 우리나라의 교회. 이제는 고착 혹은 감소의 경사로에 이미 서 있는 한국의 교회가 다가오는 급변의 시간에 잃지 않아야 할 교회의 본질은 무엇인가? 우리 교회는 어디를 향해 방향을 잡아야 할까? 이 거대한 질문에 대한 대답으로 이 책을 내놓았다.

시작일 뿐이니, 조용히 독자들의 반응과 성찰을 기대한다.

홍성훈